Josef Bauer
Die Türken in Österreich

D1695464

JOSEF BAUER

Die Türken in Österreich

GESCHICHTE

SAGEN

LEGENDEN

Verlag Niederösterreichisches Pressehaus

1. Auflage 1982
ISBN 3 85326 655 X

Verlag und Druck: Niederösterreichisches Pressehaus
Druck- und VerlagsgesmbH, A-3100 St. Pölten
Einband und Ausstattung: Karl Rab

Inhalt

Der Feind aus dem Osten

»Die Türken kommen!« – Beinahe drei Jahrhunderte lang war dies einer der gefürchtetsten Warnrufe in österreichischen Ländern. Er verbreitete blankes Entsetzen. Fühlte sich doch vor allem der »kleine Mann« – der Bauer, der Handwerker mit seiner Familie – dem Zugriff des »Erzfeindes der Christenheit« nahezu wehrlos ausgeliefert.

Für gewöhnlich verbindet der heutige Österreicher mit dem Begriff »Türkengefahr« nur die beiden Belagerungen Wiens – 1529 und 1683. Nun, als 1683 der Großwesir Kara Mustapha der Wucht des Entsatzheeres weichen mußte und den fluchtartigen Rückzug von der Habsburgermetropole antrat, war die »Türkengefahr« für die Länder des heutigen Österreich beendet. Die militärische Auseinandersetzung mit der osmanischen Großmacht verlagerte sich immer mehr in die Balkanstaaten und in den Mittelmeerraum. Gebrochen war die Macht der Türken noch lange nicht. Aber die unmittelbare Bedrohung Österreichs hatte aufgehört.

1529 hatte die »Türkengefahr« für die österreichischen Länder allerdings keineswegs erst begonnen. Das Reich der Osmanen, das sich in Windeseile aus den Steppen Anatoliens auszubreiten begonnen hatte, war schon im 13. Jahrhundert eine politische Realität geworden, mit der die Mächte Mitteleuropas zu rechnen hatten. Freilich, noch bildete damals das wegen seines anderen christlichen Glaubensbekenntnisses ungeliebte und wegen seines märchenhaften Reichtums beneidete byzantinische Reich ein Bollwerk gegen die Türken. Es war aber ein Bollwerk, das immer schwächer wurde. Die Gefahr haben damals wahrscheinlich nur einige Päpste richtig erkannt – nämlich die Bedrohung des Christentums durch den kämpferischen Islam – und die Seemacht Venedig. Sie sah allmählich ihre Besitzungen im östlichen Mittelmeerraum bedroht. Es war daher keineswegs »christliche Bruderhilfe« allein, die San Marcos Republik bewog, dem schon von den Türken eingeschlossenen Byzanz (Konstantinopel) noch im letzten Augenblick auf dem Seeweg militärische Hilfe zu schicken.

Freilich, zu retten war damals nichts mehr. Längst war Byzanz eine Hauptstadt ohne Reich geworden. Stück um Stück hatten die Siphahis (die türkischen Panzerreiter) und die Janitscharen – jene gefürchtete, 1362 gegründete Spezialtruppe des Sultans – den griechischen Feldherren das einstige oströmische Reich entrissen. Längst standen die türkischen Truppen schon in Europa. Längst hatte der weitere Vormarsch auf dem Balkan begonnen. Konstantinopel war nur noch eine Enklave in jenem europäischen Gebiet des osmanischen Reiches, das später als »Rumeli« ein eigener Verwaltungsbereich werden sollte.

1389 verbluteten auf dem Amselfeld die Panzerreiter des Großserbischen Reiches. Wieder war ein Bollwerk gegen Osten gefallen. Das sollten auch bald österreichische Länder fühlen: 1408 erfolgt der erste türkische Einfall in der Krain.

1453 fällt Byzanz-Konstantinopel. Zehn Jahre später wird Bosnien türkische Provinz. Und schon 1471 stoßen aus Bosnien türkische Streifscharen in die Untersteiermark vor. 1473 lernen die Kärntner erstmals die Grausamkeit der »Renner und Brenner« in eigener Erfahrung kennen. Ein Streifzug von nur fünf Tagen hinterläßt unbeschreibliche Verwüstungen im Kärntner Land. 2000 Menschen werden in die Sklaverei verschleppt.
Nun vergeht kaum mehr ein Jahr, in dem die Türken nicht österreichischen Ländern einen »Besuch« abstatten (siehe Zeittafel). Heimgesucht werden immer wieder die Steiermark und Kärnten. Einige dieser Beutezüge bedrohen sogar den Salzburger Lungau – wenngleich hier kein Einfall historisch nachweisbar ist – und Osttirol. In Lienz bricht bereits am 1. August 1478 Panik aus, als die Nachricht eintrifft, die Türken seien im Anmarsch. Ein Bauer verunglückt tödlich auf überstürzter Flucht, eine Frau fällt tot um, es gibt einige Frühgeburten. Zum Glück war die Nachricht falsch. Aber nun befestigt man in aller Eile die Lienzer Klause und den Sextner Kreuzberg und zieht das görzische Aufgebot um Lienz zusammen.
Als nach dem Tod König Ludwig II. auf dem Schlachtfeld von Mohács die Habsburger Erbansprüche auf Ungarn erheben, bekommen auch Westungarn, die Gebiete des heutigen Burgenlandes und Niederösterreich die Grausamkeit der Türken zu spüren. Burgenland wird 1529 Aufmarschgebiet des Feldzuges Sultan Suleimans gegen Wien. Niederösterreich südlich der Donau wird bis zur Enns heimgesucht. Streifscharen dringen bis vor Steyr vor. Das zweite Türkenjahr erleben die Niederösterreicher 1532, als Kasim Beg mit seinen Akindschi neben der Belagerung von Güns im Burgenland ebenfalls wieder bis zur Enns vorstößt. Sogar einige Orte in Oberösterreich gehen in Flammen auf. 2000 Oberösterreicher sollen verschleppt worden sein. Und 1683 wird wieder Niederösterreich südlich der Donau als »Hinterland« des belagerten Wien verheert, viele flüchtende Wiener werden niedergemacht oder verschleppt. Der Weltpriester Balthasar Kleinschroth, der die Sängerknaben des Stiftes Heiligenkreuz in wahrhaft abenteuerlicher Flucht durch Niederösterreich nach Westen in Sicherheit bringt, schildert in seinem Tagebuch »Flucht und Zuflucht« diese schreckliche Zeit. Neben der Bedrohung durch die »Senger und Brenner« fühlt der Priester auch immer wieder den Haß der Landbevölkerung, die sich vom Adel – der Kaiser war ja nach Passau geflüchtet, viele Herrschaften taten es ihm nach – im Stich gelassen fühlt. Protestantische Bauern und Handwerker im Alpenvorland geben den katholischen Geistlichen, vor allem aber den Jesuiten, die Schuld am Türkensturm . . .
Abgesehen von den großen Feldzügen – warum konnte es immer wieder zu diesen Einbrüchen, zu dieser ständigen Bedrohung durch den »Erbfeind der Christenheit« kommen? Warum war man dem »verdamblichen, abgöttischen, hintischen Türkhen« (so eine Votivtafel) – wie es scheint – fast wehrlos ausgeliefert?
Man darf eines nicht übersehen: Die Türken waren ursprünglich ein nomadisches Reitervolk gewesen. Ihre Kriegstaktik, die in erster Linie auf der

Schnelligkeit und Beweglichkeit ihrer Pferde beruhte, hatte schon die schwergerüsteten byzantinischen Söldner und später die Kreuzfahrerheere verwirrt. Durch Schnelligkeit und Beweglichkeit waren die Türken den schwerfällig agierenden Rittern und den in enger Formation kämpfenden Landsknechthaufen überlegen. Da wurden Scheinangriffe geführt und plötzliche Flucht vorgetäuscht. Kaum aber lockerten sich die geschlossenen Reihen der Gegner, fuhren die türkischen Reiter mitten unter sie. Durch lange Flucht wurden die schwergepanzerten europäischen Reiter, die natürlich sofort die Verfolgung der scheinbar Flüchtenden aufnahmen, ermüdet. Mitten in der Fluchtbewegung verstanden es die Türken, sich plötzlich aufzufächern und den Feind zu umgehen. Und für den türkischen Reiter war es ein leichtes, im Dahinjagen vom Sattel aus den todbringenden Pfeil zu versenden ...

Für damalige Verhältnisse war der Feind aus dem Südosten überdies geradezu modern bewaffnet. Der türkische Krummsäbel war eine viel leichtere Waffe als das in Mitteleuropa gebräuchliche Schwert. Und da war vor allem der leichte Reflexbogen, der es dem geübten Schützen ermöglichte, im Kampf 20 bis 30 Pfeile pro Minute (!) zu verschießen. Man konnte mit einer Treffsicherheit bis zu 300 Metern rechnen. An Treffsicherheit und Durchschlagskraft kamen die türkischen Pfeile durchaus den Bolzen der von den deutschen Knechten verwendeten Armbrüste gleich. Nur: die Armbrüste mußten umständlich vor jedem Schuß mit eigenen Winden gespannt werden. Und die ersten Handfeuerwaffen, die in Mitteleuropa verwendet wurden, waren sehr schwer und ebenfalls nur umständlich zu laden. Auch der Schild – wie ihn etwa die Janitscharen trugen – war nur aus Weidengeflecht und daher auch sehr leicht. Er war vielleicht noch mit Büffelleder überzogen und mit einem Metallbuckel verstärkt. Und der Janitschar trug auch keine eiserne Sturmhaube oder einen Eisenhut wie der Landsknecht und keinen Küraß. Seinen Kopf schützte eine Art Zipfelhaube aus starkem weißem Filz, gepolstert mit Sägespänen. Der Zipfel dieser Haube schützte gleichzeitig auch den Nacken.

Die Janitscharen bildeten die Kerntruppe des türkischen Heeres. Es war eine Infanterie-Elite, deren Angehörige aus geraubten Christenknaben rekrutiert wurden, die vom fanatischen Orden der Bektaschi-Derwische zum Islam »bekehrt« worden waren. Jeder Janitschar fühlte sich ursprünglich als ein Sklave, den der Sultan höchstpersönlich zu einer Art »Ziehsohn« erhoben hatte. Janitscharen waren nur für das Kriegshandwerk da. Sie durften auch nicht heiraten.

Die Janitscharen wurden übrigens auch als erste türkische Truppe mit den für die Zeit modernsten Handfeuerwaffen ausgerüstet. Ihre Schlagkraft erlahmte erst, als das Korps ständig vergrößert wurde, als auch Türken eintreten durften, die Heirat erlaubt wurde und Disziplinlosigkeit einriß. Bei der ersten Belagerung Wiens waren bereits Verfallserscheinungen merkbar. Über lange Zeit verfügte die türkische Artillerie auch über die modernsten Kanonen. Der Sultan ließ sich Kriegstechnik etwas kosten. Es kann als Ironie der Geschichte betrachtet werden, daß ausgerechnet griechische Ingenieure jene großen Kanonen gossen, die dann die Breschen in die Mauern von Konstantinopel schossen . . .

Die Kerntruppe der türkischen Reiterei bildeten die Siphahi. Das waren gepanzerte Reiter, die ursprünglich als persönliche Schutztruppe des Sultans gedacht waren. Diese Truppe rekrutierte sich überwiegend aus türkischem Adel (der im Gegensatz zum Adel in Deutschland und Österreich keine politische Rolle spielte).

Jede Provinz hatte für Kriegszüge eine bestimmte Zahl leichter Reiterei und leichter Infanterie zur Verfügung zu halten. Immer bei einem großen Feldzug dabei waren aber die Krim-Tataren, die zu den gefürchtetsten Gegnern zählten. Sie waren Meister in der Beherrschung des Bogens, verwendeten aber ähnlich wie die Indianer auch eine Art Lasso. Gemeinsam mit den Akindschi (zur Heerfolge verpflichtete, unbesoldete und daher beutegierige, leichtbewaffnete Reiter, meist aus Bosnien) wurden die Tataren bei Feldzügen meist dazu benutzt, das Hinterland des Feindes zu verwüsten und durch Terror die Bevölkerung zu demoralisieren.

Schließlich darf auch bei diesem kurzen Überblick nicht auf die Mineure im türkischen Heer vergessen werden. In dieser Belagerungstaktik – dem Unterwühlen von Festungsmauern und dem Anbringen von Sprengkammern (Minen) – hatten es die Türken zu besonderer Fertigkeit gebracht.

Jeden großen Feldzug begleiteten auch Korps von Waffenschmieden und Spezialtruppen, die die Aufgabe von Pionieren zu erfüllen hatten. Jeder Truppenkörper hatte seine ihm zugedachte Spezialaufgabe, und jeder Truppenführer haftete mit seinem Kopf für die Ausführung dieser Aufgabe.

Freilich, meist waren es keine regulären Feldzüge, die die türkischen »Renner und Brenner« – so nannten die Überfallenen die Akindschi – in österreichische Lande brachten. Meist planten die Paschas der westlichsten türkischen Provinzen auf eigene Faust »Privatfeldzüge« in die Steiermark, nach Kärnten, ins heutige Burgenland. Ausgangspunkt dieser Einfälle – selten waren daran mehr als einige tausend Reiter beteiligt, die vielleicht noch von beutegierigen Bewohnern der betreffenden Provinz begleitet wurden – war hauptsächlich Bosnien.

Die eigentliche Stärke dieser Streifscharen war ihre Schnelligkeit. Bevor das Warnsystem in Gang gesetzt werden konnte – Abbrennen von »Kreudfeuern« auf Aussichtsbergen, Sturmläuten, Kanonenschüsse –, waren die Plünderer schon wieder über alle Berge. Außerdem waren die für »Kreudfeuer« aufgeschichteten Holzstöße meist vermodert, wenn die Gefahr da war. Auch dauerte es meist viel zu lange, bis das »Aufgebot« die wehrfähigen Männer sammeln konnte. Wenn es gut ging, konnte man dann den abziehenden Feinden vielleicht noch einen Teil der Beute abjagen. Aber das konnte fatal ausgehen. Bauern und Bürger waren nicht kampfgewohnt. 1473 wurden 300 Bauern, die die beutebeladenen Türken vor Klagenfurt angriffen, niedergemacht . . .

Die Bauernschaft, auf die letztlich die »Türkensteuern« (mit denen Söldner bezahlt und Wehranlagen gebaut wurden) immer wieder abgewälzt wurden, war verbittert gegen den Adel, der ihr zu wenig Schutz gewährte. 1478 kam es daher in Kärnten zu einem Bauernaufstand, der den Adel mehr oder weniger überrumpelte. Der Bauernführer Peter Wunderlich gründete auch einen bewaffneten Bauernbund, der aber bereits im selben Jahr von den einfallenden Türken vernichtend geschlagen wurde. Die erste Selbsthilfeaktion war also fehlgeschlagen. Nach dem Abzug der Türken nahm dann der Adel blutige Rache an den Bauern. Peter Wunderlich wurde zwischen Pferden zerrissen, andere Bauernführer wurden bei Ortenburg gefoltert und hingerichtet.

Zur Bedrohung durch die ständigen Türkeneinfälle im ausgehenden 15. Jahrhundert kommt noch die Auseinandersetzung zwischen Kaiser Friedrich III. und König Matthias Corvinus von Ungarn. Mehrmals kommt es zu Kriegen zwischen Österreich und Ungarn. 1477 erobert Corvinus in Niederösterreich 30 Städte und Märkte und 100 Burgen. Trotzdem wird der Ungarnkönig als Retter in der Türkennot verehrt, da er durch seine militärische Stärke dem Volk mehr Schutz bieten konnte als der Kaiser.

Auch die Glaubensspaltung im »Christlichen Abendland« wirkte sich auf die Abwehrmaßnahmen gegen die Türken aus. So ist erwiesen, daß viele protestantische Fürsten des deutschen Reiches den Habsburgerkaisern keine militärische Unterstützung gewährten, weil sich diese zu Schutzherren des katholischen Glaubens gemacht hatten und ihrerseits vor einer Bekehrung der Protestanten mit Gewalt nicht zurückgeschreckt waren. Es ist ja fast ein Wunder, daß während des Dreißigjährigen Krieges, den ja letztlich die Glaubensspaltung verursacht hatte, das türkische Reich von Sultanen regiert wurde, die an einer Ausdehnung ihrer Macht nach Westen kein Interesse hatten oder dazu auch gar nicht imstande waren.

In vielen Fällen verzögerte kleinlicher Krämergeist eine rasche und wirksame Hilfe gegen die Türken. Schließlich mußte die Anwerbung von Reichstruppen jedesmal von den Reichstagen bewilligt werden. Man war immer sehr darauf bedacht, einen »Mißbrauch« der Reichstruppen durch die Habsburger zu verhindern. Man fürchtete einen Einsatz gegen die Protestanten oder zur Rückeroberung der türkisch besetzten Teile Ungarns – wodurch sich die Macht des Hauses Habsburg vergrößert hätte. 1529 kam das Gros der Reichstruppen, die sich in Niederösterreich gesammelt hatten, nicht zum Einsatz. 1683 wurde eine wirksame Verfolgung durch die Reichstruppen verhindert.

Es gab auch christliche Mächte, die mit den Türken paktierten. Da war Frankreich, das die Osmanen gegen die Habsburger unterstützte. Da war Venedig, das – obwohl seine eigenen Besitzungen im Ostmittelmeerraum bedroht waren – über seine Botschafter bei der Pforte immer wieder die Interessen Österreichs zu durchkreuzen versuchte.

In den österreichischen Ländern dauerte es lange, bis man sich zu einer wirksamen Hilfe gegen den neuen Feind durchgerungen hatte. Die bereits erwähnten »Türkensteuern« wurden eingehoben – auch in den Ländern, die nicht unmittelbar bedroht waren, wie etwa im Fürsterzbistum Salzburg. 1490 wurde die Steuerbefreiung des weltlichen Adels und der Geistlichkeit angesichts der drohenden Türkengefahr aufgehoben. Die innerösterreichischen Stände unterhielten ein ständiges Aufgebot von Waffenfähigen und Landsknechten. Die kampfungewohnten Bauern schlossen sich mit den Bürgern benachbarter Städte zur Selbsthilfe zusammen. Städte und Klöster wurden befestigt. »Defensivordnungen« wurden erlassen, Zufluchtsorte bestimmt. Schließlich baute die bäuerliche Bevölkerung Kirchen und Fried-höfe zu Fluchtorten aus, die verteidigt werden konnten. Die Wehrkirchen in unseren Landen sind beredte Zeugen, die an die Zeit der »Türkennot« er-innern.

Was nicht übersehen werden darf: Die bewaffneten Raubzüge aus dem Osten brachten in ihrem Gefolge fast regelmäßig die Pest mit. Kein Wun-der, daß die Menschen in diesen bedrohten Jahrhunderten glaubten, die apokalyptische Endzeit – angekündigt von Krieg, Seuchen und Hungers-not – sei angebrochen.

Die Türkensage

Drei Jahrhunderte »Türkennot« in Österreich – sie fanden in den Erzählun-gen des Volkes natürlich ihren Niederschlag. Es war die Not, die sich dem Bewußtsein des Volkes eingeprägt hat, die Erinnerung an die Greueltaten der osmanischen Streifscharen.

Die Türkensage ist eine »Historische Sage«, ist sie doch in einen bestimm-ten Zeitabschnitt der Geschichte hineingestellt. Als Dokument im strengen Sinn kann man die Sage aber nicht betrachten, wenngleich sie andererseits gerade die zu Wort kommen läßt, die die Geschichte als Wissenschaft erst in den letzten Jahrzehnten zu entdecken begonnen hat: die kleinen Leute, die nicht »Geschichte machen«, auf deren Rücken aber Geschichte immer gemacht wurde.

Als historisches Dokument kann die Türkensage nur mit großer Zurück-haltung und mit Vorsicht betrachtet werden. Das Volk, das sich diese Sa-gen erzählt hat, hat sich zwar an Großes erinnert, hat Schweres im Ge-dächtnis behalten, aber es mangelte ihm an Gefühl für die einzelnen Zeit-abschnitte. So hat sich der Bericht über das tatsächliche historische Gesche-hen bald in der Weitererzählung verzerrt. Uralte Grabhügel, Reste aus der Römerzeit, eine Schanze, die gegen die Ungarn errichtet wurde, eine Höhle, in der die Bevölkerung der Umgebung immer wieder Zuflucht gesucht hat-te, ein alter Befestigungshügel wurden mit den Türken in Verbindung ge-bracht. Siege wurden erfunden, wo es eigentlich nur über Niederlagen zu berichten gegeben hätte. Greueltaten nahmen ein Eigenleben an und wan-derten von Ort zu Ort – auch dorthin, wo sie nie geschehen sind. Alte Be-

Ein edler SPAHI.

richte von verborgenen Schätzen wurden nach den Türkenkriegen mit anderen Bezugspunkten neu erzählt. Und vor allem in der Zeit der Romantik haben Schriftsteller alte Sagen umgearbeitet und aus Bestandteilen alter Überlieferungen neue gebildet. Verschiedene Sagenmotive aber – etwa das vom Graben, in dem niedergemachte Feinde verscharrt wurden – wurden immer wieder nach Kriegszeiten erzählt. Sie fanden auf die Türkenzeit genauso Anwendung wie auf die Franzosenzeit.

Dazu kommen noch andere typische Motive von »Wandersagen«. Vom glücklichen Schuß aus der belagerten Stadt, aus dem Schloß, das gerade gestürmt wurde und dem der Anführer der Feinde zum Opfer fiel, wird immer wieder erzählt. Es mag einen historischen Kern haben. Es wurde dann später in einer anderen Gegend gehört und mit Lokalkolorit umkleidet. Ähnlich verhält es sich mit Kriegslist-Motiven.

Viele Sagen aus der Türkenzeit berichten vom Verschlepptwerden in die Sklaverei. Einige besonders erschütternde Sagen – erschütternd, weil sie leider immer wieder nach Kriegen ihre Bestätigung durch das Leben erhalten – erzählen auch davon, daß Verschleppte nach Jahren wieder in die Heimat zurückfanden. Aber der Gatte, die Gattin waren schon wieder verheiratet. Vielleicht deshalb, weil diese an das Leben erinnernde Geschichte gar zu bitter war, hat das Volk beim Weitererzählen bei der einen oder anderen Sage ein Happy-End erfunden: Der Zurückkehrende kam gerade zurecht zur Hochzeit des Ehepartners – und alles kam noch einmal in die rechte Ordnung.

Auch davon wird manchmal erzählt, daß gefangene Türken als brave Knechte zurückblieben. Ein Beispiel dafür ist die bekannte Sage vom Purbacher Türken. In Kärnten bat nach einem Wunder ein Türke, bleiben zu dürfen. Eine Bäuerin war gerade verwitwet, sie heiratet ihn (erzählt in St. Bartholomä am Gollinberg). Und in Niederösterreich werden dem Volk nicht mehr verständliche Familiennamen als ehemals türkische Namen gedeutet.

Tatsächlich gibt es dafür einen historischen Kern. Denn nach der zweiten Wiener Türkenbelagerung war es in Adelskreisen Mode geworden, für gefangene Türken Taufpate zu stehen. Allein im Wiener Stephansdom werden über 400 Türken getauft. Das Volk hält daran die Erinnerung wach, wenn es von angeblich »türkischen Familiennamen« erzählt. Freilich – die in den Sagen genannten Namen sind meist Hausnamen, oder sie lassen sich anders deuten.

Auch an Flurnamen, die nicht mehr in ihrer ursprünglichen Bedeutung verstanden wurden, knüpft sich manche Türkensage. Erwähnt sei nur die Sage von der »Prinzt« bei Rohrbach an der Gölsen in Niederösterreich, wo drei türkische Prinzen gelagert haben sollen. Tatsächlich stammt der Name von Brünst – Feuersbrunst. Übrigens: Das Volk bezeichnet heute noch beim Kochen Angebranntes als »Prinzt«.

Die »Türkennot« hat zur Bildung vieler Legenden geführt. Waren es doch oft nur die Heiligen, bei denen die Bedrängten Zuflucht finden konnten. In über 100 österreichischen Wallfahrtsorten – viele sind längst vergessen – wurden früher Türkenlegenden erzählt. Eine hervorragende Rolle als Schutzpatron wider die Türkengefahr spielte St. Leonhard. Allmählich löst ihn die Muttergottes ab (deutlich in Waitschach, Kärnten). Gegen den strengen Eingott-Glauben des Islams wird die Dreifaltigkeit »eingesetzt«. Sie weist die – ihr Heiligtum stürmenden – Türken am Sonntagberg (Niederösterreich) zurück. Die Darstellung der Dreifaltigkeit erscheint immer wieder auf Votivbildern, die auf Türkengefahr Bezug nehmen.

Die in den Wallfahrtsorten vorherrschenden Motive waren: Errettung des Heiligtums durch wunderbares Eingreifen des Schutzpatrons (Nebel verbirgt es; die Muttergottes zieht eine brennende Schnur über den Weg usw.); wunderbarer Sieg durch Erscheinen eines Heiligen; Befreiung durch Fürbitte des Schutzpatrons – vor allem durch den hl. Leonhard – aus der Gefangenschaft; Mißhandlung des Gnadenbildes, die keine Spuren hinterläßt; wunderbare Wiederauffindung des Gnadenbildes; das warnende Gnadenbild; das rächende Gnadenbild.

Nicht selten wurden uralte Opferbräuche nicht mehr verstanden und daher umgedeutet. Besonders häufig geschah dies beim »Eisenherrn« St. Leonhard, dem immer Eisen geopfert wurde. Nun wurden alte Hufeisen – dem Viehpatron dargebracht – zu Hufeisen von Türkenpferden umgedeutet und mit entsprechender Legende versehen. Eine ähnliche Deutung fanden **die Ketten, die früher die St.-Leonhards-Kirchen umspannten und die als** Dankopfer befreiter Gefangener bezeichnet wurden, ursprünglich aber Unheil bannen sollten. Neben mancher echten Eisenfessel gab es auch rein kultische.

Interessant ist auch die Verbindung mancher Türkenlegende mit dem Ketzermotiv. Hier wird die Legende, die Sage, zum Mittel einer psychologischen Kriegsführung – zum Aufruf gegen die grausamen Feinde des Christentums und zum Propagandainstrument für den katholischen Glauben, der sich »stärker« erweist als das Luthertum (Mariahilf, Wien).

Viele Sagen und Legenden haben sich an Bildstöcke, Wegkreuze und Gedenktafeln geknüpft. Manche an Flurnamen. Unsere Zeit ist schnellebiger geworden. Altes Überlieferungsgut versinkt in Vergessenheit. Bildstöcke müssen Straßen, neuen Hochhäusern weichen, Flurnamen werden über der Kommassierung vergessen. Viele Sagen knüpften sich auch an Hausnamen (Wien: Heidenschuß!), wobei die Darstellung von Türkenköpfen und dergleichen sicher abwehrenden, die Gefahr beschwörenden Charakter hatte. Ursprünglich zumindest.

Sagenhaft ausgeschmückt werden auch historisch faßbare Ereignisse, von Sagen umwobene Personen, die bei den beiden Belagerungen Wiens eine Rolle spielten. So etwa die Gefangennahme des Christoph von Zedlitz und sein Aufenthalt im Lager Suleimans. Oder die Kundschaftergänge des Georg Franz Koltschitzky und des Georg Thomas Michaelowitz. Natürlich bemächtigt sich auch die Sage des so unglücklich agierenden Großwesirs Kara Mustapha. Ob es sich dabei allerdings tatsächlich um altes Sagengut handelt, ob hier nicht eine literarische »Sagenerfindung« vorliegt, müßte genauer geprüft werden. Ebenso die »Echtheit« jenes Geisterzuges nach Wien, den der Verteidiger Wiens, Graf Niklas Salm, in bestimmten Nächten anführen soll.

Die Entstehungsgebiete der Türkensage sind die von den Muselmanen bedrohten Gebiete. In Niederösterreich sind aber auch einige wenige Türkensagen nördlich der Donau entstanden, in Gebieten, die nachweislich nie ein Türke in den Zeiten der »Türkennot« betreten hat. Vermutlich sind diese Sagen Ergebnisse jenes Schreckens, den der Ruf »Die Türken kommen!« verbreitet hat. In der Sage, die sich an Maria am Moos in Zistersdorf knüpft, dürften die Türken mit den Kuruzzen verwechselt worden sein, die allerdings mit den Türken verbündet waren. Es gibt in Niederösterreich, vor allem aber im Burgenland und in der Steiermark, eine Reihe von Sagen, die die Erinnerung an jene bewaffneten ungarischen Rebellen lebendig erhalten haben. Auf sie kann leider nicht eingegangen werden.

Der Schrecken, der den Türken vorauslief, dürfte auch zu jener kuriosen Weissagung vom Ende der Zeiten geführt haben, die im »Anhang« aufgezeichnet ist. Sie wurde in Kastelruth, in Südtirol, weitererzählt und erinnert in vielem an jene Prophezeiungen, wie sie sich das Volk immer zugeflüstert hat. Im Bayerischen Wald sind sie besonders ausgeprägt. In Südtirol dürfte der Türke einfach für den Antichrist schlechthin stehen.

Die vorliegende Sammlung von Türkensagen und Legenden aus der Türkenzeit erhebt keineswegs Anspruch auf Vollkommenheit. Sie will als Beitrag dazu verstanden werden, wenigstens einen Teil des noch vorhandenen und in verschiedenen Sammlungen und Heimatkunden verstreuten Sagengutes aus der Türkenzeit nicht ganz so schnell dem Vergessen anheimfallen zu lassen. Und vielleicht kann sie auch das Geschichtsbild durch die Geschichten derer, auf deren Rücken Geschichte »gemacht« wurde, ergänzen. Da die Türken untersteirischen Boden zuerst betreten haben, stehen die Sagen aus der Steiermark auch an der Spitze. Es folgt Kärnten. Wenn zum Sagenschatz dieser beiden Länder auch Sagen und Legenden aufgenommen wurden, die sich um Orte oder Heiligtümer ranken, die heute nicht mehr österreichisch sind, so soll dadurch die nachbarliche Verbundenheit in der gemeinsam erlebten Gefahr zum Ausdruck kommen. Die Sagensammlung setzt fort mit dem Burgenland, mit Niederösterreich und endet mit Wien. In einem Anhang werden noch einige Sagen notiert, die sich in den »Randgebieten« der von den Türken verheerten Bundesländer fanden – in Oberösterreich und im Salzburger Lungau. Hier wurde auch die »Prophezeiung« aus Südtirol untergebracht.

Zu beachten: Die Sagen sind älteren Sammlungen entnommen und möglichst wenig verändert. (Quellen im Anhang!) Wohl aber kann sich die Örtlichkeit, der Bezugspunkt der Sage, verändert haben. Wo es möglich war, wurde darauf in den Anmerkungen eingegangen.

Zeittafel

1389: Schlacht am Amselfeld. Das Großserbische Reich geht dabei unter.

1408: Erster türkischer Einfall in Krain. Historisch nachweisbare Einfälle folgen 1415, 1425, 1429. 1431 wird Görz von den Türken bedroht.

1453: Fall von Konstantinopel.

1463: Bosnien wird türkisch.

1468: Kaiser Friedrich III. gründet zur Türkenabwehr den Georgsritterorden mit Stammsitz in Millstatt (Kärnten). Der Orden erlangt nie militärische Bedeutung.

1471: Türken dringen aus Bosnien in die südliche Steiermark und verheeren das Sanntal.

1472: Türken verwüsten das Draufeld zwischen Marburg, Pettau und Windischgraz.

1473: Ischak Pascha stößt unerwartet aus Bosnien über Krain nach Kärnten vor. Ein Gefangener wird gezwungen, den Übergang über den Seeberg zu zeigen. Durch den befestigten Vellachgraben dringen die Türken bis Sittersdorf vor. Bleiburg und Gurnitz werden heimgesucht. Völkermarkt, wo eben Jahrmarkt ist, kann nur durch raschen Abbruch der Draubrücke gerettet werden. Bei Möchling wird ein Beutesammellager errichtet. Die Drau wird überschritten, die Türkenschar zieht an Klagenfurt vorbei. Bei Lehndorf wird ein zweites Lager errichtet. Von hier aus schwärmen die Plünderer bis zum Wörther See, bis Moosburg, Feldkirchen und zum Längsee aus.
300 Bauern, die auf die beutebeladenen Türken am 27. September aus Klagenfurt einen Ausfall machen, werden niedergemacht. Abzug der Türken über Viktring, Maria Rain, Möchtling, Bleiburg. In nur fünf Tagen – so lange dauert der Einfall Ischak Paschas – werden furchtbare Verheerungen angerichtet und an die 2000 Menschen verschleppt.

1474: Anfang Juli dringen die Türken wieder in die Untersteiermark ein und verheeren weite Gebiete.

1475: Türken brennen das Kloster Sittich ab, dringen bis Pettau und Lembach bei Marburg vor, plündern das Kloster Studenitz.
Bei Pettau schlägt Wilhelm Schenk von Osterwitz mit den innerösterreichischen Truppen eine Türkenschar. Bei Rann werden 450 österreichische Krieger überfallen und bis auf 50 niedergemacht, wobei allerdings 2000 Türken fallen. Eine Reihe kärntnerischer Adeliger gerät in türkische Gefangenschaft, darunter Georg von Osterwitz.

1476: Über Tarvis und Arnoldstein fallen die Türken in Kärnten ein. Sie dringen ins Gailtal vor, bis Villach, Ossiach, Feldkirchen, ins Gurktal, nach St. Veit, das Drautal hinunter bis Unterdrauburg, ins Lavanttal.

Die Kärntner Stände beschließen die Aufstellung von Landwehren. Auch in die Untersteiermark dringen Türken ein.

1477: Die Untersteiermark wird von den Türken heimgesucht.

1478: Aufstand der steuerlich überlasteten und von den Türkeneinfällen am schwersten betroffenen Kärntner Bauern. Sie schließen einen bewaffneten Bund zur Türkenabwehr.

Anfang Juni stehen die Türken am Predil, lassen ihre Pferde an Stricken die Felswald herunter und umgehen so die Verteidiger. Bei Goggau stellt sich der Bauernbund, wird aber geschlagen.

Das Gebiet zwischen Drau, Lieser und Saualpe wird nun verwüstet. Am schwersten wird das Rosental geschädigt. Türken dringen auch durchs Gurktal bis in die Flattnitz vor. Im Juli wird Spittal an der Drau geplündert. In Lienz erwartet man bereits den Einfall der Muselmanen, sie kommen aber nicht nach Osttirol.

Nach vier Wochen ziehen die Türken ab. Nun nimmt der Adel an den aufständischen Bauern blutige Rache.

Die Landbevölkerung beginnt ihre Kirchen und Friedhöfe zu befestigen. Es entstehen die Wehrkirchen. Eine Türkenschar fällt auch in die Untersteiermark ein.

1479: Türkeneinfall in der Untersteiermark.

1480: Am 2. August brechen die Türken über die Save in die Untersteiermark ein. Sie dringen über den Radelpaß und die Koralpe ins Lavanttal vor. Die Hauptschar verheert Mittelkärnten und stößt nach Neumarkt in die Steiermark vor, das eben von den Ungarn belagert wird (1480 ist der Krieg mit Ungarn voll ausgebrochen). Die Türken verwüsten das Murtal. Eine Schar bricht über Weißkirchen und Obdach ins Lavanttal ein, überschreitet die Pack. Eine zweite dringt im Murtal bis Bruck vor, eine dritte stößt über Zeiring und Hohentauern nach Rottenmann vor, kehrt entlang des Palten- und Liesingtales nach Göß und Leoben zurück.

Die Türken stoßen in diesem Jahr bis ins Mürztal vor, gelangen der Überlieferung nach bis zum Erzberg. An Graz vorbei ziehen sie sich über die südöstliche Steiermark, die Windischen Büheln und Radkersburg wieder zurück. Der Zug dauert acht Tage und hinterläßt eine breite Spur der Verwüstung. Das Landplagenbild im Grazer Dom erinnert an ihn.

1483: Einfall der Türken nach Kärnten bis in die Umgebung von Ossiach. Die folgenden Jahrzehnte bringen für Kärnten keine Einfälle mehr. Es wird die Militärgrenze aufgebaut. Freilich – die Türkenbedrohung des Landes bleibt zumindest bis 1664 aufrecht.

Kleinere Streifscharen verwüsten die Untersteiermark.

1493: Türkische Einfälle in der Untersteiermark.

1494: Türkische Einfälle in der Untersteiermark.

1520: Sultan Suleiman, mit dem späteren Beinamen »der Prächtige«, tritt die Regierung an.

1526: In der Schlacht bei Mohács wird das ungarische Heer vernichtet. König Ludwig II. fällt. Suleiman zieht in Ofen ein. Auf Grund der geschlossenen Erbverträge erhebt Erzherzog Ferdinand von Österreich Ansprüche auf den Thron von Ungarn. Ein Grund für eine direkte Konfrontation zwischen Wien und der Pforte.

1529: Suleiman zieht vor Wien und belagert die Hauptstadt des Habsburgerreiches vergeblich.
Westungarn, das heutige Burgenland, gerät beim Zug der Türken gegen Wien in den direkten Kampfbereich.
Während der Belagerung durchstreifen Akindschi in Niederösterreich das Viertel unter dem Wienerwald, dringen in die Täler am Alpenostrand vor, stoßen ins Alpenvorland und ins Viertel ober dem Wienerwald vor, bis an die Enns. Sie fallen von Niederösterreich kommend auch in das Mürztal ein.
Auf dem Rückzug wird die Oststeiermark verwüstet. In Krieglach ist ein Sammellager für 800 Gefangene der Türken. In der Oststeiermark leiden am meisten die Bezirke Hartberg und Fürstenfeld. In Niederösterreich schätzt man die Zahl der Erschlagenen und Verschleppten auf rund 100.000.

1532: Suleiman bricht zum zweitenmal nach Wien auf, doch der unerwartete Widerstand der Festung Güns vereitelt das Ziel dieses Feldzuges. Suleiman zieht nach vier Wochen wieder ab. Durch die Belagerung von Güns wird das burgenländische Hinterland total verwüstet.
Während der Belagerung stößt Kasim Beg mit den Akindschi nach Niederösterreich vor. Verwüstung zeichnet seine »Route«, die entlang des Alpenvorlandes bis ins obere Ybbstal führt. Nach der Zerstörung von Ybbsitz wird Kasim Beg vor Waidhofen a. d. Ybbs von den Bürgern der Stadt und den vereinigten Sensenschmieden gestellt und schwer geschlagen.
Auf dem fluchtartigen Rückzug erfährt der Akindschiführer von Suleimans Abzug. Er führt seine Truppe in Eilmärschen Richtung Osten. Ein Teil dringt in die Steiermark vor. Kasim Beg und die Hauptschar wird von einer Abteilung des Reichsheeres im Triestingtal vernichtend geschlagen und aufgerieben. Kasim Beg fällt.
Schon während der Belagerung von Güns hatte auch die Oststeiermark zu leiden. Die Stadt Schlaining wurde belagert, doch konnten die Türken zum Abzug gezwungen werden. Bei einem zweiten Einfall stießen die Türken über Hartberg auf die Wechselhöhen vor, belagerten die Festenburg. Am 25. und 26. August stießen türkische Streifscharen bis auf den Raabboden und bis vor Gleisdorf vor.
Suleiman wählte für den Rückzug von Güns den Weg durch die Südoststeiermark. Am 4. September überschritt er mit dem Hauptheer die steirische Grenze bei Friedberg. Seinem Verwüstungszug fielen Friedberg, Pöllau, Gleisdorf und Leibnitz zum Opfer.

1593: Es beginnt der »fünfzehnjährige Türkenkrieg«, in dem sich die Türken als Schutzmacht mit dem Siebenbürgischen Fürsten Stefan Bocskay um die Herrschaft in Ungarn verbanden. Vor allem burgenländisches Gebiet war immer wieder Kriegsschauplatz.

1600: Türkische Streifscharen fallen in die Steiermark ein und dringen bis Mureck vor, um einen Entsatz des belagerten Kanizsa zu verhindern.

Bis zum Frieden von Zsitva-Torok kommt es immer wieder in der Steiermark zu kleineren Türkeneinfällen.

1664: Burgenland wird Aufmarschgebiet des türkischen Heeres und der Reichstruppen. Der Sieg des kaiserlichen Feldherrn Montecuccoli bei St. Gotthard-Mogersdorf verhindert eine weitere Bedrohung der Steiermark. Auch hier wird eine Militärgrenze gegen die Türken aufgebaut.

1683: Großwesir Kara Mustapha belagert Wien zum zweitenmal, neun Wochen lang.

Als Aufmarschgebiet des türkischen Heeres sind vor allem das Burgenland und der Südosten Niederösterreichs betroffen. Größere Städte wie Hainburg in Niederösterreich werden eingenommen. Ganze Märkte wie Perchtoldsdorf südlich von Wien werden entvölkert. Sehr arg hausten die Akindschi im Viertel unter dem Wienerwald und im Viertel ober dem Wienerwald. Einzelne Trupps drangen wieder bis an die Enns vor, in der Hoffnung, den fliehenden Kaiser Leopold fangen zu können. Einzelne Vorhuten gelangten dabei sogar bis ins oberösterreichische Weyer und Gaflenz. Der Zugang in die Oststeiermark wurde den Türken durch eine vom Kloster Lilienfeld errichtete Sperre bei Freiland verwehrt. Sie versuchten auch, die Donau zu übersetzen und ins Marchfeld vorzudringen, doch wurden sie dort vernichtet.

Die Zahl der 1683 aus Niederösterreich Verschleppten gibt eine Flugschrift mit 108.809 Personen an. Davon 6000 Männer, 11.215 Frauen, 14.092 Mädchen und 56.093 Kinder. Ganze Ortschaften (Perchtoldsdorf!) müssen neu besiedelt werden.

Durch die furchtbare Belagerung war die Zahl der besteuerbaren Häuser von Wien von 1550 bis 1706 von 1706 auf 586 zurückgegangen. Der Viehbestand wurde weitgehend vernichtet, beinahe unersetzliche Schäden entstanden in der Umgebung Wiens durch das Aushauen der Weinreben für Brennholz.

Steiermark

Die Türken in Pack

Im Jahre 1480 zog eine starke türkische Heerschar aus dem Lavanttal in Kärnten zur Packer Höhe hinauf, zündete das Dorf an und erschlug viele Einwohner. Dem Pfarrer Erhard Poltinger (auch Polinger) gelang es, auf einem Pferd in die dichten Wälder der Umgebung zu entkommen. Er selbst schreibt darüber folgendes:

»Es war im Jahre 1480 durch die ganze Steiermark eine große Pest, und auch die Türken sind mit einem ungeheuren Heer durch die ganze Steiermark gezogen und haben mich, Erharden Poltinger, Pfarrer in der Packh, zehn Türken überfallen und verfolgt. Zu Pferd entkam ich in den Friwald, Schätze haben sie zusammen mit dem Weiler in der Packh am heiligen Laurenziabend (10. August) verbrannt und fast meine ganze Gemeinde erschlagen oder weggeführt. Meine Haushälterin mit dem Namen Elisabeth, eine betagte und brave Frau, haben sie zusammen mit meinem Knecht Hansel umgebracht. Die junge Tochter des Trapl haben sie weggeführt und fast die ganze obere und untere Steiermark mit Feuer und Schwert ganz gottserbärmlich verwüstet.«

Die Türken in Neumarkt

Einst kamen die Türken insgeheim aus Kärnten ins Land und drangen in die Kirche von St. Marein bei Neumarkt ein. Dort ermordeten sie den Priester am Altare, mißhandelten die Bewohner und verübten zahlreiche Greueltaten. Glücklicherweise kam eine große Schar tapferer Landleute aus

St. Veit nahe der Kärntner Grenze den Einwohnern zu Hilfe und vertrieb die Türken. Diese drangen jedoch in das nahe gelegene Neumarkt ein, besetzten die Tore und begingen auch hier verschiedene Übeltaten.

Da soll der Postmeister Guganigg zum Fenster hinausgesehen und die phantastischen Trachten der Feinde mit größter Ruhe betrachtet haben. Die Türken ärgerten sich darüber, warfen grimmige Blicke zum Fenster hinauf und riefen dem Postmeister Drohworte zu. Als sich dieser nicht daran kehrte, spannte ein Janitschar seinen Bogen und jagte ihm den tödlichen Pfeil in die Brust; augenblicklich fiel der Getroffene tot zu Boden. Lange Zeit danach war noch an einem Hause in Neumarkt das Bild des kühnen Postmeisters zu sehen, der seine Neugierde mit dem Tode büßen mußte.

Ein grimmiger Türke drang auch in die Wohnung des Jammerschusters und befahl dem zitternden Schuhmacher, ihm seine schadhaft gewordene Fußbekleidung auszubessern. Während der Mordbrenner auf seine Schuhe wartete, war es den tapferen St. Veitern gelungen, auch in Neumarkt einzudringen und die Feinde daraus zu vertreiben. Als er den Abzug der Seinen gewahrte und der Schuster mit seiner Arbeit noch nicht fertig war, ergrimmte der Türke und tötete den Mann mit einem einzigen Hiebe seines scharfen Säbels. Darauf wollte er seinen Kameraden nacheilen. Die erbitterte Schuhmachersfrau jedoch und mehrere andere Weiber liefen ihm nach, holten ihn in einem engen Gäßchen ein und erschlugen ihn mit Ofen- und Mistgabeln.

Zur Erinnerung an den letzten getöteten Türken wurde jenes Gäßchen in Neumarkt das »Türkengassel« genannt und an der Außenseite des Gasthofes »Zum Mohren« ein bemalter Türkenkopf eingemauert.

Im Jahre 1480 kamen die Türken über den Neumarkter Sattel ins obere Murtal. Neumarkt wurde damals gerade von den Ungarn belagert. Die Belagerer baten nun die Neumarkter, sie in den befestigten Ort aufzunehmen, sie würden bei der Verteidigung gegen die Türken helfen. Diese aber zogen an Neumarkt vorbei und verwüsteten die Umgebung. In der Pfarrchronik von St. Marein heißt es: »Nachdem sie die Wohnungen verbrannt hatten, schleppten sie die Christen in die Kirche, legten sie auf die Altäre und schlachteten sie nach Art der Metzger. Nachdem die Metzelei vorüber war und nach Plünderung der Kirche wurde sie angezündet und vollständig niedergebrannt.« – An die Einfälle der türkischen Streifscharen erinnert noch heute in Neumarkt die »Türkengasse«. Zwischen Bahnhofstraße und Türkengasse (Bahnhofstraße 3) befindet sich das ehemalige Gasthaus »Zum Mohren«, später »Zum Wassermann«, heute nur noch als Spielhalle benutzt. Ober der Eingangstür kann man noch den »Türkenkopf« sehen. Eine örtliche Überlieferung sagt, daß tatsächlich der Schädel eines erschlagenen Türken hier von den aufgebrachten Bauern der Umgebung eingemauert worden ist.

Das Pankrazkirchlein zu Oberwölz

Die Verehrung des hl. Pankratius zu Oberwölz ist urkundlich schon seit 1487 nachweisbar. Das Kirchlein aber verdankt seine Erbauung der Legende nach der Einlösung eines Gelübdes. Bei einem Türkeneinfall wurde nämlich eine Gräfin von den Feinden verfolgt. Angesichts des ihr drohenden grausamen Schicksals der Sklaverei verlobte sie sich dem hl. Pankratius zu Oberwölz und versprach, eine Kirche für den verehrten Heiligen zu stiften. Tatsächlich verloren die Verfolger die Spur der Gräfin.

Eine andere Legende berichtet, es sei den Türken plötzlich ein riesiger Ritter mit einem Speer, so groß und schwer wie ein »Wiesbaum«, entgegengetreten. Der habe die Verfolger selbst in die Flucht geschlagen. Der geheimnisvolle Ritter war natürlich niemand anderer als St. Pankratius.

Das gotische Pankratiuskirchlein liegt auf dem Weg von Oberwölz in den Ortsteil Hinterburg. Das gotische Schnitzbild des hl. Pankratius stammt aus der Zeit um 1490. Die Kirche soll – lokaler Überlieferung nach – von einer aus Ungarn vor den Türken geflüchteten Gräfin zum Dank für ihre Rettung errichtet worden sein. Es ist durchaus möglich, daß sich in dieser Überlieferung eine Erinnerung an die Ungarnkriege unter Matthias Corvinus erhalten hat, sie fielen ja mit den Türkeneinfällen zusammen. – Das Pankratiuskirchlein ist an den Bitt-Tagen Ziel der Flurprozession. An einem der Bitt-Tage wird Messe gelesen.

Türkeneinfall in Pusterwald

Eine Stunde vor dem Dorfe Pusterwald liegt der große Bauernhof »Mar im Garschbach«. Zu demselben gehört das »Wehrangerl«, ein Wiesenfleck, an der engsten Stelle des Grabens gelegen. Dieses erinnert an folgende Tat der Pusterwalder: Anfang August 1480, als die Türken das Murtal verheerten, führten die Pusterwalder in der Talenge rasch eine Mauer auf, quer über das Tal, und schwellten dadurch den Talbach, so daß sich eine große Wassermasse dahinter staute. Die Türken sahen die Mauer und beschossen dieselbe. Plötzlich stürzte die Mauer ein, und die Wassermassen wälzten sich durch das Tal und erfüllten es, wobei nahezu alle Türken ertranken. Noch vor nicht langer Zeit ackerte man hier türkische Waffen aus dem Boden. Ein leider schon sehr schadhaftes Bild am Hofgebäude des »Mar im Garschbach« erinnert an diese Begebenheit.

Der Hof »Moar im Garschbach« wird noch bewirtschaftet. Die Mauer am »Wehrangerl« ist längst abgetragen, nur undeutliche Spuren erinnern daran. Von einem Bild am Hofgebäude wissen die derzeitigen Besitzer nichts mehr. Möglicherweise handelte es sich bei der erwähnten Mauer nicht um eine Wehranlage, sondern um eine Kontumaz-Sperre, an der durch strenge Kontrollen das Weiterverschleppen der Pest verhindert werden sollte. Eine Kapelle beim Hof, datiert 1737, wurde in Erinnerung an das Wüten der Pest errichtet.

Der See um Maria Moos

Auch nach Pöls kamen die Türken, um dort zu plündern, zu morden und in die Sklaverei zu schleppen. Besonders reiche Beute versprachen sich die Muselmanen von der Gnadenkirche Maria Moos in Pöls. Doch als sie auf die Kirche losstürmten, erschien ihnen die Gnadenstätte plötzlich weit entrückt und wie auf einer fernen Insel mitten in einem großen See gelegen. Vergebens versuchten sie das Wasser zu übersetzen. Sie fanden weder Steg noch Schiff. Da zogen sie wieder weiter, die Gnadenkirche blieb verschont.

So erzählt jedenfalls die Legende. Die Geschichte aber berichtet, daß auch Maria Moos von den Türken zerstört wurde.

Die Pfarrkirche von Pöls hat das Patrozinium Mariä Himmelfahrt. Da aber ein Moor (»Moos«) noch im 16. Jahrhundert bis an die Häuser des Ortes heranreichte, die Kirche sozusagen im Moor lag, bürgerte sich im Volk der Name »Maria im Moos« ein. Eine Legende weiß zu berichten, daß im Moos eine Kirche versunken ist und nur eine Marienstatue gerettet werden konnte. – Beim Türkeneinfall von 1480 wurde der Ort niedergebrannt. Auch die Kirche ging in Flammen auf. Zum Schutz vor den Türken wurde die Kirche als Wehrkirche eingerichtet. Erst im 19. Jahrhundert wurden die Wehranlagen weitgehend weggerissen.

Die Türken vor Maria Buch

Als im Jahre 1480 die Türken mit Feuer und Schwert das Aichfeld heimsuchten und der Volksmund sie seit dieser Zeit mit Fug und Recht die »Senger und Brenner« nennt, wollten sie auch die Kirche zu Maria Buch zerstören. Aber diese erfreute sich des besonderen Schutzes ihrer erhabenen Patronin; denn sobald die Türken sich der Kirche näherten, entschwand sie ihren Blicken, entfernten sie sich aber, so sahen sie dieselbe wieder in ihrer vollen Schönheit vor sich.

Da die Heiden mit Gewalt nicht zum erwünschten Ziele kamen, griffen sie zur List und heuchelten Frömmigkeit und Gottesfurcht. Ihr Anführer ließ den Priester wissen, daß er sich mit seiner Schar bekehren und taufen lassen wolle. Auch opferte er zwölf große Kerzen, die bei der Tauffeierlichkeit angezündet werden sollten. Diese Kerzen aber waren hohl und mit Pulver und anderen gefährlichen Sprengstoffen gefüllt; angezündet, mußten sie, sobald die Flamme sie berührte, explodieren und so eine verheerende Wirkung ausüben.

Der Priester war von der Kunde der Bekehrung der Heiden hocherfreut und ließ die Kerzen zu beiden Seiten des Hochaltares anbringen. Der Tag der Taufe brach an, und die Kirche war dicht gedrängt mit Gläubigen, denn alles wollte Zeuge der seltenen Feierlichkeit sein. Beim Rufe: »Sie kommen!« mußte der Mesner die Kerzen anzünden. Allein derselbe war so ungeschickt, daß er mit der Zündstange schon die erste Kerze vom hohen Altarleuchter herunterwarf. Die Kerze zersprang auf dem Steinboden, und man sah zum allgemeinen Entsetzen den gefährlichen Inhalt vor sich. Die Kerzen wurden sofort mit aller Vorsicht entfernt. Als die Türken sahen, daß sie auch mit List dem Gotteshaus nichts anhaben konnten, zogen sie ab und versuchten anderwärts ihr Zerstörungswerk.

Zur Erinnerung an die glückliche Errettung der Kirche aus der Türkengefahr wurden zu beiden Seiten des Hochaltares je drei große Kerzen angebracht, welche noch heutigentags dort zu sehen sind.

Die Kerzen – nach Auskunft des Dechanten Votivkerzen – werden noch heute »Türkenkerzen« genannt.

Das Kückerloch am Größenberge

Am Größenberge befindet sich eine felsige Gegend, welche unter dem Namen »Kückerloch« allgemein bekannt ist. Diese Gegend diente bei Türkeneinfällen den Bewohnern der Umgebung als Zufluchtsstätte.

Im Kückerloch soll es früher auch reiche Goldschätze gegeben haben. Entdeckt hat sie zufällig ein Hirtenbub, dem ein Schaf in das Loch gefallen war.

Die Türken belagern Knittelfeld

Das Jahr 1480 brachte Unheil und Schrecken für die Bewohner von Obersteiermark und für das friedliche Knittelfeld. Die Ungarn verwüsteten auf Befehl ihres Königs Matthias fast ganz Untersteiermark, sengten und mordeten wie Barbaren, drangen aus Kärnten nach Steiermark vor, wurden aber von den Türken bei Neumarkt eingeholt und verjagt. Die blutdürstigen Sieger wendeten sich nun unaufhaltsam in das obere Murtal und hausten mörderisch unter den wehrlosen Bewohnern desselben. Jakob Gerold, Stadtpfarrer von Knittelfeld, Augenzeuge vieler von den Türken verübten Greueltaten, hat zum Andenken an die Schrecken jener Tage in das Meßbuch folgendes aus dem Latein Übertragene geschrieben: »Im Jahre der Geburt 1480 am Tage der Heil. Affra, u. zw. in der 2. Feria vor dem Feste des Heil. Laurenzius, haben sich die grausamen Türken im Aichfelde aufgehalten, das Murtal verwüstet und viel Volk erbärmlich abgeführt.«

Vier schrecklich lange Tage lag der gefürchtete Feind vor den Mauern der geängstigten Stadt. Die Bürger hörten das Geschrei der Barbaren, das Wiehern und Stampfen der Pferde und das Ächzen und das Gejammer der mißhandelten Bewohner des Murtales, sie sahen die zertretenen Felder, die Rauch- und Feuersäulen, welche von den eingeäscherten Kirchen und Ortschaften zum Himmel emporstiegen und das ganze Tal mit Brandgeruch erfüllten; aber sie begriffen auch, daß nur Mut und Beharrlichkeit helfen könne. Daher verrammelten sie die Tore und faßten den Entschluß, sich bis auf den letzten Mann zu wehren. So weit kam es aber nicht. Der Feind zerteilte sich in verschiedene Horden, welche nach allen Seiten auszogen, zu sengen und zu morden. Mangel an Nahrung und Futter, besonders aber starke Regenströme zwangen den Feind, das obere Murtal zu verlassen, Knittelfeld selbst war gerettet, aber die ganze Umgebung weit und breit bot ein Bild der Zerstörung und des unsäglichen Jammers. Die Mehrzahl der Kirchen wurde von den Türken eingeäschert, die Bewohner der Ortschaften kamen entweder auf erbärmliche Weise ums Leben oder wurden in die Sklaverei geschleppt. Hunde und Wölfe durchzogen ungehindert das Tal und verzehrten den ihnen unfreiwillig gebotenen Fraß. Erst bei Rann in Untersteiermark wurden die Mordbrenner aufs Haupt geschlagen und aus dem Lande verjagt.

Ein Wunder weiß die Legende von der Errettung der Kirche St. Johann im Felde, der heutigen Friedhofskirche von Knittelfeld, zu berichten. Verehrt wurden dort ein wundertätiges Kruzifix und ein Marienbild. Als nun die Türken diese Kirche plündern, entweihen und zerstören wollten, wurde sie immer, wenn sie in ihre Nähe kamen, durch ein hohes, undurchdringliches Gebüsch ihren Blicken entzogen. Ritten sie wieder zurück, um sich zu vergewissern und den Weg zu suchen, sahen sie auch St. Johann wieder vor sich liegen.

Da erkannten die Türken, daß es sich hier um einen besonders heiligen Ort handle, sie gaben ihr Vorhaben auf und zogen weiter.

Vermutlich wurde St. Johann im Felde aber von den Türken geplündert und in Brand gesteckt.

Die Türken in St. Georgen beim Obdachegg

Das Jahr 1480 war für die Bewohner des Oberlandes ein besonders trauriges. Die Ungarn, die Pest und vor allem die Türken brachten Not und Elend nach allen Orten. Eine osmanische Streifschar kam selbst in das Alpendörfchen St. Georgen am Schwarzenbach.

Die Bewohner am Schwarzenbache waren aber noch rechtzeitig gewarnt worden; ein Teil flüchtete sich in das sogenannte Kückerloch am Größenberge, ein Teil suchte in der Kirche Schutz vor dem Feinde der Christenheit. Der Friedhof, welcher rings um das Gotteshaus sich ausdehnte, war mit einer ziemlich festen und hohen Mauer umgeben, und die tapferen Gebirgsbewohner waren fest entschlossen, den Türken äußersten Widerstand zu bieten. Man hatte Zeit gefunden, Waffen und Mundvorrat in die Kirche zu bringen und alles zur Verteidigung vorzubereiten.

Mit wildem Geschrei stürmten die Osmanen herbei, wurden aber mit blutigen Köpfen zurückgewiesen. Während die Kinder und Frauen in der Kirche auf den Knien lagen und Gott um Rettung aus der Türkennot baten, tobte draußen auf den Kirchhofsmauern der wilde Kampf, denn die

Türken wollten durchaus in den Besitz der Kirche kommen. Wenngleich viele Türken im Kampfe fielen, so mußte doch auch mancher tapfere Verteidiger sein Leben lassen, und mit Bangen sah man dem Augenblick entgegen, in welchem die Feinde den Hauptsturm, zu welchem sie große Vorbereitungen trafen, machen würden.

Man brauchte nicht lange darauf zu warten. Mit plötzlichem Ungestüm griffen die Türken an, und es glückte mehreren, auf der Mauer festen Fuß zu fassen. Da – im Augenblicke der höchsten Gefahr – nahte die Rettung. Eine kleine Schar tapferer Landleute, die sich beim Nahen der Feinde in das Kückerloch geflüchtet hatte, kam den Bedrängten zu Hilfe. Von zwei Seiten angegriffen, wurden die Türken vollkommen besiegt. Nicht einer konnte ihren Landsleuten, welche draußen auf dem Flachlande sengten und plünderten, von der Vernichtung der Schar Kunde bringen. Die Christen aber brachten Gott aus vollem Herzen ein Dankgebet dar und freuten sich der glücklichen Errettung aus der Türkennot. An der Kirchhofmauer in St. Georgen erinnerte bis vor kurzem ein nun übertünchtes Bild an den geschilderten Türkeneinfall. Zwei Türkenhelme dienten noch vor mehreren Jahren als Gewichte der Turmuhr.

Die Kirche dürfte nach dem ersten Einfall der Türken in Kärnten, 1473, zur Wehrkirche ausgebaut worden sein. 1480 zogen sich die Bewohner von Obdachegg in die Kirche zurück. Nach langem Widerstand wurden sie überwältigt und entweder niedergemacht oder in Gefangenschaft verschleppt. – Das Fresko an der Friedhofsmauer war noch Mitte des 19. Jahrhunderts zu sehen. Die Türkenhelme als Uhrgewichte werden noch 1892 erwähnt.

Von der Teuerung und Hungersnot

Nach der Türkennot brach gar manches Mißjahr herein. So mußte man beim Schafferbauer etliche Male den Hafer erst aus dem Schnee schaufeln, ehe man ihn schneiden konnte. Einmal hat das Getreide erst am »Kleinen Frauentag« (8. September) geblüht.

Wie rar das Brot gewesen, sei daraus zu entnehmen, daß einst ein Staller seinem Nachbarn, dem Kappler, ein Stück Halt für vier Ranftl Brot verkaufte, wovon diese Halt noch heute die Ranftlhalt heißt. Ein andermal habe wieder ein Staller vom Grabenbauer den Ertrag eines Wiesenstückes für ewige Zeiten um einen Brotlaib erkauft, weshalb noch der heutige Staller jenseits seines Grundzaunes die Wiese des Grabenbauer abmäht – es handelt sich um »ein Karrenvoll Heu« – , während sie nach erfolgter Mahd diesem wieder als Halt gehört. Vor Mitte des vorigen Jahrhunderts sei die Kasjörghütte einmal lange Zeit leer gestanden, und es würde kein Mensch etwas dagegen gehabt haben, wäre irgendwer gekommen und hätte von ihr Besitz genommen. So wenig sei damals noch ein kleiner Hubenbesitz wert gewesen.

Zu jener Zeit habe auch im Bärntal ein Bauer nahe der Alm den Mut, Bauer zu bleiben, ganz verloren, habe seinen Hof kurzweg verlassen und sei übers Gebirge davongewandert; auf der Schneid, wo er ihn zum letztenmal sehen konnte, habe er sich umgewendet und zurückgerufen: »Pfiat die Gott, Hinterber(g), du siagst mi niamermehr!«

Die Blutwiese

Im Jahre 1480 drangen die Türken sengend und brennend durch Kärnten nach Obersteiermark vor, und einzelne Scharen suchten selbst die entlegensten Täler und Gräben auf. So kam eine solche Streifschar auch in das Bärntal bei Obdach. Durch Greutfeuer auf das Nahen der Feinde aufmerksam gemacht, rotteten sich die tapferen Gebirgsbewohner zusammen, legten sich an einer passenden Stelle in den Hinterhalt und überfielen die Feinde. Die Vernichtung der Horde wäre sicher gewesen, allein zum Unglück kam eine zweite feindliche Streiterschar daher und verwandelte den anscheinenden Sieg der Christen in eine entsetzliche Niederlage. Nicht einer derselben konnte sich retten. Noch heutigentags benennt der Volksmund diesen Ort in trauriger Erinnerung die Blutwiese.

Der Markt Obdach konnte sich dank seiner guten Befestigungsanlagen gegen die Türken halten. Wohl aber wurde die ganze Umgebung verheert. Aus Obdach stammt auch der Schmied Leonhard Sturmayer, der der Sage nach nach glücklicher Befreiung aus türkischer Gefangenschaft die Kirche von St. Leonhard im Lavanttal mit einer Kette umspannen ließ.

Das Türkenkreuz

Als die Türken von Kärnten her in die obere Steiermark eindrangen, flüchteten sich die Bewohner des Bärntales auf die Leutgebalm, die an der Lavant liegt. Hier warfen sie sich nun auf die Knie und flehten zum Allmächtigen um Schutz vor den wilden Horden. Eine Türkenschar, welche die Flüchtlinge gewahrte, verfolgte diese und gelangte in die Nähe der Alpe. Plötzlich aber wankte die felsige Stätte, auf der die Osmanen standen, und stürzte in den tiefen Abgrund, die Feinde zerschmetternd. Die von der Gefahr so glücklich befreiten Christen errichteten auf dieser Alpe das noch heute bestehende Türkenkreuz, das der fromme Sinn der dortigen Landleute stets in gutem Zustande hält.

Es steht in der Nähe des Lavant-Ursprungs. Hier soll 1535 der Schmiedemeister Peter Ladecker von den Türken mit einer Kette um den Hals vorbeigeführt worden sein. Auf wunderbare Weise wurde er mit anderen gefangenen Christen durch einen Felssturz erlöst, der die meisten Türken in die Tiefe riß. Das Kreuz war immer Station bei der Wallfahrt der Judenburger nach Maria Waitschach in Kärnten.

Die Türken vor Seckau

Als im Jahre 1480 die Türken von Kobenz in das nach Seckau führende Tal einbogen, stiegen aus allen Tälern dichte Nebel auf, von den Felsen und Bergen sanken die Wolken grau, feucht und schwer herab, dichtes graues Gewölk erfüllte das ganze Tal, und man konnte kaum die Hand vor den Augen sehen. So zogen die Türken nahe dem Stifte und seiner reichen Kirche vorbei, ohne sie zu finden, und die Klosterbrüder und ihre Schätze waren vom Zugriff des Feindes verschont.

Das Kloster Seckau ist von den türkischen Horden verschont geblieben. Vermutlich fühlten sich die nur leicht gerüsteten Raubscharen für einen Angriff zu schwach. Das Kloster war schließlich von einer starken Wehrmauer umgeben.

Das gerettete Bauernhaus

Als die Türken in die Gegend von Seckau kamen, haben sie das Stift vor lauter Nebel nicht sehen können und sind daher vorbeigezogen. Wie sie dann in der Umgebung brennend und sengend herumstreiften, kamen sie an ein altes Bauernhaus, wo die Bäuerin gerade Brot buk. Da sagten die Türken »hier brennt's schon«, weil es vom Brotbacken so stark rauchte, und darum blieb dieses Haus, der vulgo Zenz im Mühlwald, verschont.

Der Hof mit dem Vulgonamen »beim Zenz« existiert noch.

Die weinende Gottesmutter

Nach einer anderen Legende erschien am Seckauerberg die hl. Maria mit dem Kinde und weinte, als 1480 die Türken Seckau bedrängten. Die Erscheinung der Gottesmutter flößte den Christen neuen Mut ein. Sie empfahlen sich der Fürsprache der Schutzfrau der Christenheit und erfochten einen glänzenden Sieg über die Ungläubigen. Dadurch wurde auch die Gefahr vom Kloster Seckau abgewendet, auf welches wegen seiner Schätze die Muselmanen begehrliche Blicke geworfen hatten.

Zur Erinnerung an den Sieg und zum Dank für die Errettung wurde im Dunkel des Buchenwaldes die Kapelle Maria auf der Linde erbaut.

Diese Sage ist in Seckau nicht bekannt. Es gibt auch keine Kapelle Maria auf der Linde, wohl aber eine erst nach der Türkenzeit erbaute Kirche Maria im Schnee. Vermutlich wurde vom Erzähler der Legende Seckau mit Seggau bei Leibnitz verwechselt.

Die Pestkerze in St. Benedikten

Heuschrecken hatten die Saatfelder zerstört. Darauf kam der Türke ins Land und wütete auf dem Murboden gar schrecklich. Mordend und brennend zog er durchs Land. Es entstand eine große Hungersnot, so daß die Leute die Baumrinde zerrieben und statt des Brotes essen mußten. Um das Elend voll zu machen, kam auch die Pest ins Land.

Die Bewohner von St. Benedikten gelobten, wenn sie von all dem Ungemach befreit würden, eine mehrere Zentner schwere Wachskerze zu opfern. Ihre Bitte wurde erhört. Die Heuschrecken verschwanden, die Türken zogen ab, eine gute Ernte brachte das lang entbehrte Brot, und die schreckliche Seuche verschonte die Bewohner von St. Benedikten. Nun sollte das Gelübde erfüllt werden. Aber die herrschende Armut gestattete nicht, eine so schwere Wachskerze zu beschaffen. Man mußte sich mit einer Nachahmung derselben begnügen, indem man eine lange Stange mit dünnen Wachskerzen spindelförmig überzog.

Als nun nach einiger Zeit die Türken wieder in die Gegend kamen und in der Kirche St. Benedikten die merkwürdige Kerze sahen, nahmen sie diese weg und vertauschten die Stange mit einer pulvergefüllten Blechröhre. Sie glaubten nämlich, die Bewohner würden diesen Tausch nicht bemerken und die Kerze würde, wenn sie angezündet, explodieren und die Kirche mit den Andächtigen in die Luft sprengen. Zum Glück wurde dieser ruchlose Anschlag noch rechtzeitig entdeckt.

Die »Pestkerze« wird noch heute in der Kirche von St. Benedikten aufbewahrt. Es handelt sich um eine rund 15 Meter lange Holzstange, die etwa daumendick mit Wachs überzogen wurde. An ihrer Spitze sitzt eine Laterne, in die eine kleine Kerze gestellt werden kann. Die »Pestkerze« muß in der Kirche von St. Benedikten waagrecht an der Wand hängend aufbewahrt werden (sie wäre zu hoch für die Kirche). Am Herz-Jesu-Sonntag wird die »Pestkerze« auch heute noch immer bei einer feierlichen Prozession mitgetragen. Drei Männer versuchen ihr dabei mit blumenumwundenen Stützen das Gleichgewicht zu wahren, ein Mann »dirigiert« die Kerzenträger. Im Volk hat sich noch der Aberglaube erhalten: Verlöscht die kleine Kerze in der Laterne an der Spitze der »Pestkerze« beim Umzug, so bedeutet das Unglück . . . Über einen Zusammenhang mit den Türken ist heute nichts mehr bekannt.

Die Kirche von Kobenz

Der Kirchturm von Kobenz stand schon zu den Römerzeiten und war ein römischer Wachturm. Im Jahre 700 n. Chr. hat dann der Apostel Rupert die Kirche darangebaut, der Erzbischof Konrad hat an die Stelle der ersten Holzkirche dann eine steinerne Kirche gebaut. Der Ort Kobenz hat daher einmal St. Ruprecht im Moos geheißen. Als die Türken ins Murtal kamen, sind sie am rechten Ufer der Mur herabgezogen und haben die Kirche von Kobenz am linken Ufer liegen gesehen. Wie sie nun über die Mur herüber wollten, breitete sich plötzlich ein großer See aus, und über dem See stand eine Nebelwand, so daß sie nichts mehr gesehen haben.

Später sind aber See und Nebel wieder verschwunden, und die Türken sind über die Mur herübergekommen. Als sie aber zur Kirche von Kobenz gekommen sind, war diese ganz von einem Rosenstrauch verdeckt, so daß sie sie nicht finden konnten. So ist die Kirche verschont geblieben.

Historisch verbürgt ist das furchtbare Wüten der Türken in den Pfarrchroniken. Vor allem auch im Pfarrhof sollen sie furchtbar gehaust haben. Das Sagenmotiv des Unsichtbarwerdens ist ziemlich weit verbreitet. Es drückt nicht zuletzt die Hilflosigkeit der Bevölkerung gegenüber dem Feind aus.

Die Türken vor Wasserberg

Vor etwa 50 Jahren sollen im Schlosse Wasserberg in der Gaal noch Türkenkugeln zu sehen gewesen sein, die aus jener Zeit stammten, da die Türken im Jahre 1480 das Schloß vergeblich belagerten. Damals waren die Türken bei ihrem Zuge über Knittelfeld nach Seckau auch zum Schlosse Wasserberg gekommen und wollten es unbedingt einnehmen. Sie hatten sogar Geschütze mitgeschleppt, die sie gegenüber dem Schlosse aufstellten und dieses damit heftig zu beschießen begannen. Aber die festen Mauern und die tapferen Verteidiger hielten stand, und als die Türkenscharen am Mareiner Boden eine schwere Niederlage erlitten hatten, mußten die Türken auch von Wasserberg abziehen. Die Bauern und die tapfere Besatzung folgten ihnen aber nach, und nur wenige Türken fanden aus dem engen Tal ihr Heil in der Flucht. Die anderen wurden niedergemetzelt. Seit damals wagte es kein Türke mehr, diesen Winkel der Steiermark mit kriegerischer Hand zu betreten.

Nach einer anderen Sage überfiel die Türken mitten während des Angriffes auf die Burg ein böses Wetter. Dichte Nebel sanken von den Bergen herab, und ein wildes Schneegestöber machte alle Wege ungangbar. Den Unbilden der Witterung und den Sensen und Morgensternen der Bauern fielen die Türken zum Opfer. Von dieser Niederlage erzählt heute noch der Name der Türkengaralpe. Auch wurden in der Nähe des Schlosses Gebeine von Menschen und Pferden, aber auch Pfeilspitzen und Hufeisen ausgegraben, die alle Kunde von der Niederlage der Türken vor Wasserberg geben.

Eine Belagerung durch die Türken ist nicht nachweisbar. Das Schloß Wasserberg in der Gaal war Besitz der Seckauer Bischöfe, die sich mit ihren Herren, den Salzburger Fürsterzbischöfen, gegen Kaiser Friedrich III. stellten. Der Kaiser ließ daher Wasserberg besetzen. Die Bischöfe (Bischof Mathias Scheith) mußten ihr Schloß mit Gewalt dem kaiserlichen Vogt abnehmen. Da diese Einnahme in die Zeit der Türkeneinfälle und Ungarnkriege (1480–82) fiel, könnte in der Sage eine historische Verwechslung vorliegen.

Die Türken vor Prankh

Es war ein schwüler Sommertag des Jahres 1479, als Veit Penkh einem Freunde seinen Kummer über seinen Sohn Josef mitteilte. Nicht, daß der schöne und frische Jüngling die Arbeit gescheut oder seiner Familie durch wüstes Leben Unehre gebracht hätte, aber sein Herz brannte vor Liebe zur schönen und sittsamen Tochter Agnes des alten Ritters von Prankh, und nach den Anschauungen jener Zeit war solch eine Liebe ohne Hoffnung auf Erfüllung. Zwar liebte auch Agnes den schönen jungen Hammergewerkensohn, und der Hammer von Wasserleith stellte eine gar stattliche Morgengabe dar, aber der adelsstolze Sinn des Prankher hätte wohl nie eine solche Verbindung zugegeben. Das wußte auch Josef Penkh, und darum litt es ihn nicht mehr in der Heimat. Vor wenigen Tagen erst hatte er seinem Vater eröffnet, daß er in kaiserliche Kriegsdienste treten wolle, denn die Ungarn- und Türkennot forderte tapfere Kämpfer. Vielleicht konnte er sich hier Ruhm und Adel erwerben oder auf blutgetränkter Wallstatt seine Liebe mit seinem Leben besiegeln.

Dies drückte den alten Penkh, der seinen Hammer verwaist sah und keine Hoffnung hatte, seinen Sohn einst hier werken und wirken zu sehen.

Schon hatte sich Josef Penkh fest entschlossen, in den nächsten Tagen nach Graz zu reisen und sich anwerben zu lassen, als der Ruf von der Türkengefahr durch das Land drang und die Landschaft das Aufgebot der Herrn und Landleute verkünden ließ. Da rief auch der Ritter von Prankh die wehrpflichtigen Untertanen zu den Waffen, und Josef Penkh zog mit dem Trupp der Mareiner als Fahnenjunker mit.

In manchem Gefecht zeichnete sich das Fähnlein der Mareiner aus; allen voran der Sensenschmied von Wasserleith, der die Fahne des Vaters seiner Liebsten und so ihre Farben in den Kampf trug.

In einer Schlacht wurde der Ritter von Prankh schwer verwundet. Nur der Tapferkeit des Josef Penkh war es gelungen, den Ritter vor der Gefangennahme oder dem sicheren Tod zu retten. Er wußte, bevor er in die Heimat zurückzog, keinen Würdigeren zum Führer seines Fähnleins zu bestellen als seinen wackeren Fahnenjunker.

Inzwischen waren die Türken von Süden her ins Land gezogen, und die obersteirischen Krieger, die unbesiegt an der Ostgrenze standen, wurden eiligst zurückberufen, um die engste Heimat zu schützen. Auch Josef Penkh war mit der Kriegerschar des Prankher eilends am Heimweg begriffen, als schon die Kraidfeuer von der Gleinalpe lohten. Die Türken hatten schon an Knittelfeld vorbei sich gegen den Mareiner Boden gezogen, die Kirche von St. Marein geplündert und geschändet, das Schloß Prankh, das von wenigen Knechten nur schlecht verteidigt werden konnte, gestürmt und den Ritter von Prankh und seine Tochter zu Gefangenen gemacht. Schon loderten überall am Mareiner Boden die Flammen von angezündeten Ortschaften empor, schon hatten die Türken auch den Hammer von Wasserleith zu zerstören begonnen und den alten Veit Penkh gefangen, als wie ein Retter in höchster Not Josef Penkh mit seiner tapferen Schar erschien. Mutig warf er sich den Türken entgegen, galt es ja alles zu schützen, was ihm lieb und wert war. Diesem Ansturm waren die überraschten Türken nicht gewachsen. Wer nicht unter den Streichen der Christen fiel, wurde von den Bauern auf der wilden Flucht erschlagen oder ertrank in den hochgehenden Fluten der Mur. Das Schloß Prankh wurde im Sturm genommen und die Gefangenen befreit. Glücklich sank Agnes ihrem Liebsten und Retter in die Arme. Denn jetzt hatte auch der adelige Vater gegen solch heldenmütigen Schwiegersohn, der ihm zweimal das Leben gerettet hatte, keine Einwendungen mehr zu erheben.

Veit Penkh aber erbaute als Erinnerung an die glückliche Befreiung des Tales von den blutdürstigen Türken auf anmutiger Höhe das Kirchlein von St. Martha, und das erste Paar, das in der schmucken Kirche getraut wurde, waren Josef Penkh und Agnes von Prankh.

Vermutlich reine Sage, die den Widerstandswillen der Sensenschmiede zum Ausdruck bringen sollte. Die Penkh waren angesehene Sensenschmiede. Der Penkh-Hammer war einer der vielen, beinahe adelig wirkenden Hammerherren-Ansitze auf dem Mareiner Boden.

Dieses Votivbild berichtet von der Plünderung der Kirche St. Marein bei Knittelfeld durch die Akindschi. *(Bild: Bundesdenkmalamt, Wien.)*

Die Türken vor St. Marein

Vor die Kirche von St. Marein waren die Türken gezogen, als ein dichter Nebel das Stift Seckau vor ihrem Angriff bewahrt hatte. Auch die Kirche von St. Marein konnten sie lange nicht finden. Immer wieder verhüllten Nebel das Gotteshaus, aber endlich konnten sie doch zur Kirche gelangen. Nun hausten sie fürchterlich in den prächtigen Räumen. Sie raubten die Kirche völlig aus, zerhackten das Marienbild, zerstörten die Altäre, stellten ihre Rosse in der Kirche ein und plünderten die ganze Umgebung.

Endlich aber gelang es dem jungen Sensenschmied von Wasserleith, die Türken vernichtend zu schlagen. Noch heute erzählen geschwärzte Steinbogen von dem Hausen der Türken, und ein Pergamentblatt an der Rückseite des Altars beschreibt die bösen Augusttage, da der Türke im Mareiner Tal gehaust hatte.

Über die Verwüstungen der Türken in St. Marein bei Knittelfeld am 7. August 1480 berichtet Pfarrer Dürnberger, der spätere Propst des Stiftes Seckau. Die Kirche wurde von den Feinden in einen Pferdestall verwandelt, in Kirche und Pfarrhof alle Kästen und Truhen erbrochen und geplündert. Auf einem Pergament aus der Zeit um 1700 wird über die Zerstörung des Gnadenbildes berichtet: »Anno Christi Geburth alss man hat zelt MCCCCLXXX an Sand Afram tag haben die verdamblichen Abgöttischen hintischen Türkhen das Jungfreiliche Bildt zerhackt. Gott erbarm es.« Es ist auch ein Bild, datiert mit 1703, vorhanden, das die Kirchenverwüstung und die Vernichtung des Gnadenbildes darstellt. Der Maler hat die Greuel der Türken dabei etwas übertrieben. – Reine Sage ist der Sieg des Sensenschmiedes.

Türkenfeld und Blutsattel

Man schrieb das Jahr 1480. Pest und Heuschrecken hatten das Land überfallen und ihre gräßlichen Boten auch in die entlegensten Bergtäler geschickt. Hungersnot war die Folge. In den Augusttagen dieses unheilvollen Jahres brach noch der Türke ins Land.

Fern vom Kriegsgetümmel lag das Feistritztal. Als aber auf dem höchsten Punkt der Gleinalpe, auf dem Lenzmaierkogel, das Kraidfeuer aufflammte und weit über das Murtal bis zu den stolzen Höhen des Seckauer Zinken und des Hochreichart sein mahnender Flammenruf drang, da raffte der Herr von Prankh, der auf seiner festen Burg im Feistritztale saß, die wehrfähigen Männer zusammen, um die Heimat gegen die fremden Mordbrenner zu schützen. Vergeblich hatten die Türken das feste Knittelfeld belagert. Nun ergoß sich ihr Heer den Lauf der Mur abwärts. Einige Truppen erstiegen die niederen Hänge des Murtales bei St. Lorenzen und sahen die fruchtbare Hochfläche des Mareiner Bodens mit seinen freundlichen Ortschaften vor sich ausgebreitet. Hier aber stellte sich der Ritter von Prankh mit den Bauern und Knechten den Eindringlingen entgegen, und es kam zu einer fürchterlichen Schlacht. So tapfer aber auch die kleine Schar fechten mochte, der ungeheuren Übermacht der kriegsgewohnten Türken war sie nicht gewachsen und mußte endlich der Übermacht weichen. Viele Erschlagene bedeckten das Schlachtfeld, wer fliehen konnte, verbarg sich in den Bergen. Hier, aus dem Hinterhalte, verborgen durch die Nebel, die sich aus Schründen und über den Schroffen erhoben, vermochten sie noch den nachstürmenden Türken manchen Schaden zuzufügen.

Aber nicht alle waren so glücklich, sich in den Felsenschroffen des Gebirges verbergen zu können. Viele ergriff der Feind im Tale, und trotz Bitten und Klagen wurden die Gefangenen niedergemetzelt, so daß die klaren Wellen der Feistritz blutigrot waren.

Mit einer Gruppe von Gefangenen aber machten sich die Türken ein besonders grausames Vergnügen. Sie waren gegen den Seckauer Zinken geflohen und hier auf einer steinigen Alm von den Türken ergriffen worden. Da spannten die Türken die gefangenen Bauern vor einen Pflug, den andere Gefangene aus dem Tal heraufholen mußten, und zwangen sie unter Peitschen- und Säbelhieben, den Pflug über die felsige Fläche zu ziehen. Viele sanken unter den unmenschlichen Schlägen zu Boden, andere zogen, schweißtriefend und mit Wunden bedeckt, den Pflug über die Felsenscholle. Trotz des harten Bodens gruben sich tiefe Rinnen in das Gestein, die noch heute zu sehen sind. Als Erinnerung an diese schaurige Begebenheit heißt dieses Feld noch heute das Türkenfeld. Das Landvolk betrachtet mit banger Scheu die mit dem Blut seiner Vorfahren gedüngten Furchen und raunt sich die Sage zu, daß der Türke oder ein anderer Feind aus Osten wiederkommen werde, wenn die Furchen ganz verschwunden sind. Alle jene Gefangenen aber, die das Pflügen und die fürchterlichen Mißhandlungen überstanden hatten, trieben die Türken hinüber auf jene Höhe, die heute den Namen Blutsattel führt, und metzelten sie dort nieder. Der grüne Rasen ward rot von dem Blut der Opfer, das Volk aber gab diesem Übergang zur Erinnerung an die grausige Begebenheit den Namen Blutsattel.

Beide Erzählungen sind reine Sagen, die die Greuel der Türken unterstreichen sollten. Das Türkenfeld liegt auf der Hochalm. Der »Blutsattel« schließt den ca. zehn Kilometer von St. Marein entfernten Weinmeistergraben ab.

Die Frauenmauerhöhle

Im Gsollgraben bei Eisenerz steht ein Gehöft, das einst den Jesuiten, noch früher einem reichen Hammergewerken im Paltentale gehörte. Nach dessen Tode zog sich seine Witwe hieher zurück und richtete sich im Gsollhofe ein. Sie war eine tüchtige Bergsteigerin und geübte Jägerin, niemals verfehlte ihre Büchse eine Gemse oder einen Hirsch.

Frau Kunigunde, so hieß die Witwe, war in der ganzen Gegend sehr beliebt, denn sie tat den Leuten viel Gutes und nahm sich besonders der Armen und Alten gerne an. Sie hatte nur einen Feind, den Wandhiesel, einen alten, verrufenen Wildschützen, der stets auf ihr Verderben sann. Frau Kunigunde wußte dies und fand es daher nicht geraten, ohne alle Vorsicht in der abgelegenen Gegend zu wohnen. Sie setzte ihre Waffen in sicheren Stand und gab den Knechten strenge Verhaltungsbefehle.

Eine Zeitlang blieb alles ruhig und still im Gsollgraben. Aber eines Tages, als Frau Kunigunde eben auf einer Wiese weit drinnen im Tale war, kam eine Schar von Frauen und Kindern daher und hintennach Männer und Jünglinge, beladen mit allerlei Habseligkeiten. »Die Türken kommen! Die Türken verheeren alles mit Feuer und Schwert, sie dringen schon von Lobenstein und Altenmarkt herein. Wehe uns Armen!« So riefen die Leute, die sich aus Eisenerz in diese abgelegene Gegend geflüchtet hatten.

Frau Kunigunde erschrak zwar heftig, als sie diese Nachrichten vernahm, aber ihre Besonnenheit verließ sie auch jetzt nicht. Ruhig betrachtete sie die Leute und fragte dann: »Wo sind die übrigen Eisenerzer?«

»Was waffenfähig ist, wird sich zur Wehr stellen«, lautete die Antwort, »einzelne Furchtsame flüchteten über die Berge, wir aber suchen in der Gsoll unsere Zuflucht.«

»Da habt ihr wohlgetan!« erwiderte die Witfrau, »obwohl ich glaube, daß euch der Schrecken unnötigerweise übermannt hat. Vor wenigen Tagen erhielt ich einen Brief von einem Verwandten in Steyr, der mir von solchen bevorstehenden Gefahren gar nichts meldete. Doch sei es, wie es will! Ich werde euch ein Versteck anweisen, wo ihr ganz sicher seid.« Nun zeigte sie mit der Hand auf die steile Felswand des Karlkogels und fuhr fort: »Seht ihr dort oben im Felsen die drei Löcher? Im Innern des Berges befinden sich geräumige Höhlen, die mir alle gut bekannt sind. Ein sehr schmaler Pfad führt da hinauf. Aber ich und mein Meier kennen noch einen Zugang, den sonst niemand weiß. Wenn nun wirklich die Feinde kommen, und wenn sie auch so zahlreich sind, daß sie das ganze Tal ausfüllen, so werden sie euch nichts anhaben können. Ich will euch in den geheimnisvollen Irrgängen im Inneren des Berges zurechtweisen, werde euch mit Lebensmitteln versorgen und auch den besseren Teil meiner Habe eurer Obhut anvertrauen!«

In aller Schnelligkeit wurden die notwendigen Anstalten getroffen, und schon wenige Stunden danach kletterten die mit Lebensmitteln, Holz und Küchengeschirr, mit Pulver und Büchsen versehenen Flüchtlinge unter der sicheren Führung der mutigen Witwe über steiles Geröll gegen die hohe, unersteiglich scheinende Wand. Selbst Ziegen wurden mitgetrieben, auf daß die Leute, insbesondere die Kinder, der frischen Milch nicht zu entbehren brauchten. Obwohl sich manchmal keine Spur des Pfades zeigte, führte Frau Kunigunde ihre Schützlinge doch so sicher, daß sie immer näher dem Ziele kamen. Nach mühsamer Überwindung eines Felsenkammes stand endlich die ganze Schar vor dem Eingange einer weiten Höhle. Frau Kunigunde und einige ihrer Knechte kletterten voran, und als sie oben waren, zogen sie alle übrigen nach. Nun machten sich's die Leute in der Höhle und ihren Verzweigungen bequem, nachdem die Witwe sie mit allen gefährlichen Stellen und Abstürzen vertraut gemacht hatte. Die Vorräte wurden an trockene Stellen gebracht, die Lagerstätten aufgeschlagen und die Losung verabredet, an der die Wachen die Witwe oder ihre Abgesandten jederzeit erkennen sollten. Aus festen Baumstämmen wurde eine Fallbrücke gezimmert, der Felsenkamm durchschlagen und die Höhle damit nach außen abgesperrt. Dann sagte Frau Kunigunde: »Sollte ich verfolgt werden, so werde ich euch die Worte ›Schön ist die Nacht nicht, aber heilsam‹ zurufen; legt dann schnell die Brücke über den Fels, damit ich mich retten kann.« Die Leute versprachen, alle Befehle zu befolgen und dankten ihr unzählige Male für alle Wohltaten.

Darauf begab sich die Witwe zurück in den Gsollhof. Doch abends kam sie wieder zurück zur Höhle und übergab ihre beste Habe den Flüchtlingen zur Obhut, während der Meier und einige Knechte unter dem Felsen ein Pulverfaß eingraben mußten. Auf dem Heimweg ließ sie durch einen Knecht die nahe Holzhütte ihres Feindes, des Wandhiesel, durchspähen, von dem sie wußte, daß er vor mehreren Tagen das Tal verlassen hatte. Er war noch nicht zurückgekehrt, und auch sonst fand der Knecht in seiner Behausung nichts Verdächtiges.

Im Gsollhofe selbst ließ Frau Kunigunde alles Nötige zur Verteidigung herrichten. Die Knechte wurden bewaffnet, Gewehre und Schießvorräte in Bereitschaft gesetzt, und nun glaubte die Herrin des Hofes, ruhig die kommenden Ereignisse abwarten zu können.

Es verging der nächste Tag und auch der darauffolgende, doch hörte und sah man nichts von den Türken. Als aber die Nacht eingetreten war, bewegten sich durch das Nadelgehölz vom Pfaffenstein herab gegen den Gsollhof dunkle Schatten. Immer näher drangen verworrene Stimmen; nun schlugen im Hofe die Hunde an; die Knechte machten sich schußfertig an die Fenster und an die Mauern des Gehöftes. Frau Kunigunde selbst, in Schützentracht gekleidet, stand mit ihrem Stutzen lauernd in einer Kammer. Jetzt kam der Lärm immer näher, Fußtritte wurden hörbar, und in das Gewirr vieler rauher Männerstimmen mengte sich das Geklirre der Waffen.

»Aufgemacht!« donnerte jetzt eine Stimme, »aufgemacht, oder wir setzen euch den roten Hahn aufs Dach!«

Die Witwe erkannte an der Stimme den Wandhiesel und wußte nun auch, daß ihr Widersacher den Feind auf Umwegen hierhergeführt hatte, um sich mit Hilfe türkischer Räuber ihrer Schätze zu bemächtigen. Nun warf er mit Steinen nach dem eisenbeschlagenen Hoftor; da rief die mutige Frau ihm zu: »Versucht es nur, und ihr sollt einen Empfang finden, der euch gewiß nicht behagen wird!«

Da krachten einige Schüsse und klirrten die Scheiben der Fenster. Nun aber entlud sich ein halbes Dutzend Rohre und ebenso viele Angreifer stürzten zu Boden. Man vernahm im Hofe deutlich das Wimmern und Stöhnen Verwundeter und Sterbender. Frau Kunigunde rief abermals: »Weicht zurück, ihr nächtlichen Diebe, oder ich lasse mit gehacktem Eisen auf euch feuern!«

»Weib, das soll dir teuer zu stehen kommen!« schnarrte die Stimme

Wandhiesels, der nun sein Rohr gegen die kühne Frau losbrannte. Aber diese sagte verächtlich: »Schlechter Schütze!« und drückte ebenfalls los. Rechts und links sanken mehrere Angreifer, vom gehackten Eisen verstümmelt, zu Boden, und Wandhiesel selbst fühlte sich an der rechten Backe schwer verwundet. Jetzt befahl der türkische Anführer mit lauter Stimme, Pechkränze auf das Bretterdach des Hauses zu werfen. In wenigen Minuten loderten von dem Gebäude die roten Flammen empor. Immer wütender drangen die Räuber nun gegen den Hof vor. Schon waren die meisten Knechte tot, die übrigen mehr oder weniger schwer verwundet. Nur Frau Kunigunde war noch unversehrt und beantwortete jede Aufforderung zur Ergebung mit einem wohlgezielten Schusse ihres nie fehlenden Stutzens; und jedes Mal wälzte sich einer der Feinde am Boden.

Aber immer näher drang die Glut, schon knisterte die Decke, schon rauchten die Dielen und zwangen die tapfere Witwe, das brennende Haus zu verlassen und zu flüchten. Sie ergriff einen Hirschfänger und schlüpfte durch ein Hinterfenster, das sie unbeobachtet glaubte, vorsichtig hinunter. Doch kaum hatte sie den Boden erreicht, als auch schon kräftige Fäuste sie ergriffen, zu Boden warfen, trotz ihres Widerstandes fesselten und vor den Anführer schleppten.

Dieser verlangte von der Gefangenen vor allem deren Schätze, von denen ihm Wandhiesel erzählt hatte. Frau Kunigunde entgegnete, sie habe diese in einer Höhle verborgen. Dies leuchtete dem Wandhiesel ein, und er drang in die Witfrau, die ganze Schar zur Höhle zu führen, wo sich jeder selbst auswählen solle, was ihm gefiele.

Frau Kunigunde erklärte sich dazu bereit. »In der Höhle befinden sich einige Flüchtlinge aus Eisenerz«, sagte sie, »und ohne mein Losungswort wird man euch nicht einlassen. Wenn ihr aber versprecht, mir das Leben zu schenken, werde ich euch alle meine Schätze ausliefern.«

Der Anführer und Wandhiesel versprachen hohnlächelnd, ihr kein Leid anzutun; nun nahm der erstere den Strick, mit dem die Gefangene gebunden war, in die Hand, und der Zug setzte sich in Bewegung.

Es mochte gegen Mitternacht sein, als sie am Fuße der Wand ankamen. Die Dunkelheit der Nacht verschleierte den gefährlichen Pfad. Als sie in die Nähe des durchbrochenen Felsenkammes kamen, riefen die Wächter am Eingang der Höhle: »Wer da?«

»Sorgt euch nicht!« flüsterte Frau Kunigunde den Räubern zu, »und bleibt jetzt ruhig stehen!« Zu Wandhiesel sagte sie, er möge sich neben den Anführer stellen und dieser wolle den Strick etwas nachlassen, damit sie die Tritte im Felsen leichter finde. Als dies geschehen war, scharrte die mutige Frau mit der Hand das Geröll des Bodens weg und rief dann nach aufwärts: »Gute Freunde! Schön ist die Nacht zwar nicht, aber heilsam!« Leise schoben die Wächter die Zugbrücke auf den Fels.

Jetzt war der Augenblick der Rettung gekommen. »Verhaltet euch ruhig, damit ihr nicht in die Tiefe stürzt!« rief die Witwe, überschritt die Fallbrücke, die sogleich wieder in die Höhe ging, und verlangte von den Wächtern eine Fackel. Die Räuber stutzten zwar darüber, blieben aber ruhig stehen, da sie ahnten, daß hier jeder Fehltritt verderbenbringend sei.

Mit einem Male rief Frau Kunigunde den Leuten in der Höhle zu: »Zurück vom Rande der Höhle!« und warf mit sicherer Hand die brennende Fackel an jene Stelle, an der sie früher im Geröll gescharrt hatte.

Einen Augenblick konnte man die verblüfften Gestalten der türkischen Genossen Wandhiesels erkennen, dann flammte es hell auf. Ein gewaltiger Schlag erfolgte, den die Höhlen des Berges und die benachbarten Felsen donnernd zurückgaben. Rauch und Steintrümmer drangen in die Höhle, aus der Tiefe aber erscholl schauerliches Ächzen und Wimmern.

»Dem Himmel sei Dank! Wir sind gerettet!« rief die Witwe und kniete nieder zum frommen Gebete; dann legte sie sich, erschöpft von den furchtbaren Anstrengungen, auf ein bereitgehaltenes Lager und schlief ein.

Am nächsten Morgen sah man den Felsenkamm in die Luft gesprengt und ringsum den steilen Boden mit den Leichen und einzelnen Gliedmaßen der zerrissenen Räuber bedeckt. Nach einigen Tagen erst wagte sich Frau Kunigunde wieder in ihr Haus, das sie fast völlig zerstört fand. Hier hörte sie auch, wie die übrigen in Eisenerz eingedrungenen Türken von den von ihren Bergoffizieren angeführten Knappen überfallen, besiegt und niedergemetzelt worden waren. Nur wenigen Feinden gelang es, zu fliehen. Sie flüchteten in das Tal der Ramsau, wurden aber in der sogenannten Beeres von den Bergknappen eingeholt und niedergesäbelt. Die Stelle, wo dies geschah, heißt noch heuzutage der Türkenboden.

Als Frau Kunigunde diese frohe Nachricht erhielt, begab sie sich zurück in die Höhle und führte ihre Schützlinge quer durch den Berg hindurch, bis sie endlich das liebe Sonnenlicht wieder schauten und durch eine mit Gestrüpp überwachsene Öffnung ins Freie kamen. Seit dieser Zeit heißt die großartige Höhle im Karlkogel, die alljährlich von zahlreichen Naturfreunden besucht wird, die Frauenmauerhöhle.

Die Türken sind nie nach Eisenerz gekommen. Wohl aber wurden Vorkehrungen für die Türkenabwehr getroffen und die Kirche von Eisenerz zu einem Tabor ausgebaut. Von dieser Wehrbereitschaft erzählt nun die Sage von der »Frauenmauerhöhle«, die sich tatsächlich sehr gut für ein Versteck eignen würde. Ob sie tatsächlich als Zufluchtsort diente, ist nicht nachweisbar. Reine Sage ist auch der Kampf der Bergknappen mit den Türken. Erklärbar wäre die Nachricht von diesem Gefecht vielleicht durch die vielen Privilegien, die Bergknappen besaßen. So durften sie – im Gegensatz zu den leibeigenen Bauern – auch Waffen tragen.

Das wiedergefundene Muttergottesbild

Die Gründung der berühmten Wallfahrtskirche Maria Lankowitz bei Köflach geht von der südlichen Oststeiermark, der Gegend des heutigen Radkersburg, aus.

Bei Radkersburg stand einst auf freiem Feld mitten in der Ebene eine Kapelle, in der eine Holzstatue aufgestellt war, die Muttergottes mit dem Jesukindlein darstellend. Als die Türken in diese Gegend einfielen, verwüsteten sie die Ortschaften und zerstörten auch diese Kapelle; die Statue aber warfen sie in ein nahes Gebüsch. Nach ihrem Abzuge kehrten die in die Wälder und Auen geflüchteten Bewohner in ihre Behausungen zurück, richteten diese wieder wohnlich ein, holten auch das versteckte Vieh in den Stall zurück und begannen von neuem, die gewohnten Arbeiten aufzunehmen, wenngleich alles recht schwer und mühsam ging.

Eines Tages fiel einem Schafhirten auf, daß sich seine Tiere immer wieder um ein Dornengestrüpp im Kreis lagerten. Als man nachsuchte, fand man dort das von den Türken fortgeworfene Gnadenbild wieder.

Um zu erfahren, wo die Muttergottes ihre neue Kapelle haben wollte, setzte man die Statue auf einen mit Ochsen bespannten Wagen. Die Tiere zogen das Gefährt bis ins Kainachtal, wo sie bei Lankowitz unter einer alten Linde stehen blieben. Dort entstand der berühmte Wallfahrtsort.

Das Marienbild im Stift Rein

In einer Seitenkapelle der Stiftskirche zu Rein in der Steiermark befindet sich ein kleines byzantinisches Mariengemälde. Es hat einem Grafen Forgatsch 1683 bei der Belagerung der Stadt Wien das Leben gerettet und verhindert, daß ihn drei Kugeln und ein Säbelhieb trafen. Dieses Bild fing den Streich und die Kugeln so auf, daß die Spuren der Kugeln und des Hiebes auf der Stirne des Christuskindes noch am Bild sichtbar sind.

Mariahilf bei den Minoriten in Graz

Als erstes Wunder bei dem damals sogar noch unfertigen Gnadenbild der Mariahilferkirche der Minoriten in Graz (erbaut 1607 bis 1611) stellte sich die Befreiung eines steirischen Edelmannes aus türkischer Gefangenschaft ein.

Ihm war auf sein heißes und inniges Gebet die heilige Maria erschienen und hatte ihn von seinen Fesseln unter der Bedingung befreit, daß er bei seiner Heimkehr nur bei jenem marianischen Gnadenbild sein Dankopfer abstatten sollte, in dessen Aussehen er sie wiedererkennen könnte. Nach seiner Heimkehr berichtete er von der wunderbaren Befreiung, und man zeigte ihm viele steirische Gnadenbilder der Muttergottes. Aber keines glich der Erscheinung. Da hörte er von dem neuen Bild bei den Minoriten in Graz, das damals noch P. de Pomis in Arbeit hatte. Und er erkannte tatsächlich darin sofort die Erscheinung, so daß er als erster diese Gnade eines Wunders bezeugen konnte.

Überliefert im Mirakelbuch des P. Michelitsch »Marianischer Gnadenschall«. Die Fesseln des dort als »Grätzerischer Cavalier« bezeichneten Befreiten waren bis ins 18. Jahrhundert in der Schatzkammer aufbewahrt.

Der Türke am Palais Saurau

In der oberen Sporgasse in Graz steht ein altes, vierstöckiges Gebäude, das ehemalige Palais der Grafen Saurau. Knapp unter dem Dache sieht aus einer Luke das hölzerne, bemalte Bildnis eines Türken hervor, der drohend seinen Krummsäbel schwingt. In diesem Hause wohnte im Jahre 1532 der Befehlshaber des türkischen Heeres, Ibrahim Pascha, und leitete die Belagerung des Schloßberges. Eines Tages saß der Pascha mit seinen Offizieren an einer reich gedeckten Tafel. Eben trug ein Sklave einen köstlich duftenden Braten herein und setzte ihn auf den Tisch. Da feuerte oben auf dem Schloßberg ein Kanonier sein Geschütz ab; die Kugel flog in den Saal, traf genau den Braten und schleuderte ihn zum Fenster hinaus. Einer der türkischen Offiziere wollte dem Braten nachspringen, blieb aber im Fenster stekken – wo er heute noch zu sehen ist. Der Pascha war über dieses Meisterstück des steirischen Kanoniers so erschrocken, daß er die Belagerung des Schloßberges aufhob und mit seinem Heere die Stadt verließ.

Die historische Wahrheit: Bei seinem, für die Steiermark so verhängnisvollen Rückzug von der Feste Güns kam Sultan Suleimans Heer auch an Graz vorbei. Zu einer Belagerung ist es nicht gekommen. Türkische Angriffsversuche wurden von der auf dem Schloßberg postierten Artillerie abgewiesen. Vielleicht soll daran die Sage erinnern. Allerdings: Das Motiv vom Bissen, der dem feindlichen Anführer vom Mund weggeschossen wird, ist Bestandteil einer alten Wandersage (z. B.: St. Johann in Kranebitten, Kärnten), die auch auf andere Feinde immer wieder Anwendung findet (z. B.: Litschau, Niederösterreich, gegen die Hussiten).
Der Türke, dessen Original sich im Grazer Stadtmuseum befindet, war sicher ein altes Hauszeichen, das vermutlich die Türken verhöhnen sollte. Übrigens: Auch bei den Türken gab's eine »Sage« über Graz. Der Geschichtsschreiber Szolaksade erzählt, daß Graz auf dem Rückzug Suleimans von Güns erobert und die Bewohnerschaft niedergemetzelt wurde. – Ebenfalls Sage ist der Bericht, daß der Brunnen auf der Grazer Burg von türkischen Kriegsgefangenen geschlagen wurde.

Treu bis in den Tod

Als die Türken im Jahre 1418 zum ersten Mal in die Steiermark einfielen, drangen sie mit großer Heeresmacht gegen Radkersburg heran und bedrohten die kleine, aber für die damalige Zeit wohlbefestigte Stadt mit einer furchtbaren Belagerung.

Da war nun wohl große Bestürzung in allen Häusern; denn jedermann wußte, daß von den Ungläubigen keine Schonung zu erwarten sei, und daß nichts anderes übrig bleibe, als mit aller Kraft den schrecklichen Feind abzuwehren oder kämpfend zu sterben. Wer immer daher nur ein Schwert schwingen oder einen Pfeil abschießen konnte, ja selbst Greise und Kinder, trat in die Reihen der Verteidiger, und selbst die Frauen wagten es nicht, ihre Gatten und Angehörigen zurückzuhalten. Daß aber der Abschied kein tränenloser war, wird niemand verargen mögen, der da weiß, wie schwer man sich von etwas Liebem trennt, zumal bei gar geringer Hoffnung des Wiedersehens.

Solch eine schmerzliche Trennung fand eben auch statt zwischen einer holden Jungfrau aus angesehenem Hause und ihrem Herzgeliebten, den sie in kurzer Frist zu einem erfreulicheren Gange zu schmücken hoffte, als zum Ausmarsch gegen einen grausamen Feind. Weinend schnallte sie ihm den Panzer um, weinend gürtete sie ihm das Schwert um die Hüften, weinend reichte sie ihm den schweren Eisenhelm mit dem nickenden Federbusch. Er aber hielt seine Tränen gewaltsam zurück, schlang seine Arme um den zitternden Leib des Mädchens, drückte einen brennenden Kuß auf ihre Stirn und stürzte dann eilig hinab vors Haus, wo bereits die Schar aufgestellt war, die er gegen den Feind führen sollte. Behend schwang er sich aufs Pferd, grüßte noch einmal zum Erker empor und zog dann in Gottes Namen an der Spitze der Truppe von hinnen.

Kaum waren sie aber um die Ecke gebogen, als ihnen die Botschaft zukam, daß die Türken unerwartet zum Sturme sich anschickten, und es daher vor allem nötig sei, die Stadtwälle mit hinreichender Mannschaft zu besetzen. Unser junger Krieger eilte daher ungesäumt auf den zumeist bedrohten Punkt, stieg dort vom Pferde und verteilte seine Leute dergestalt, daß zumindest dem ersten Anprall kräftigst begegnet werden konnte.

Es währte nicht lange, so schwärmten die Ungläubigen in brausenden Massen, wie die wilden Bienen, heran, überstürzten einander schier in ungestümer Hast und kletterten wohl an zehn Stellen zugleich über die Sturmleitern empor, einen dichten Hagel von Geschossen aller Art vor sich her sendend. Unser junger Krieger war überall voran, vergalt manchen Säbelhieb mit einem gewaltigen Schwertstreich und kümmerte sich um Speer und Pfeil so wenig, als ob sie ihm nichts anhaben könnten. Allein, immer dichter wurde die Schar der Stürmenden, und schon blutete er aus mehreren Wunden, obgleich ein Kämpfer, der bald nach Beginn des Sturmes sich an ihn herangedrängt hatte, manches Wurfgeschoß mit einem Schilde von ihm abwehrte und mancher Klinge den Weg zu seinem Leib versperrte. Erst als er, von der Hitze des Kampfes verlockt, zu tief ins Gedränge sich einließ und plötzlich dicht vor seinen Augen einen Schild erblickte, der die ihm vermeinten Pfeile auffing, ward er aufmerksam auf den unbekannten Streitgenossen. Es war eine jugendliche, fast knabenhafte Gestalt, in einen glänzenden Harnisch gehüllt, das Antlitz vom Helmsturze verdeckt, in der Rechten ein blankes Schwert, in der Linken den Schild, in dem bereits eine ganze Saat von Pfeilen haftete. »Wer bist du, treuer Kämpe«, sprach er in einer Pause des Gefechtes ihn an, »der du so wacker mir zur Seite stehst?«

Der junge Held aber gab keine Antwort, sondern wies nur schweigend auf die Mauer hin, auf die eben wieder eine neue Schar von Feinden emporzusteigen bemüht war. »Nun wohlan«, rief unser Krieger, »weil du nicht gekannt sein willst, so bleibe mir denn das, was du wirklich bist, mein Schutzgeist!« – Freudig nickte der junge Schutzgeist und hob eben wieder den Schild, um einen Wurfspieß aufzufangen, der auf seines Schützlings Brust gezielt war, als ein Pfeil aus der Tiefe herflog, und da, wo der Helm in den Ringkragen einsitzt, dem allzuverwegenen Verteidiger mitten in die Kehle fuhr. Stöhnend sank er zurück; sein Schützling fing ihn, der eigenen Rettung uneingedenk, in seinen Armen auf und schleppte ihn seitwärts. Dort lüftete er ihm eilends den Helm; helle Locken quollen unter dem Eisenblech hervor, ein erblassendes Mädchenantlitz zeigte sich, und mit einem Schrei des Entsetzens erkannte der Krieger seine sterbende Braut. Sie war, da sie ihn nicht zurückhalten durfte, ihm nachgeeilt, um mit ihm zu siegen oder zu sterben. Voll dankbarer Bewunderung beugte er sich eben über sie, um die fliehende Seele von ihren Lippen zu haschen, als ein zweiter Pfeil ihm in den Nacken flog und ihn an dem Herzen derjenigen tötete, ohne die das Leben fürder wertlos gewesen wäre.

Nachdem der erste Sturm abgeschlagen war, fand man die Liebenden Brust an Brust tot, mit lächelnden Mienen, in denen mehr Seligkeit lag als in den Augen eines glücklichen Brautpaares am Traualtar.

Wegen der immer größer werdenden Türkengefahr wurden 1530 die Befestigungsanlagen von Radkersburg ausgebaut. 1572 kam es tatsächlich zu einer – vergeblichen – Belagerung durch die Türken. – Der frühe Einfall von 1418, wie ihn die vorliegende Sage nennt, und der ebenfalls sagenhafte Bericht von einer »Türkenschlacht« bei Radkersburg lassen sich historisch nicht belegen.

Die Türken vor Straden

Zu den Ortschaften, die ziemlich oft von den Türken heimgesucht wurden, gehört Straden im oststeirischen Hügellande. Der Ort war mit starken Mauern umgeben. Nahte nun ein Haufen der Feinde, so flohen die Bewohner der umliegenden Ortschaften wie auch die Winzer mit allen ihren Habseligkeiten nach Straden und halfen den Verteidigern. So konnten die Türken dem Orte nichts anhaben. Außerhalb von Straden stand auf einer Halde noch bis vor wenigen Jahrzehnten eine mächtige Eiche, um die herum die Türken ihr Lager aufgeschlagen hatten. Von diesem Platze geht eine ähnliche Sage wie vom Saurauschen Palais in Graz; auch hier soll dem Anführer der Türken der Braten aus der Schüssel geschossen worden sein.

Straden wurde immer wieder von Feinden aus dem Osten heimgesucht, so 1605 von den Heiducken, 1683 von den Türken und 1705 von den Kuruzzen. Aber die gut ausgebaute Kirchenburg konnte nie erobert werden. Dieser Widerstand dürfte sich in der Wandersage vom feindlichen Anführer, dem der Bissen vom Mund weggeschossen wird, widerspiegeln.

Die Glocke von St. Leonhard

Die St.-Leonhards-Kirche in den Windischbüheln wurde 1531 erbaut. Aber schon 1532 kamen die Türken und verwüsteten die Kirche.

Der Legende nach kamen die Türken so schnell über den Ort, daß sich nur wenige flüchten konnten. Einige Bauern zogen sich vor den anstürmenden Feinden in den Kirchturm zurück. Als die Türken auch diesen in Brand setzen wollten, schüttete ein Bauer einige Körbe mit Bienen auf sie herunter. Die zornigen Bienenvölker vertrieben für eine Zeit die Mordbrenner. Und so konnten sich alle Bewohner von St. Leonhard in die Wälder flüchten.

Die Türken kamen aber wieder zurück. Ein Moslem eilte sofort den Kirchturm hinauf, um die Bauern zu züchtigen. Aber er fand niemanden mehr. Nur eine Glocke ohne Zunge hing im Gebälk. Doch da entdeckte der Türke einen kleinen Buben, der vermutlich bei der allgemeinen Flucht vergessen worden war und sich nun verschreckt in einen Winkel des Turmes drückte.

Ein schrecklicher Gedanke durchzuckte den Plünderer. Er band dem Knaben die Füße zusammen, knüpfte ihn dann statt des Klöppels in die Glocke und setzte diese in Bewegung. Das arme unschuldige Kind wimmerte vor Schmerz, und seine Knochen zerschellten an der erzenen Wand der Glocke. Als der Bub längst eine Leiche war, wollte der blutgierige Türke die Glocke zur Ruhe bringen. Aber siehe, sie stand nicht still, sondern läutete fort und fort und tönte bis in die Nacht hinein.

Da sammelten sich die Bauern, fielen über die Türken her und erschlugen sie mit allem, was sie zur Hand hatten – mit Sensen und Dreschflegeln und sogar mit den Totengebeinen, die die Feinde, um sie zu schänden, aus den Gräbern rund um die Kirche gewühlt hatten. Als auch der Mörder des Knaben erschlagen war, verstummte die Glocke.

Die Türken zerstören Leibnitz

Die Niederlage, die sich Sultan Suleiman 1529 vor Wien geholt hatte, konnte er nicht verwinden. Bereits 1532 brach er mit einem mächtigen Heer wieder gegen Wien auf. Er kam aber nur bis zur Feste Güns, die von Niklas Jurischitz mit nur 38 Soldaten und 700 Bauern so heldenhaft drei Wochen lang verteidigt wurde, daß Suleiman auf den Weitermarsch vor Wien verzichtete.

Aber die Steiermark bekam die ganze Wut der Türkenhorden zu spüren. Zuerst hatten schon die Renner und Brenner großes Unheil angerichtet. Dann zog auch noch das Hauptheer – etwa 200.000 Mann stark – über steirischen Boden in die Türkei zurück. Es nahm seinen Weg über Friedberg, Pinggau, Hartberg, Pöllau, Kaindorf, Pischelsdorf und Gleisdorf bis vor Graz. Dort erschien es am 11. September 1532. Wohl wurde die Landeshauptstadt eingeschlossen und ein Scheinangriff durchgeführt. Aber die Grazer ließen sich nicht schrecken. Der Sultan übernachtete daraufhin in Liebenau und ließ es am nächsten Morgen anzünden. Beim Übersetzen der Mur bei Fernitz sollen viele Türken in den Fluten den Tod gefunden haben.

Bei Wildon auf dem Leibnitzer Feld kam es zu größeren, erbitterten Kämpfen. Schließlich richtete sich die Wut des Feindes gegen den Markt Leibnitz. Er wurde von den Türken eingeschlossen. 18 Sturmwellen konnten die heldenmütigen Verteidiger zurückweisen. Doch bald hatten die von den Muselmanen abgeschossenen Brandpfeile und Pechkränze da und dort Erfolg, und die mächtig auflodernden Flammen, der beißende Rauch behinderten die Verteidiger. Da sammelten sich die Türken zu einem 19. vernichtenden Angriff – und Leibnitz, in dessen Mauern schon viele Häuser brannten, befand sich in der Hand des Feindes der Christenheit.

Furchtbar hausten nun die Türken im eroberten Markt. Gnadenlos wurden auch Weiber, Kinder und Greise hingeschlachtet. Leibnitz wurde völlig ausgeplündert und zerstört. Was den gierigen Räubern entging, wurde von den Flammen vernichtet.

Im türkischen Kriegstagebuch wird berichtet, daß vor allem die Kirche wie eine Festung verteidigt wurde. Erst mit dem 19. Sturm konnte der Markt genommen werden.

Maria auf der Linde

Eine kleine Schar der Leibnitzer Bürger hatte sich beim Herannahen des Heeres Sultan Suleimans hinter die schützenden Mauern des Schlosses Seggau geflüchtet.

Als nun der Markt Leibnitz von den Türken erobert und alles Leben vernichtet, die Häuser aber den Flammen preisgegeben worden waren, wandten sich die Feinde auch dem wehrhaften Schloß zu. Wütend stürmten sie gegen die Schanzen, doch die Besatzung des Schlosses und die geflüchteten Leibnitzer wiesen todesmutig jeden Angriff zurück. Trotzdem fürchteten die Belagerten schon, es werde das gleiche Schicksal, das den Ort Leibnitz getroffen hatte, auch dem Schloß Seggau bereitet werden.

Da erschien am Seggauerberge bei einer großen Linde die heilige Muttergottes mit dem Jesukindlein auf dem Arme und weinte. Unter ihrem Schutze erfochten dann die Christen einen glänzenden Sieg über die Türken. Zur schuldigen Danksagung wurde auf dem Seggauerberge im Dunkel des Buchenwaldes die Kapelle anstelle jener Linde erbaut und darin die wunderbare Begebenheit dargestellt. Noch heute erinnert die Waldkapelle »Maria auf der Linde« am Abhang des Seggauerberges an die furchtbare Türkennot des Jahres 1532.

Die Kapelle heißt heute noch »Türkenkapelle«. Eine Bastei des Schlosses Seggau heißt »Türkenbastei«.

Der Bau der Kirche Frauenberg

Auf dem Seggauerberg bei Leibnitz steht südlich des Residenzschlosses der Fürstbischöfe das Schloß Pollheim. Die edlen Herren von Pollheim waren ein reichbegütertes steirisches Geschlecht, dessen Glieder vielfach in der Geschichte des Landes ehrenvoll genannt werden. Ein Ritter von Pollheim war es auch, der die Kirche Maria auf dem Frauenberge erbaute.

Es war die Zeit der Türkenkriege. Der alte Pollheimer hatte seinen einzigen Sohn mit zahlreichen Kriegsknechten nach Österreich gesandt, auf daß er gegen die Türken kämpfe. Dadurch hatte er aber sein eigenes Schloß derart entblößt, daß ihm zur Verteidigung nur wenige Streiter übrig blieben. Als nun der Türke durch das Murtal heranzog, befand sich der Ritter in einer sehr unangenehmen Lage. Zwar fürchtete er nicht für sich, denn er war ein alter, in vielen Kämpfen ergrauter Krieger; wohl aber war er um das Schicksal seiner drei erwachsenen Töchter besorgt. So sann er darüber nach, wie er sie in Sicherheit bringen könnte.

Südlich des Seggauerberges erhebt sich, von 100jährigen Buchen beschattet und von wucherndem Gestrüpp bedeckt, ein großer Felsen, der in seinem Inneren eine geräumige Höhle birgt. Dorthin ließ der Ritter von Pollheim seine Töchter bringen und vertraute sie dem Schutze eines treuen Dieners an. Auch drei Fässer voll Gold, verschiedene Wertsachen und eine ausreichende Menge von Lebensmitteln ließ er in die Höhle schaffen. So glaubte der Pollheimer, für seine Töchter genügend gesorgt zu haben, und traf nun alle nötigen Anstalten zur Verteidigung seines Schlosses gegen die Feinde der Christenheit.

Bald zeigten brennende Dörfer und Rauchsäulen das Herannahen des türkischen Heerhaufens an. Die Feinde überschritten unterhalb des Marktes Leibnitz die Sulm, besetzten die Anhöhe, auf der jetzt die Kirche Frauenberg steht, mit ihren Geschützen und eröffneten ein verheerendes Feuer auf Schloß Pollheim. Drei Tage und drei Nächte hatte die Belagerung schon gedauert, aber die festen Mauern des Schlosses leisteten allen türkischen Kugeln Widerstand. Am vierten Tage erst verstummte der Donner der Geschütze.

Inzwischen waren die Ritterfräulein in größter Angst um das Schicksal ihres Vaters. Als nun die ehernen Rohre der Türken schwiegen, bewogen die Mädchen ihren Diener, den Ausgang der Belagerung zu erkunden. Vorsichtig verließ er die Höhle und bog in den einige Hundert Schritte unter dem Felsen vorbeiführenden Hohlweg ein. Da sah er sich plötzlich einigen Türken gegenüber, die ihre Pferde von der Tränke am Sulmfluß heraufführten. So schnell auch der Diener sich zu verbergen suchte, die Muselmänner hatten ihn doch gesehen. Sie verfolgten ihn und entdeckten die Höhle, vor deren Eingange die Töchter des Pollheimers auf die Rückkehr ihres Hüters warteten. Die Türken fesselten die Ritterfräulein und führten sie vor den Pascha, der sein Zelt auf der Höhe des Berges neben den Geschützen aufgeschlagen hatte. Dieser befahl in seinem Zorne über den Widerstand, den ihm der Pollheimer entgegensetzte, die Mädchen über die steile Lehne des Berges in die Tiefe zu stürzen. Dann ließ er die Höhle untersuchen, ob der Ritter nicht etwa auch seine Schätze darin verborgen habe. Aber die Türken fanden nichts; da gab der Pascha seinen Kriegern den Auftrag, den Felsen in die Luft zu sprengen. Dann zog er mit seinen Scharen ab.

Nach des Feindes Entfernung war des Pollheimers erste Sorge, nach seinen Töchtern zu sehen. Eine bange Ahnung beschlich ihn, als er die von den Türken angerichtete Verwüstung und den zerstörten Felsen sah, von dem die Trümmer bis hinab in den Kohlbrand, an das Ufer der Sulm geflogen waren. Bald darauf brachten einige Knechte die zerschmetterten Leichname seiner vielgeliebten Töchter herbei. Bei ihrem Anblicke wurde der Ritter so sehr vom Schmerze übermannt, daß er den Felsen und den Graben verwünschte, in dem seine Kinder ein so schreckliches Ende gefunden hatten.

Das war nun für den alten Pollheimer eine traurige Zeit, als er in der Gruft seiner Väter neben dem Sarge seiner schon früher verstorbenen Gemahlin auch seine Töchter beisetzen ließ. Allein irrte er durch die Gemächer seines Schlosses und klagte über das Schicksal, das ihm der Himmel auferlegt hatte. Mit umso größerer Sehnsucht gedachte er jetzt seines Sohnes, den er im Kampfe gegen die Mörder seiner Töchter, den er von Todesgefahr umgeben wußte.

Eines Tages ging das Gerücht, die Türken kämen auf ihrem Rückzuge wieder gegen Leibnitz heran. Da tat der Ritter das Gelöbnis, der heiligen Jungfrau Maria eine Kirche zu bauen, wenn sein Sohn aus dem Kriege gesund heimkehren würde und sein Schloß vom Feinde verschont bliebe. Und siehe da! Kaum hatte der Ritter sein Gelübde getan, als das Horn des Turmwächters die Ankunft einer Reiterschar verkündete. Schon hatten die Ankömmlinge den Burghof erreicht, sprangen von den Pferden und begaben sich waffenklirrend in das Innere des Schlosses. Eben wollte der Pollheimer zum Fenster treten, als die Türe des Gemaches aufging und sein schwer vermißter Sohn in seine Arme stürzte. Freilich wurde des Heimgekehrten Freude bald durch die Nachricht von dem schrecklichen Ende seiner lieben Schwestern getrübt. Der alte Ritter aber fühlte sich froh bewegt, daß sein Sohn glücklich und gesund zurückgekommen war, und vernahm mit Genugtuung dessen Mitteilungen über die Niederlagen der Türken.

Als ein Mann von Wort wollte der Ritter von Pollheim auch alsbald sein Gelübde erfüllen. Auf dem Gipfel des Berges, an dessen Abhängen die Leichen seiner geliebten Töchter gefunden worden waren, sollte das der heiligen Jungfrau geweihte Kirchlein erstehen. Baumeister, Werkleute und Gesellen wurden gerufen, und der Bau begann. Immer höher und höher erhoben sich die Mauern des Kirchleins, und bald sollte es fertig sein; da trockneten plötzlich alle Brunnen und Wasserrinnen ein.

Von dem schrecklichen Ereignis, das über sein Haus gekommen war, aufs tiefste erschüttert, fühlte der alte Ritter seine letzte Stunde herannahen. Seine Kräfte erlahmten, und der früher so starke Mann glich einem morschen Baume, der nur eines leisen Lüftchens bedarf, um zusammenzubrechen. Und doch wünschte er sehnlichst, den begonnenen Bau des Marienkirchleins auf dem Frauenberge vollendet zu sehen. Er drängte fortgesetzt den Baumeister, die Arbeit zu beschleunigen. Dieser aber erwiderte stets, es sei wegen des Wassermangels ganz und gar unmöglich. Der Alte flehte zum Himmel, aber kein regenbringendes Wölkchen zeigte sich. Da fiel ihm endlich ein, daß er ja im Keller viele Hundert Fässer voll guten Weines habe. Er berief den Baumeister und die Werkleute und gab ihnen seinen Willen kund, daß statt des fehlenden Wassers der Wein aus seinem Keller zum Bau verwendet werden solle. Also wurden die vollen Fässer auf den Bauplatz gebracht, mit dem edlen Naß der Mörtel angemacht und so der Weiterbau des Kirchleins ermöglicht, das auch bald vollendet dastand. Der alte Ritter konnte noch der ersten heiligen Messe in der Kirche auf dem Frauenberge beiwohnen. Er konnte sich noch erfreuen an dem frommen Sinne der Gläubigen, die in langen Zügen den Berg hinanwallten, um der heiligen Jungfrau zu danken für den langersehnten Regen, der sich am Tage der Einweihung des Kirchleins über die Gegend ergoß. Dann aber schloß er für immer die Augen und wurde in der Gruft seiner Ahnen an der Seite seiner Gemahlin und seiner Töchter zur ewigen Ruhe gebettet.

Der Name des Ritters wird sich stets an das von ihm erbaute Kirchlein knüpfen, aber auch die Benennungen »verwunschener Felsen« und »verwünschter Graben« werden in den Bewohnern des Leibnitzer Feldes das Andenken an den alten Pollheimer und seine unglücklichen Töchter wach halten.

Die verborgenen Goldfässer, nach denen die Türken vergeblich gesucht hatten, sollen noch im Innern des Felsens vorhanden sein und von einem großen, schwarzen Hunde bewacht werden; alte Leute wollen ihn öfters mit einem Schlüssel im Maul gesehen haben. Schon viele haben hier nach den verborgenen Schätzen gesucht und gegraben, aber nichts gefunden; das Gold wurde eben mitverwünscht und bleibt es auch.

Der Frauenberg dürfte schon ein römisches »Allmutter«-Heiligtum getragen haben.

Der Türkengraben bei Dietersdorf

Zur Zeit der Türkeneinfälle kam einmal eine türkische Streifschar ins Gnastal und nach Dietersdorf. Die Einwohner des Dorfes erhielten noch rechtzeitig durch die lodernden Kraidfeuer und durch abgegebene Schüsse Nachricht vom Anrücken der Feinde. Sie flüchteten deshalb in den nahen Meichnergraben und versteckten sich hier in selbstgegrabenen Erdhöhlen. Ein Mann ging noch einmal ins Dorf zurück, um für die Kinder Nüsse zu holen. Als er mit dem Sack auf der Schulter aus seinem Haus trat, bemerkten ihn die gerade vorbeiziehenden Türken, schlichen ihm heimlich nach, kamen so in den Meichnergraben und entdeckten das Versteck der Geflüchteten. Mit fürchterlicher Grausamkeit schlachteten sie Männer und Frauen ab, spießten Kinder auf ihre Lanzen und zogen mit schrecklichem Siegesgeheul von dannen.

Es wird auch erzählt, daß beim Türkeneinfall in Dietersdorf so heftig gekämpft wurde, daß sich ein Graben mit dem Blut der Erschlagenen füllte. Er wurde deshalb vom Volk »Türkengraben« genannt und heißt noch heute so. – Ein Bauerngehöft führt den Hausnamen »Türkwagner«. Hier sollen die Türken ihre Pferde eingestellt haben.

In Dietersdorf gibt es 23 uralte Grabhügel, die noch aus der vorgeschichtlichen Zeit stammen und »Tumuli« heißen. Diese Grabstätten haben am Grund einen Durchmesser von sechs bis zwölf Meter und eine Höhe von zwei bis fünf Meter. Im Volksmund heißen sie »Kegel«. Von ihnen wird erzählt, daß sie einst den Hunnen als Unterschlupf gedient hätten. Der höchstliegende Grabhügel ist der größte.

Die Türken vor Gleisdorf

Als die Gleisdorfer erfuhren, daß das türkische Heer im Anzug sein, faßten sie den kühnen Entschluß, ihre Häuser zu opfern, die Kirche aber zu verteidigen. Die Kirche war damals zu einer kleinen Festung, zu einem »Tabor«, ausgebaut worden.

Die Gleisdorfer zogen sich in diesen »Tabor« mit Weibern und Kindern zurück, versorgten sich mit Nahrungsmitteln, Waffen, Pulver und Blei. Die Häuser außerhalb der Ringmauer wurden von den Bürgern selbst eingerissen, damit die Feinde nirgends Deckung finden könnten.

Das Herannahen der Feinde zeigten nächtens blutigroter Feuerschein, bei Tag Rauchsäulen. Gerade noch konnten einige Flüchtlinge aufgenommen werden, dann waren die Renner und Brenner schon da. Mit wildem

Geschrei und hochgeschwungenen Waffen ritten sie heran – wichen aber entsetzt zurück, als wohlgezieltes Feuer in ihre Reihen schlug.

Bald erschien auch das Hauptheer und umschloß die kleine Festung von allen Seiten. Mancher Bürger, der vielleicht gemurrt hatte, als man auch sein Haus hatte niederreißen müssen, war jetzt froh, daß sich die Türken bei den nun folgenden Stürmen keine Deckung suchen konnten.

Und zehnmal – so berichtet die Sage – stürmten die Janitscharen mit wütendem Allah-Geschrei gegen den Tabor von Gleisdorf. Zehnmal aber warfen die mutigen Bürger die Angriffe wieder zurück.

Da ließen die Türken von Gleisdorf ab, verwüsteten aber umso gründlicher die ganze Umgebung. Gleisdorf war zwar mit Ausnahme des Tabors eine wüste, von Türkenleichen bedeckte Trümmerstätte, aber eine kleine Heldenschar, bestehend aus Bürgern und Bauern und deren Frauen, hatte der türkischen Übermacht eine empfindliche Niederlage bereitet.

Maria im Dorn

Der Markt und die Kirche von Preding wurden 1532 von den Türken auf ihrem Rückzug nach der erfolglosen Belagerung von Güns zerstört. Eine Sage berichtet, daß nach dem Abzug der Türken das Bildnis der Gottesmutter, die schon in der alten Kirche verehrte Gnadenstatue, von Hirten in einem dichten Dornbusch gefunden wurde. Nicht weit davon lag die halbverweste Leiche eines türkischen Kriegers.

Um die Statue, die etwa um 1460 entstanden ist, und der Wunderkräfte zugeschrieben werden, zu schützen, wurde eine Kapelle erbaut und das Bildnis darin zur Verehrung aufgestellt. Zur Erinnerung an den Fund im Dornbusch erhielt das Kirchlein den Namen »Maria im Dorn«. Ein Bild über dem Haupteingang des Kirchleins erzählt die wunderbare Auffindung der Gnadenstatue nach dem Türkensturm.

Die Türken in Salla

Eine türkische Reiterschar wollte die Kirche von Salla niederbrennen. Schon war der Trupp bis zum Schmölzer Kreuz gekommen, da bäumten sich plötzlich die Pferde hoch und warfen die Reiter ab. Diese fielen rücklings zu Boden, brachen sich das Genick und blieben tot liegen. In diesem Augenblick fingen die Glocken der Kirche von Salla von selbst an zu läuten.

Die Sage ist in Salla noch bekannt, das Schmölzer Kreuz allerdings verschwand mit dem alten Gasthof Kirchleitner bei einer Straßenverbreiterung.

50

Bauern greifen zur Selbsthilfe

Auch der Ort Söchau und die Bauern der Umgebung hatten unter den Türkeneinfällen sehr viel zu leiden. Kein Wunder. Das nach Osten hin offene Rittscheintal war feindlichen Scharen ja nahezu schutzlos preisgegeben.

In dieser Not griffen die Bauern rund um Söchau zur Selbsthilfe. Sie versorgten sich mit allerlei Waffen und zogen den Türken, die wieder einmal das Rittscheintal bedrohten, entgegen. Vor dem »Himmelreich«, bei »Edeltor«, kam es zu einem blutigen Zusammenstoß, wobei viele Türken von den erbitterten Bauern erschlagen und gleich auf dem Kampfplatz verscharrt wurden.

Lange Zeit soll es an dieser Stelle nicht ganz geheuer gewesen sein und gegeistert haben. In finsteren Nächten will man dort auch blaue Flämmchen wahrgenommen haben.

Das Wunderbild von Breitegg

Auf dem Höhenrücken, der bei St. Ruprecht das Weizbach- und das Raabtal trennt, liegt das Kirchlein Breitegg.

In der Zeit der Türkennot war ein fremdes Weib in diese Gegend gekommen, das in wenigen Augenblicken aus einem erbettelten Lindenstock eine wunderschöne Heilandstatue schnitzte. Diese Statue erwies sich bald als wundertätig. Kranke wurden gesund und manch blutendes Herz fand dort wieder Trost und Frieden. Die Kunde von dieser Gnadenstätte verbreitete sich immer weiter, und immer größere Scharen pilgerten zu diesem Wunder im Walde. Der Zulauf steigerte sich ganz besonders, als ein verkrüppeltes Mädchen, das mühsam auf Krücken dahergehumpelt war, frisch und gesund die Kirche verlassen konnte.

Später soll hier die Pest ihren Ausgang genommen haben. Die Schuld daran trug der geizige Pfarrer von Gleisdorf, dem die Wallfahrtskirche ein Dorn im Auge war. Er hat den als Spielmann verkleideten »Pestmann« hierher geführt, weil ihm dieser viel Geld versprochen hatte.

Das Gnadenbild – ein Heiland an der Geiselsäule – dürfte viel älter sein, als die Legende berichtet. Bis ins 19. Jahrhundert war das Bild in einem »Wetterturm« untergebracht. Erst dann wurde aufgrund des Wallfahrtszuzuges eine Kirche erbaut.

Das Annakreuz bei Weiz

In halber Höhe des Weizberges, dort, wo der Weg zu den Friedhöfen abzweigt, steht ein im Stil der Kirche erbautes Kreuz, das nach dem Bildnis, das es schmückt, den Namen »Annakreuz« führt.

Im Volksmund lebt darüber folgende Sage:

Als die Türken heranrückten, um die am Berg stehende, weithin sichtbare, schöne Kirche zu stürmen, fiel plötzlich, bevor sie die Höhe erreicht hatten, dichter Nebel ein. Eine Finsternis entstand, die Glocken begannen zu läuten, und die Türken, von Schreck erfaßt, kehrten eiligst um. Zum Dank für die so wunderbar abgewendete Gefahr soll an dieser Stelle das »Annakreuz« errichtet worden sein.

Bei ihrem Rückzug sollen die Türken auf dem sogenannten »Hungerfeld«, das seitlich an der nach Krottendorf führenden Straße liegt, gelagert haben; viele von ihnen sollen dort an Hunger gestorben sein.

Das Annakreuz wurde beim Bau einer Straße entfernt und trotz Versprechen der Gemeinde bisher nicht wieder aufgestellt. In der Sage sind Elemente verschiedener Wandersagen enthalten. Weiz wurde übrigens von den Türken verschont, wohl aber wurden Nachbarorte, wie Jägerstätten und Bachel, von den umherstreifenden Akindschi geplündert.

Türkenloch bei der Ruine Sturmberg

Unweit der Ruine Sturmberg zweigt vom Weizbach ein Wassergang ab, der durch ein Felsenloch, das »Türkenloch«, führt. Diesen Stollen sollen Kriegsgefangene, die auf dem einstigen Schloß Sturmberg verwahrt waren, angeblich in sechs Stunden hergestellt haben.

Beim Bau eines Wasserhochbehälters wurde tatsächlich ein etwa 60 cm hoher, mit Platten ausgelegter Gang gefunden. Daß er von gefangenen Türken gebaut wurde, ist historisch nicht zu belegen und eher unwahrscheinlich.

Suleiman vor Kirchberg

Sultan Suleiman zog mit seinen Horden sengend und brennend durch die Oststeiermark. Als die Scharen über das Hocheck kamen, erblickten sie die Kirche von Kirchberg, und der Sultan rief aus: »Diese Kirche muß noch heute ein Roßstall sein!« Und alsogleich machte sich ein Zug gegen Kirchberg auf, den Befehl des Herrn unverzüglich durchzuführen. Als die Türken aber ins Tal kamen, da fiel plötzlich eine so dichte Nebelwolke ein, daß sie kaum einen Meter weit sehen konnten. Sie irrten ziellos herum, und da der Nebel nur auf der Seite der Türken war, so gelang es den tapferen Kirchbergern leicht, die verwirrten Feinde zurückzuschlagen, den Ansturm abzuwehren und sie gegen Gleisdorf zu drängen; Gleisdorf aber ging damals in Flammen, Schutt und Asche auf.

Einer örtlichen Überlieferung nach haben die Frauen – die Männer waren mit dem Aufgebot unterwegs – die Türken mit Mistgabeln und Dreschflegeln vertrieben. In der Kirche zu Kirchberg sitzen daher heute noch die Frauen auf der rechten Seite.

Die Türken in St. Stephan und Jagerberg

Als die Türken über Kirchberg nach St. Stephan zogen und schon über die Berge waren, von denen aus man St. Stephan sehen kann, da rief ihr Anführer seinen Leuten zu: »Heute haben wir St. Stephan und Jagerberg, morgen werden sie mein Roßstall sein!« Über diesen Spott wurde er plötzlich mit Blindheit gestraft. Auf das hin verlobte er sich: »Wenn ich wieder sehend werde, so opfere ich a guldenes Hufeisen nach St. Stephan und a guldene Monstranz nach Jagerberg.« Und er wurde wieder sehend und opferte nun wirklich das goldene Hufeisen nach St. Stephan, das beim Hochaltar aufgehängt wurde; ebenso opferte er die goldene Monstranz nach Jagerberg.

Das goldene Hufeisen in der Kirche von St. Stephan mußte zu einer Kirchenrenovierung verkauft werden; die vermeintliche Monstranz in Jagerberg ist dort vorhanden; sie ist jedoch nur aus Silber und vergoldet, wohl aber gut erhalten. Sie ist im gotischen Stil gearbeitet und daher älter als die Türkenzeit.

Die Taborkirche von Jagerberg wurde gegen die Türken erfolgreich verteidigt. Noch heute findet sich auf dem Kirchenboden ein Herd, auf dem die Frauen der Belagerten gekocht haben. In Jagerberg wird auch der Schellenbaum einer türkischen Musikkapelle aufbewahrt.

»Türkischwoaz«

Der Kukuruz heißt im Volk gewöhnlich türkischer Weizen oder kurz »Türkischwoaz«. Als die Türken in der Oststeiermark waren, fütterten sie damit ihre Pferde. Nach der Schlacht bei Mehltheuer fanden die Christen im verlassenen Lager der Türken den türkischen Weizen, der von nun an auch hier gepflanzt wurde.

Die Türken in Hochjahring

In Hochjahring bei Kirchbach stand zur Zeit der Türken ein Schloß. Der Besitzer, Hofer, hatte auch einen Meierhof in Maxendorf »beim Taucher«. Die Türken kamen in diese Gegend, und als sie sich dem Schlosse näherten, flohen die Bewohner in die dichten und großen Wälder, die ringsum lagen; nur ein Jäger blieb zurück. Der Jäger stellte geschwind eiserne Rüstungen an die Fenster, gab jeder Rüstung ein Gewehr, so daß es aussah, als sei das Haus voll Soldaten. Der Jäger selbst schoß bei einem Fenster hinaus und traf zufällig den Pascha. Dieser stürzte vom Pferd und war tot. Die übrigen Türken sahen dies, erschraken vor den vermeintlichen vielen Verteidigern des Schlosses, die nach ihrer Meinung ebenfalls zum Fenster herauszuschießen drohten und wahrscheinlich auch treffliche Schützen wären und eilten davon. So wurde der Jäger zum Retter aller Schloßbewohner.

Vom Schloß Hochjahring ist nur noch eine Kapelle erhalten. Das Schloß selbst wurde schon sehr früh abgebrochen, die Gründe an die Bauern verteilt. Ein Besuch der Türken ist in den Chroniken nicht nachweisbar. Bei der Sage handelt es sich um eine Wandersage.

Der tapfere Bäckerjunge

Es war im denkwürdigen Türkenjahr 1529, als ein muselmanisches Streifkorps auch die Stadt Hartberg belagerte und berannte, und der Türke glaubte, die Stadt kurzerhand bezwingen zu können. Doch er hatte sich getäuscht; denn besser als die Ringmauer, welche die Stadt umgab, war der Mut der Bewohner, mit dem sie sie verteidigten. Bei einem besonders heißen Sturm gelang es zwar einem Türken, die Mauer zu ersteigen, schon hob er freudig die Fahne, um die Muselmanen zur Bezwingung der Christenfeste anzufeuern, als ihn eine Kugel mitten in die Stirn traf, so daß er rücklings über die Mauer zurück in den Graben fiel, während die Fahne in der Hand der Verteidiger blieb. Ein Bäckerjunge, der auch in den Reihen der Verteidiger stand, war es, der diesen entscheidenden Schuß abgegeben hatte; aber er hatte hiezu nicht etwa eine gewöhnliche Bleikugel verwendet, denn diese waren ihm schon ausgegangen, sondern hatte seine Büchse schnell mit einer zerbrochenen Silbermünze geladen, als er des Türken gewahr wurde, der gerade die Mauer erkletterte. Die Türken gaben hierauf die Belagerung als hoffnungslos auf und zogen wieder ab. Der mutige Bäkkerjunge aber wurde vom Stadtrat belohnt, und seine Silbermünze wurde ihm reichlich ersetzt. Die erbeutete Türkenfahne blieb sorgfältig aufbewahrt und wurde bei Stadtfestlichkeiten und feierlichen Umzügen zur Schau getragen.

Die Sage soll den Wehrwillen und die Größe der drohenden Gefahr verdeutlichen. Hartberg konnte sich 1529 und 1532 gegen die Türken behaupten. Die Umgebung wurde verheert.

St. Ilgen

Etwa eine Viertelstunde südlich von Grafendorf steht einsam auf der Lafnitzwiese das Kirchlein St. Ilgen, ein schlichter Bau, der durch Reste von hackhoferschen Fresken kunsthistorisches Interesse erweckt.

Diese Gegend hatte einst bekanntlich durch die Einfälle der Türken viel zu leiden, und es spielten sich hier zahlreiche blutige Grenzkämpfe ab. Der Besitzer des nahen Schlosses Eichberg, Ritter Ulrich von Aichperg, zog mit seinen Mannen gegen die Feinde zu Felde, und auf der Lafnitzwiese kam es

54

zur Schlacht. Vor Beginn des schweren Ringens tat Ritter Ulrich unter Anrufung des heiligen Ägydius das Gelöbnis, er wolle bei glücklichem Ausgang der Schlacht ein Kirchlein zum Dank erbauen lassen. Und wirklich wurde der Feind besiegt, aber auch zahlreiche Streiter Ulrichs fanden den Tod. Die Lafnitzwiese war für sie zum Felde der Ehre geworden; man bestattete sie in einem gemeinsamen Grabe, über dem Ulrich von Aichperg den Bau der Kirche mit dem quadratischen Zwiebelturm ausführen ließ.

Das Ägydius-Kirchlein wurde schon 1165 von Markgraf Ottokar III. gegründet. In den Kuruzzenkriegen (1704–1711) wurde die Kirche niedergerissen, um dem Feind keinen Unterschlupf zu bieten. 1714 wurde das wiedererbaute Gotteshaus eingeweiht. – Burg Eichberg wurde 1683 von Türken und mit ihnen verbündeten Ungarn eingenommen.

Die Türken in Friedberg

Auf dem Rückmarsch von der ergebnislosen Belagerung der Feste Güns kamen die Türken 1532 auch nach Friedberg. Die Bewohner und die Besatzung des Schlosses versuchten sich gegen die Übermacht zu verteidigen. Aber die Türken rannten die Tore ein und metzelten nieder, was sich ihnen entgegenstellte. Ein Rest der Verteidiger zog sich in die Kirche zurück. Aber auch vor dem Gotteshaus machten die Feinde nicht halt. Sie zerschmetterten die festen Kirchentore und erschlugen alle, die sich hinter die festen Mauern der Kirche geflüchtet hatten.

Im türkischen Kriegstagebuch ist über die Einnahme von Friedberg zu lesen: »Nachdem unser glorreicher Sultan, dessen Regierung ewig dauern möge, beschlossen hatte, die welterobernden Fahnen in diese Gegend zu tragen, schlug er am 7. Safer (7. September) sein glückliches Gezelt nahe dem Schloß und der Kirche von Friedberg auf. Da die darin eingeschlossenen, zur Hölle bestimmten Ungläubigen sich zu unterwerfen weigerten, liefen einige löwenmutige Tapfere ohne Verzug Sturm, verbrannten in einem Augenblick die Tore, opferten die Höllenhunde dem Säbel und reinigten den Ort von ihren Körpern.«

Vernichtet wurde damals auch Pinkafeld, und Dechantskirchen ging in Flammen auf.

Die Schutzmantelmadonna hilft

In der Gnadenkirche von Maria Neustift in der Steiermark wird ein altes Bild der Schutzmantel-Muttergottes verehrt. Auch die wenig ansehnliche graue Farbe der Kirche, die sich kaum vom Hügel abhebt, verdankt das Gotteshaus der Legende nach der Schutzmantel-Madonna.

Als nämlich eine Türkenschar einst in die Nähe von Maria Neustift kam, beschloß deren Anführer, die Kirche zu stürmen. Er versprach seinen Leuten reiche Schätze. Gierig gaben die Muselmanen ihren Pferden die Sporen, und mit Allah-Geschrei galoppierten sie auf das Gotteshaus zu.

Doch es kam nicht zur Ausführung dieses gotteslästerlichen Vorhabens. Plötzlich senkte sich nämlich so dichter Nebel über den Neustifter Hügel, daß die anstürmenden Türken die Kirche völlig aus den Augen verloren. Die Mordbrenner mußten unverrichteter Dinge wieder abziehen.

Als sich aber der wunderbare Nebel wieder hob, war jene Seite des Gotteshauses, die den Türken zugekehrt gewesen war, ganz und gar schwarz. Und so ist es geblieben. Die grauschwarze Farbe ist eine, von der Schutzmantel-Madonna verliehene Tarnfarbe der Kirche.

Auch viele Steirer, die in die Gefangenschaft und Sklaverei von den Türken fortgeschleppt wurden, riefen die Schutzmantel-Madonna von Maria Neustift um Hilfe an. Und ihr Flehen wurde gnädig erhört. Sie kamen nach ihrer Befreiung nach Maria Neustift und hingen hier zum Zeichen ihrer Dankbarkeit ihre Fesseln auf.

Leider ist die wunderbare Rettung der Kirche nur Legende. Bei ihrem Einfall im Jahre 1474 hausten die Türken ganz schrecklich in Maria Neustift. Als sie 1493 wiederkamen, war gerade Jahrmarkt. Damals gelang es den Feinden, eine ganze Menge Volkes, das sich in Maria Neustift versammelt hatte, in die Sklaverei abzuführen.

Die Türken vor Neuberg

Als die Türken im Jahre 1529 wutentbrannt von der für sie vergeblichen ersten Belagerung der Reichshauptstadt Wien zurückzogen und die Steiermark verheerten, zogen sie auch vor das Kloster Neuberg. Sie vermuteten in dem Kloster reiche Schätze und schickten sich zum Sturm an. Daß aber dieses Kloster unter dem besonderen Schutz der Muttergottes steht, die hier seit alter Zeit verehrt wurde, das wußten die beutegierigen Muselmanen nicht.

Tatsächlich half auch diesmal die Gnadenmutter. Während die Türkenschar heranstürmte und die wenigen Christen, die sich zur Verteidigung entschlossen hatten, schon ihr letztes Stündlein gekommen sahen, löste sich plötzlich vom nahen Kastell ein Schuß. Und siehe da, er traf den Anführer der Türken. Er stürzte tot vom Pferd. Als das seine Gefolgsleute sahen, schwand ihre Beutegier. Entsetzt verließen sie die Gegend.

Als man nach dem Abzug der Feinde sofort herumfragte, wer den rettenden Schuß getan habe, konnte es niemand sagen. Da erkannte man die Hilfe der Muttergottes und dankte ihr für ihren wunderbaren Beistand.

Das Kloster war stark befestigt, ein Angriff der Türken ist nicht auszuschließen, blieb aber jedenfalls erfolglos. – Das vorliegende Motiv vom Schuß, der den feindlichen Anführer tötet, ist ein Wandersagen-Motiv. Hier knüpft es sich an das »Schlössel«, ein Vorwerk, das noch auf Stichen aus dem 17. Jahrhundert zu erken-

nen ist und an das heute noch der »Schlösselpark« erinnert. – Das Dorf Neuberg
wurde von den Türken zum Teil niedergebrannt, Leute wurden verschleppt. So ist
etwa die ebenfalls fortgeführte Lechner-Bäuerin nach Jahren wieder aus der türki-
schen Gefangenschaft zurückgekehrt. – Das ehemalige Kloster ist heute Besitz der
Bundesforste.

Die Türken in St. Lorenzen

Auch nach St. Lorenzen ob Eibiswald, das auf einem Höhenrücken zwi-
schen Hadernigg und Radlberg liegt, kamen die Renner und Brenner. Die
Pfarrkirche steht auf der Höhe, die Filialkirche St. Leonhard auf einem
kleinen Hügel unterhalb. An der Kirchtür von St. Leonhard sind drei alte
Hufeisen befestigt, die vermutlich noch aus der Türkenzeit stammen. Das
Haupttheer der Türken zog über den Radlpaß nach Kärnten ab, doch die
Renner und Brenner schwärmten aus und kamen bis knapp an die Kirche
St. Leonhard heran, konnten sie aber nicht einnehmen, weil die ganze Ebene zu Füßen des Kirchleins damals ein großer Sumpf war. Um ein Andenken an ihre Anwesenheit zu hinterlassen, sollen die Türken unweit der Kirche drei Lindenbäume so eingepflanzt haben, daß sie in Dreiecksform
knapp nebeneinander standen. – »Wenn die drei Linden mit ihren Kronen
ganz zusammengewachsen sind, werden wir wiederkommen«, erklärten die
Unholde lachend und zogen ab.

Die »dicke Türkin« in Festenburg

In einem weltabgeschiedenen Gebirgswinkel am Südabhang des Wech-
sels thront auf waldiger Höhe die stolze Festenburg. Obwohl uns diese
Burg heute abgelegen und einsam dünkt, gingen Kriegsnot und Kampfes-
lärm in früheren Zeiten nicht an ihrem festen Gemäuer vorbei.

Hinter den starken Mauern der Festenburg suchten die Bewohner der
Umgebung Schutz vor grausamen Feinden. Auch die Türken sind dereinst
vor die Festenburg gezogen. Zwei eingemauerte Kugeln erinnern noch an
den Türkensturm gegen die Mauern dieser Burg. Die Sage aber erzählt, daß
die Türken hier eine mächtige Kanone stehenließen. Sie soll so groß gewesen sein, daß ein Mann durchs Rohr kriechen konnte. Diese »dicke Türkin«, wie man die Kanone nannte, wurde dann nach Vorau gebracht, wo sie
aber bei einem Probeschuß zerplatzte.

1532 wurde die Burg tatsächlich vergeblich von den Türken belagert, und in einer
Chronik heißt es, sie hätten »ein gross Stuck Geschütz, daß ein Mann hinein-
schliefen kann, davor gelassen«. Die Burg wurde 1616 von den Grafen Saurau an
das Chorherrenstift Vorau verkauft.

Das wundertätige Kreuz

In Maria Gölk bei Krieglach wird heute ein in Kupfer gestochenes Bild der hl. Maria als Gnadenbild verehrt. Das war nicht immer so. Zur Zeit, als die Türken unsere Lande bedrohten, und auch die Steiermark von ihren wilden Horden verheert wurde, wurde in Gölk ein Kruzifix verehrt. Dieses Kreuzbild soll unter alten Tannen gestanden sein. Wie die Legende berichtet, soll man an den Tannen Blutstropfen bemerkt haben, sooft ein Türkeneinfall bevorstand. Das Kreuz selbst soll sich der drohenden Vernichtung durch die Muselmanen dadurch entzogen haben, daß es die Anstürmenden mit Blindheit schlug.

Maria Gölk liegt etwa auf halber Höhe des Gölk-Berges. Die heutige Wallfahrtskapelle wurde im 19. Jahrhundert erbaut, es finden sich einige Votivbilder. Vom wundertätigen Kreuz weiß nur noch die Legende. – Vom Türkeneinfall im Mürztal aber berichtet eine Inschrifttafel in der Pfarrkirche Krieglach: »In dem 1529. Jahr ist der Türgkh hie gewösen und hat 800 und etlich perschannen wegkh gefiehrt.«

Die Türken bei St. Kathrein am Hauenstein

Als die Türken nach der ersten Belagerung Wiens auch in die Steiermark eindrangen, kam ein größerer Haufen von Krieglach im Mürztal her in die Gegend von St. Kathrein a. H. Die heimattreuen Bewohner dieser unwegsamen Gebirgsgegend errichteten zum Schutz gegen den andrängenden Feind einen mächtigen Steinwall und waren entschlossen, einem weiteren Vordringen die Stirn zu bieten und den Christenfeind zurückzuwerfen. In diesem Vorsatz wurden sie durch ihre Pfarrpatronin, die heilige Katharina, unterstützt, an die sie sich um Fürbitte und Schutz gewendet hatten. Und die heilige Katharina erhörte sie; denn kaum waren die Türken bis zu jenem Steinwall gekommen, da konnten sie nicht mehr weiter. Sie sahen vor sich ein großes Meer, das ihnen ein weiteres Vorgehen aussichtslos erscheinen ließ; und auf den wogenden Wellen stand die heilige Katharina mit blitzendem Schwert, so daß die Türken in Schrecken gerieten und es vorzogen, unverrichteter Dinge aus der Gegend wieder abzuziehen. Die Heilige hatte die Türken mit Blindheit geschlagen, ihre treuen Pfarrkinder geschützt; nun kehrte sie wieder auf ihren Platz auf dem Hochaltar der Kirche zurück.

Die zwei Spuren, die von den Fußtritten der heiligen Katharina herrühren, sind noch, im Felsen eingedrückt, zu sehen. In ihnen findet man – obwohl die Vertiefungen keinen Zufluß haben – selbst in der trockensten Jahreszeit Wasser, welches sehr heilkräftig sein soll.

Eine andere Legende berichtet: Als die Türken immer näher herankamen, flüchteten die Bewohner von St. Kathrein in die Kirche und bestürmten ihre Patronin um Hilfe. Der Priester feierte die hl. Messe, vielleicht die letzte für die Bedrohten. Als die Andächtigen nach der hl. Wandlung die

Köpfe wieder hoben, war die heilige Katharina plötzlich von ihrem Platz auf dem Altar verschwunden. Die Bestürzung über den Verlust ihrer Schutzherrin war groß.

Doch da stand St. Katharina plötzlich wieder auf dem Altar, und das bluttriefende Schwert in ihrer Hand zeugte davon, daß sie den Erbfeind der Christenheit heimgewiesen hatte.

Ein Einfall der Türken, die das Mürztal verheerten, ist historisch nicht zu belegen. Der Stein, auf dem die hl. Katharina die Türken abgewehrt haben soll, ist noch am Hauereck zu sehen. In den »Fußstapfen« findet sich auch in Trockenzeiten Wasser, dem von der Bevölkerung Heilkraft gegen Augenleiden und Hautausschläge zugeschrieben wird. Vermutlich handelt es sich um einen alten Schalenstein. – Wie sehr die St. Kathreiner an die Wunderkraft ihrer Heiligen glauben, dokumentiert eine Legende aus jüngerer Vergangenheit: Die hl. Katharina soll auch die Russen von ihrem Heiligtum abgehalten haben. Tatsächlich kamen die Kampfhandlungen des Zweiten Weltkrieges knapp vor St. Kathrein am Hauenstein zum Stillstand ...

Das Wunder von Spital am Semmering

Auch den wichtigen Semmeringpaß bedrohten die Türken. Als die ersten Scharen der Senger und Brenner heranzogen, flüchteten sich die Bewohner von Spital am Semmering in ihre Kirche und bestürmten Gott und die Muttergottes um Rettung und Verschonung.

Tatsächlich zog auch die erste Schar der Feinde an der Kirche vorbei. Sie waren mit Blindheit geschlagen worden und hatten weder Ort noch Gotteshaus bemerkt.

Aber die Spitaler jubelten zu früh. Die Gefahr war noch nicht vorüber. Eine zweite, weit größere Horde von Tataren und Türken rückte heran. Wieder flüchteten die Spitaler in ihr Gotteshaus. Doch diesmal schienen alle Gebete vergebens. Die Mordbrenner drangen in den Ort, plünderten und legten Feuer. Auch die Kirche setzten sie in Brand.

In ihrer Verzweiflung flohen die Spitaler in den festen Turm, hoffend, sich hier länger halten zu können. Doch plötzlich verstummte das Geheul der Bedränger. Die Feinde schwangen sich auf ihre Pferde und verließen fluchtartig Spital.

Die befreiten Christen fanden auch bald die Ursache ihrer Errettung. Die Gnadenstatue der Muttergottes hatte sich schützend vor den Eingang des Turmes gestellt. Durch das von den Türken gelegte Feuer, das vor ihr verlosch, war sie auf der rechten Seite etwas geschwärzt.

Der Semmering wurde 1529 (erste Belagerung von Wien) von türkischen Streifscharen aus Richtung Niederösterreich überschritten. Auch 1532 kamen die Türken wieder. In einer »Güldenschätzung« von 1543 wird berichtet, daß Kirche, Pfarrhof und Meierhof ausgebrannt wurden. 13 Höfe an der Semmeringstraße wurden verwüstet. Auf eine Belagerung der Kirche ließ eine alte Holztür schließen, an der die Spuren von Axthieben zu sehen waren. Sie wurde in den »Zatzka-Villen« aufbewahrt. In der Kirche wird noch eine gotische Marienstatue verehrt.

König Ludwig von Ungarn

Die Mariazeller Gnadenmutter wird die »Große Mutter Österreichs« genannt. Und als Gnadenmutter wurde sie in der ganzen Habsburgermonarchie verehrt. Vor allem aber ist die Gnadenkirche von Mariazell eng mit Ungarn verbunden.

Während des Krieges, den König Ludwig von Ungarn gegen die Türken führte, erschien ihm im Traume nämlich die heilige Maria. Sie legte dem König ihr Bildnis auf die Brust und forderte ihn auf, die Türken anzugreifen.

Als König Ludwig aus dem Schlaf erwachte, lag auf seiner Brust ein gar schönes Marienbild. Nun griff er die Türken an und erfocht einen glänzenden Sieg über den vierfach stärkeren Feind. Aus Dankbarkeit erbaute er in Mariazell eine große Kirche und stellte auch das gefundene Marienbild auf, das er reich mit Gold und Edelsteinen schmücken ließ.

Der schöne, nahezu 80 Meter hohe gotische Mittelturm der Mariazeller Gnadenkirche stammt noch aus dem Bau, den König Ludwig 1371 hatte aufführen lassen.

Die Türken in Mariazell

Nach der ersten Belagerung der Hauptstadt Wien drang eine Türkenschar bis in die Gegend von Mariazell vor. Dort hofften die Feinde, sich einen großen Kirchenschatz holen zu können. Als sie bis zu der Säule vorgedrungen waren, die gleich außerhalb des Marktes an der Wiener Straße steht, rannte der türkische Anführer heftig gegen die Säule an, um das Marienbild herabzustürzen. Zweimal mußte er zurückweichen, und als er das dritte Mal mit größter Gewalt seinen Anlauf nahm, wurden seine Augen geblendet, und er fiel vom Pferde. Darüber erschraken die Türken sehr und wichen zurück.

Zur selben Zeit sahen die Leute über der Kirche eine schöne, glänzende Krone schweben.

Des anderen Tages kam eine weit größere Türkenschar in die Gegend und legte alle Häuser des Marktes Mariazell in Asche. Nur der Kirche selbst konnten die Feinde nichts anhaben. Wohl versuchten sie, mit brennenden Pfeilen das Dach in Brand zu stecken, doch blieben ihre Bemühungen vergeblich; nur die Pfeile verbrannten, das Dach blieb unversehrt.

Bald darauf wurden die türkischen Mordbrenner im sogenannten Neuwald von den Christen angegriffen und sämtlich getötet.

Bereits 1464 läßt Abt Johannes II. Schachner von St. Lambrecht gegen die »räuberischen Türken« mit kaiserlicher Genehmigung die Enge von Thörl befestigen. Auch der Siegmundsberg erhält einen Ringwall, der aber 1485 von den Ungarn zerstört wird. – 1529 kommt eine türkische Streifschar nach Mariazell und verwüstet den Markt, die Kirche dürfte nicht viel abbekommen haben. 1532 kommen die Türken

Ein Ölbild in den Galerien der Mariazeller Schatzkammer illustriert den Besuch der Türken im Gnadenort.

*aus der Oststeiermark und werden am Türkengraben bei St. Sebastian aufgehal-
ten. Beide „Türkenbesuche" sind historisch schwer greifbar. 1683 wird das Gnadenbild zur Sicherheit nach St. Lambrecht ins Mutterkloster geflüchtet. Es kommt
aber zu keiner Bedrohung. – König Ludwig dürfte übrigens nicht gegen Türken,
sondern gegen Bulgaren gekämpft haben.*

Der Teten- oder Türkenhengst

Als die Türken von Mariazell abziehen mußten und im Neuwalde von
den Christen überfallen wurden, gelang es nur ganz wenigen Feinden, dem
fürchterlichen Gemetzel zu entrinnen. Unter den Geflüchteten befand sich
auch ein türkischer Hauptmann, der mit seinem Pferde bis auf die Höhe der
Wildalpe kam. Dort sah er ein hölzernes Kreuz, und in seiner Wut über die
schreckliche Niederlage im Neuwalde sprang er vom Pferde, verfluchte den
Christengott und hieb mit seinem krummen Säbel auf das Kreuzbild so ein,
daß es in Stücke sprang. Die Strafe für diese Freveltat sollte nicht ausblei-
ben.

Als sich der Türke wieder auf sein Pferd schwang, um die Flucht fortzu-
setzen, machte der Hengst einen gewaltigen Sprung seitwärts in eine
sumpfige Grube, in der Roß und Reiter in wenigen Augenblicken gurgelnd
versanken.

Seit dieser Zeit heißt es dort beim »Türkenhengst«, woraus später im
Volksmunde »Tetenhengst« wurde.

*»Tetenhengst« heißt der Rücken der Wildalpe. Es befinden sich auf der Alpe tat-
sächlich etliche sumpfige Stellen. Der Name »Tetenhegst« dürfte älter sein.*

Die Türkengräber bei St. Sebastian

Von einem Kampf gegen die Türken bei Mariazell wissen heute noch alte
Bewohner des Marktes zu erzählen. Dieses Scharmützel soll beim Mariazeller Vorort St. Sebastian stattgefunden haben und die Türken viele Ver-
wundete und Tote gekostet haben. Die toten Türken wurden damals einfach in einem Graben bei St. Sebastian verscharrt. Wie die alten Mariazeller
berichten, soll man dort noch heute gar nicht tief unter der Erdoberfläche
türkische Waffen, Pfeilspitzen und vor allem Säbel finden können. Auch
Gewandschnallen, Knöpfe und Stoffreste sollen dort schon ausgegraben
worden sein.

Weder die Funde, noch das Gefecht lassen sich verifizieren.

Die Türken belagern Marburg

Die vor Wien geschlagenen Türken trafen bei Marburg mit einer anderen Horde zusammen, die aus Kroatien verheerend in die Steiermark eingebrochen war. All die vielen Ortschaften rings um die Stadt gingen in Flammen auf, und die weite Ebene wimmelte von den bunten, abenteuerlichen Gestalten der Feinde. Da der Regen in Strömen niedergoß, sahen sich die Türken gezwungen, für sich und ihre Tiere Baracken zu bauen. Dann aber rüsteten sie sich zur Erstürmung Marburgs. Angriff auf Angriff erfolgte, doch immer wieder wurden die Stürmenden von den Verteidigern der befestigten Stadt zurückgeworfen. In unabsehbaren Reihen rückten sie unter wildem Allahgeschrei vorwärts und achteten nicht des heftigen Feuers der Geschütze. Gräßlich wüteten die Kugeln in den dichten Haufen und streckten die Stürmer zu Hunderten nieder. Aber immer wieder schlossen sich die Glieder. Sie überschütteten die auf den Mauern kämpfenden Verteidiger mit einem Pfeilhagel und warfen sich gleich Ameisen einer über den anderen in die Gräben. Gleichzeitig pflanzten sie auf den Leichen ihrer gefallenen Brüder die Sturmleitern auf und versuchten mit verzweifelter Anstrengung, die Mauern zu erklimmen.

Dort aber standen ihnen Männer entgegen, schlichte Bürger zwar und des Kampfes ungewohnt, jedoch von heiliger Begeisterung erfüllt. Ihre mit gehacktem Eisen geladenen Kanonen bestrichen die Sturmleitern und stürzten die Feinde hinab in die Wassergräben. Herabgewälzte Steine rissen ganze Glieder in den Tod; siedendes Wasser und brennendes Pech überschüttete die Andringenden, und der Sturmwind verbreitete die Flammen durch die weiten Gewänder der Türken. Knirschend gaben die Ungläubigen ihre halb errungenen Vorteile auf und zogen sich von den Mauern und Gräben zurück.

Dieses gräßliche Schauspiel wiederholte sich mehrere Tage hindurch. Nicht achtend der Gefahren und des hundertgestaltigen Todes, der hier reiche Ernte hielt, standen Marburgs Verteidiger fest auf den Mauern, jeder einzelne ein Held. Die Türken schleuderten brennende Pechkränze in die Stadt, und bald brannten einzelne Häuser, aber es gelang den Bürgern, dem Feuer Einhalt zu gebieten.

Aufgebracht über den hartnäckigen Widerstand, beschlossen die Türken, einen letzten Sturm auf die Stadt zu unternehmen; sie konnten Marburg nicht länger belagern, denn die Drau begann infolge der andauernden Regengüsse aus ihren Ufern zu treten und die Ebene unter Wasser zu setzen.

Wieder rannten die Feinde scharenweise gegen die Bollwerke an, und wieder brachen sich ihre verzweifelten Angriffe am Heldenmut der Verteidiger. Immer wilder wurde jedoch der Angriff, immer zahlreicher wälzten sich neue Scharen heran, als wüchsen sie aus der blutgetränkten Erde. Der Untergang der Stadt schien unvermeidlich – da nahte endlich die Rettung.

Ein kaiserlicher Offizier, ein gebürtiger Marburger, kam mit seinem

Häuflein Reiter von Wien und wollte seine Vaterstadt entsetzen. Da er zu schwach war, die Türken mit Erfolg anzugreifen, suchte er auf verborgenen Waldwegen, dem Feinde in den Rücken zu kommen und öffnete die Schleusen der von Regen- und Bergwasser überfüllten drei Teiche.

Schon hatte in der belagerten Stadt das letzte Notzeichen die Frauen und Kinder auf die Wälle berufen, da drang aus der nördlichen Bergschlucht ein dumpfes Rauschen hervor, und trübe, braune Wogen wälzten sich über die Ebene. Zelte, Baracken und zahlreiche Leichen schwammen auf dem Wasser. Jetzt ließen die abergläubischen Feinde vom Sturme ab und suchten ihr Heil in der Flucht. In das wütende Geheul der Fliehenden mischte sich das freudige Siegesjauchzen der Befreiten.

Die Verwirrung im türkischen Lager hatte den höchsten Punkt erreicht. Da jagten geharnischte Reiter in geschlossenen Reihen gegen die Feinde, die ihre Geschütze im Stiche ließen und gegen Wildhaus flohen. Es waren Verteidiger Wiens, die nun der bedrängten Stadt Marburg zu Hilfe gekommen waren. Zusammen mit den befreiten Bürgern, die einen Ausfall machten, fielen sie über die fliehenden Barbaren her. Ein gräßliches Gemetzel entstand, und das Wasser färbte sich mit dem Blute der Erschlagenen. Wer dem Schwerte entging, fand den Tod in den Wogen der Drau.

Maria Rast bei Marburg

Ein uralter Marienwallfahrtsort ist Maria Rast bei Marburg in der Untersteiermark. Auch dieses Heiligtum wollten die Türken plündern und vernichten. Doch immer, wenn sie gegen das Gotteshaus anstürmten, entzog sich dieses wunderbarerweise ihren Blicken, so daß sie erkannten, daß sie wohl nichts mit Gewalt ausrichten könnten.

Da verfiel ihr Anführer auf eine wahrhaft teuflische List. Er ließ eine riesengroße Opferkerze verfertigen. Doch als sie vom Wachszieher geliefert wurde, höhlten sie die Türken aus und füllten sie mit Pulver. Diese gefährliche Bombe hinterließen die Türken, so als würden sie die Überlegenheit des Christengottes anerkennen.

Tatsächlich freuten sich die Christen über den Abzug der Feinde – die in Wirklichkeit nur darauf warteten, daß die Kerze beim Gottesdienst angezündet und dann durch Explosion eine große Menge der Christen vernichten möge. Die Kerze wurde wirklich in die Gnadenkirche gebracht und bei einem feierlichen Dankgottesdienst entzündet. Aber da bemerkte der Priester, daß dem Gnadenbilde plötzlich Tränen in den Augen standen. Da ahnte man nahe Gefahr, man untersuchte die Kerze genauer und kam hinter ihr todbringendes Geheimnis.

Zum Gnadenbild Maria Rast suchten auch viele Christen Zuflucht, die die Türken in die Sklaverei verschleppt hatten. Wie die Legende erzählt, war auch der Priesterstudent Wolfgang Serepez in die Gefangenschaft geschleppt worden. Doch er vertraute sich ganz der Gnadenmutter an. Und siehe da, der Jüngling wurde von Engeln aus der Türkei durch die Luft entführt. Sie brachten ihn nach Maria Rast. Dort war er der erste Student des Maria Raster Gymnasiums. Später wurde er hier zum Priester geweiht und an der Kirche als Seelsorger angestellt. Hier ist er schließlich nach jahrelangem Wirken auch gestorben.

Die grauen Mauern von Maria Svetina

Den Bau der Kirche von Maria Svetina in der Untersteiermark hatte Friedrich II., Graf von Cilli, während seiner Gefangenschaft in Verona gelobt. Auffallend an dem Gotteshaus ist seine graue, unansehnliche Farbe. Die Legende hat dafür zwei Erklärungen.

Als die Kirche fast schon fertig war, wollte der Verputz nicht halten. Da nutzte es auch nichts, daß der Graf von Cilli seinen Baumeister einsperren ließ, weil er glaubte, dieser verweigere ihm den Gehorsam. War es doch die Muttergottes selbst, die dem Baumeister erschienen war und ihm ihren Wunsch mitgeteilt hatte, sie wolle die Tuffsteinmauern unverputzt. Erst das von ihr angekündigte Wunder überzeugte den Grafen: Ebensowenig wie es ihm gelingen werde, den Baumeister mit dem Schwerte zu durchbohren, werde der Verputz an den Mauern der Kirche haften.

Eine zweite Legende weiß es anders. Als nämlich die Türken gegen die Kirche von Maria Svetina stürmen wollten, wurde das Gotteshaus von Nebel verhüllt. Die Türken suchten die Kirche vergebens und zogen schließlich ab. Als sich der Nebel aber wieder hob, war die Kirche dunkel gefärbt. Auch später zogen die Feinde der Christenheit immer an Maria Svetina vorbei, ohne die Gnadenkirche sehen zu können.

Die Glocke von Tschriett

Von dem Berge Tschriett (Tschrett), der sich bei Fraßlau erhebt, blickt freundlich ein Marienkirchlein ins Sanntal herab. Im Turme dieses Gotteshauses soll vorzeiten eine wunderbare Glocke gehangen haben, deren Klang selbst in den fernsten Ländern vernommen werden konnte. Einst hörte auch ein Türke in Stambul den seltsamen Glockenklang. Dieser zog ihn mächtig an, und er folgte dem Geläute, das immer vor ihm herging. Nach langer Reise gelangte er schließlich in das Tal der Sann und vor das Kirchlein auf dem Tschriettberge. Da tönte die Glocke nochmals laut und mächtig, wie zum Scheidegruß, und verstummte dann. Wütend stürmte der Heide in die Kirche; er suchte die Glocke, die ihn bis hierher gelockt, doch konnte er sie nicht finden.

Die Glocke war und blieb verschwunden; kein menschlich Auge hat sie mehr gesehen. Nur wenn ein Frommer hoch oben auf der Bergeshöh' sein Herz zu Gott erhebt, da tönt ihr Klang süß und lieblich an sein Ohr. So ist also die seltsame Glocke, wenn auch für niemand mehr sichtbar, nur für Ungläubige und nicht für die Gläubigen verschwunden.

Eine andere Legende berichtet, daß die Türken bei einem ihrer Plünderungszüge in die Südsteiermark aber dann doch einmal das Gotteshaus von Tschriett erstürmt und geplündert hätten. Sie machten die Kirche zu einem Pferdestall. Und noch im 19. Jahrhundert soll sich in der Kirche ein eiserner Korb befunden haben, aus dem die Türkenpferde gefressen haben sollen.

Kärnten

Die Türken in Kärnten

Die Türken sind von Morgen gekommen, aus der tiefen Türkei. Sie waren sehr schlimm. Wenn sie einen Christen erblickten, sprengten sie ihm zu und riefen: »Fürchte dich nicht« und hieben ihm gleich den Kopf weg. Manchen banden sie an den Roßschweif und sprengten mit ihm davon, bis er tot war. Die kleinen Kinder spießten oder zerhieben sie mit ihren scharfen Säbeln. Frauenzimmer band man oft rücklings an die Bäume und verstümmelte sie schrecklich an den Brüsten. Daher bei den Slowenen noch jetzt das Sprichwort: Je hud ko Turk. (Er ist schlimm wie ein Türke.) Viele von den Weibern, besonders die jüngeren und schöneren, führten sie mit sich hinab in die tiefe Türkei. Die Leute liefen größtenteils in die Alpen und versteckten sich im Gebirge. Die türkischen Pferde hatten kleine eiserne und auch goldene Hufeisen. Man fand solche noch in späterer Zeit auf der Dellacher Alpe im Gailtale. Beschlagen waren die Pferde »auf türkisch«, das ist so, daß jener Teil des Hufeisens nach rückwärts sah, der nach vorwärts hätte stehen sollen. Häuser und Kirchen raubten die Türken aus und verbrannten sie auch wohl.

Die Türken vor Eisenkappel

Eine Viertelstunde vor Eisenkappel sieht man die Spuren einer Mauer, welche, über den Vellacher Bach gehend, von der einen Talwand zur andern reicht. Diese Mauer haben die Bewohner des Marktes errichtet, um sich gegen die heranziehenden Türkenhorden zu schützen, die ganz Kärnten verwüsteten. Mittels eines Dammes stauten sie auch die Vellach zu einem See, der bald so hoch stieg, daß halb Kappel unter Wasser gesetzt wurde.

Wie nun die erste Türkenschar in diese Gegend kam, griffen sie die Schanze an und zertrümmerten diese sowie den dahinter befindlichen Damm. Da brach der See aus und begrub die türkischen Soldaten in seinen Fluten.

Später kamen die Türken nochmals in das Tal. Wieder fanden sie an der Mauer Widerstand. Da rannten sie die Türe ein, welche durch die Schanze in einen Graben führte. In der Dunkelheit der Nacht, während welcher dies geschah, nahmen sie den schrecklichen Abgrund nicht wahr, und samt ihren Pferden hinabstürzend, erschlugen sie sich jämmerlich. Am Hauptportal der Pfarrkirche zeigt man noch drei Hufeisen, welche davon herrühren sollen und wovon auch der Markt den Namen erhielt.

Eine andere Sage berichtet, daß der Führer der Türkenschar Achmed Pascha geheißen habe. Er sei auf den höchsten Felsen des Berges gestiegen, von wo aus er über die Mauer hinweg den Ort Eisenkappel erblicken konnte. Voll Ingrimm schwor er, er werde die Kappler in ihrem Blut ertränken und die Kirche »Maria im Dorn« (bis zu ihr soll damals das Wasser des Vellachbaches gestaut worden sein) in einen Roßstall verwandeln.

Kaum hatte der Pascha diesen Schwur getan, da erstrahlte der Name Mariens in himmlischem Licht. Ein Blitz aus heiterem Himmel erschlug den Pascha, der Donner aber legte den ganzen Bergzug in Trümmer und prägte das Antlitz des gottlosen Türken in den Fels, so daß sein Bild bis zum heutigen Tag erhalten geblieben ist. Nun stürzte auch noch die Mauer ein, die das Wasser der Vellach gestaut hatte. Das freigewordene Wasser aber ergoß sich in wildem Lauf und schwemmte die Türken fort.

Als der Sultan von diesem traurigen Ereignis Kunde erhielt, da ließ er voll Gram eine eiserne Inschrift herstellen, daß er seine Leute nie mehr in die lausige Luscha, in das verlogene Sulzbach und in die eiserne Kappel ziehen lassen werde. Denn in der Luscha, da seien die Leute von Läusen gefressen worden. Die Sulzbacher hätten seine Soldaten in die Hölle gelockt, wo sie infolge dichten Nebels in einen tiefen Abgrund gestürzt seien. Und in der eisernen Kappel, da seien sie gar noch vom Wasser fortgeschwemmt worden.

Beim Einfall von 1471 dürfte Kappel verschont geblieben sein. Weil man mit weiteren Einfällen zu rechnen hatte, wurde das Vellachtal in der klausenartigen Enge der »Tabora« mit einer Sperre aus Bruchsteinen versehen, die auch über Schießscharten und Türme verfügte. Teile dieser Sperre sind erhalten und heißen »Türkenschanzen«. In ihrer Nähe befindet sich auch der »Türkenkopf«. 1473 erwies sich die Sperre als zu schwach gegen die Türken, wie auch der Chronist Jakob Unrest berichtet. Kappel jedenfalls ging in Flammen auf, die Pfarrkirche und Maria Dorn erlitten das gleiche Schicksal. Die Sage soll wohl nur den Wehrwillen der Kappler zum Ausdruck bringen. Da Kappel 1421 und 1433 von schweren Überschwemmungen heimgesucht wurde, dürfte sich die Erinnerung daran mit der Türkensage verwoben haben.

Die Türken bei der Bartholomäuskirche

Unterhalb des Rechberges erhebt sich die Kirche St. Bartholomäus. Als die Türken hier einbrachen, warf sich ihnen der Ritter Schrottenbach von der Burg Egg in Krain mit seinem Häuflein entgegen. Er mähte die wilden Horden von dem Kukertale bis nach Eisenkappel nieder, auf seinem Pferde reitend, von dem die Türken nur den Schatten sahen.

Schon war der Ritter bis zum Bauernhof Boschte in Neuhaus gekommen, da vermochte er vor Ermüdung sein Schwert kaum noch zu heben. In dieser Not sah er das Kirchlein des heiligen Bartholomäus und versprach, dem Heiligen eine ganze Alm zu weihen, von der so viel Schmalz gewonnen werden konnte, daß in der Kirche Tag und Nacht das Ewige Licht brennen sollte, wenn der Heilige ihm Rettung brächte.

Und sein Gebet wurde erhört. Er fühlte sich plötzlich neu gestärkt, überwältigte die Türken, die sich ihm in den Weg stellten, und entrann ihnen glücklich.

Der Ritter Schrottenbach hielt sein Versprechen. Zur Erinnerung an seine wunderbare Errettung wurde in der Bartholomäuskirche bis in die jüngste Zeit Schmalz statt Öl für das Ewige Licht verwendet.

Die Nachkommen aber vergaßen dieses ritterliche Gelübde und gaben mit der Zeit nicht mehr genügend Schmalz für den heiligen Zweck her. Einmal goß daher der Mesner, um Schmalz zu sparen, etwas Öl dazu. Und siehe, das Licht erlosch sofort. Der Mesner erkannte gleich sein Unrecht und bat den heiligen Bartholomäus um Verzeihung. Der Heilige erbarmte sich tatsächlich, denn das Licht brannte danach wieder weiter.

Die Kirche St. Bartholomä wurde 1495 gestiftet und gemeinsam mit der »Commende«, der Schutzburg, in deren Befestigungsanlage die Kirche einbezogen ist, dem St.-Georgs-Ritterorden mit Sitz in Millstadt übergeben. Die »Commende« mußte jährlich nach Millstatt den Käsezins entrichten. Sie war wirtschaftlich sehr gut dotiert. Vielleicht ist dies der historische Kern für das Ewige Licht, das aus Schmalz gebrannt wurde. Der St.-Georgs-Ritterorden wurde von Kaiser Friedrich zur Türkenabwehr gegründet.

Der Todesritt der Türken in St. Leonhard

In ungefähr zwei Stunden gelangt man von Eisenkappel durch den Remscheniggggraben nach St. Leonhard. An den Toren der Kirche sieht man riesige Hufeisen von altertümlicher Form angenagelt. Unweit der Kirche ragt eine mächtige Felswand auf. Von ihr erzählt die Sage:

Als einst die Türken mordend und brennend von Sulzbach über den Sattel nach St. Leonhard kamen, um von hier auf ihren schnellen Rossen nach Eisenkappel vorzudringen, war ein nebeliger, unfreundlicher Tag. Im dichten Nebel war der wenig begangene Weg nicht mehr zu finden. Der Nebel lag nämlich so dick, daß ein Türke den andern kaum mehr erkennen konnte, als sie auf dem schmalen Wege hintereinander ritten. Sie verloren schließlich den Weg völlig und wußten nicht mehr weiter.

Da stöberten sie den in der Nähe wohnenden Mesner auf und zwangen ihn, ihnen den Weg nach Eisenkappel zu weisen. Der Mesner wies ihnen den Waldweg, der auf die steile Felswand führte. Froh, weil im Glauben, nun auf dem rechten Wege zu sein, ritten die Türken in großer Eile auf dem schmalen Steig weiter, wieder einer hinter dem anderen, um rasch aus der unwirtlichen Gegend zum reichen Markt Eisenkappel zu kommen.

Als der erste Türke an die Wand kam, erkannte er im dichten Nebel die Gefahr nicht und stürzte die hohe Felswand hinab. Die Nachfolgenden verloren ihre voranreitenden Kameraden aus den Augen und beeilten sich, ihnen nachzukommen. So fanden alle an der Felswand den Tod.

Nach Jahren hat man die Hufeisen der abgestürzten Türkenpferde aufgelesen und als Wahrzeichen dieser Begebenheit an den Toren der Kirche von St. Leonhard angenagelt.

Nach einer anderen Legende fielen die Hufeisen den Türkenpferden ab, zur Strafe dafür, daß sie die Kirche zu einem Roßstall gemacht hatten.

Während sich in Eisenkappel an der Pfarrkirche keine Hufeisen mehr finden, gibt es in St. Leonhard an der Haupttür und an den Seitentüren Hufeisen verschiedener Größe. Von den größeren Hufeisen wird behauptet, sie stammen von den Lasttieren der Türken. An einer Wand der Kirche hängt auch noch eine Kette, die aus türkischen Pferdezügeln gefertigt worden sein soll. – Man darf nicht vergessen: Bei St.-Leonhard-Kirchen waren Eisenopfer üblich.

Alt-St. Leonhard am Loibl

Seine Macht ließ St. Leonhard die Türken auch am Loibl fühlen. Als die Muselmanen das Kirchlein in Alt-St. Leonhard am Loibl stürmen wollten, sanken ihre Pferde so tief ein, daß sie nicht mehr weiterkonnten. Da stifteten die Türken wegen der Heiligkeit dieser Stätte ein Steinkreuz mit der Jahreszahl 1580.

Alt-St. Leonhard liegt an der alten Loiblstraße, die nicht mehr benützt wird, seit die neue Loiblstraße gebaut ist. Das alte Kultbild des hl. Leonhard soll aus dem Felsen – von der slowenischen Bevölkerung »Črna peč« genannt – herausgewachsen sein. Kirche und zugehöriges Hospiz wurden vom Kloster Viktring aus betreut. Nach der Aufhebung des Klosters (Joseph II.) wurde die Kirche vernachlässigt, so daß das Bistum Gurk schon 1798 eine Verlegung der Pfarre überlegte. Aber erst 1859 wurde der Grundstein zu Neu-St. Leonhard gelegt. Alt-St. Leonhard wurde 1898 – leider äußerst »gründlich« – demoliert, so daß nur noch Ruinen vorhanden sind.

Die Belagerung der Hollenburger Brücke

Im Jahre 1472 drangen die Türken ins Rosental ein. Sie überschritten die Grenze von Kärnten und kamen nach längerem Marsche ins heutige Zell. Es war um die Mitternachtsstunde, als sie Zell einnehmen wollten.

Doch wegen der herrschenden Dunkelheit fanden sie keinen Weg. Zu ihrem Glücke begegneten sie einem Bauern und forderten ihn auf, daß er ihnen den Weg zeige. Doch vor Schrecken stand er stumm vor den Entsetzlichen da. Lange weigerte er sich, ihnen den Weg zu zeigen. Als sie ihn aber mit dem Tode bedrohten, ging er mit ihnen. Mittlerweile kam ihm ein guter Gedanke.

Er führte sie auf einen hohen Berg, an welchem sich ein furchtbarer Abgrund befand. Der Landmann war schon mehrere Stunden an der Spitze des Zuges marschiert, als sie endlich die gewünschte Stelle erreichten. Der Bauer sprang zur Seite, und die sorglosen Türken stürzten in die schauerliche Tiefe. Durch diese kühne Tat des Bauern wurde das Dorf gerettet. Der Felsen wurde seit diesem Ereignisse Sveta Peč genannt, das heißt »heiliger Felsen«.

Zwei Tage darauf erschien der Pascha mit seinen Truppen auf der Hollenburger Brücke, um sie einzunehmen. Die Leute aber, die vor den Türken eine große Angst hatten, liefen davon. Nur der Landmann mit dem Namen Pekoutz, dessen Geschlecht noch heute besteht, hatte vor diesen unheimlichen Gästen keine Furcht. Als er das Herannahen der Türken erfuhr, holte er sich schnell seine Pistole und schlich furchtlos unter die Brücke, auf welcher sich gerade die feindliche Schar befand. Eben wollte der Pascha seinen Soldaten einen Befehl geben, als die Kugel des braven Landmannes ihn traf und er tot zu Boden sank.

Als die Türken sahen, daß ihr Herr tot war, nahmen sie den Leichnam und verließen die Gegend. Der Bauer, der die ganze Umgebung von der Türkennot befreit hatte, wurde überall als Retter begrüßt. Zum Lohne dafür brauchte er der Herrschaft von Hollenburg keine Steuern mehr zu zahlen, und es wurde ihm auch ein Acker geschenkt. Später wurde zum Andenken an diesen braven Mann sein Bild an das Eingangstor der Hollenburg gemalt.

Das Haus »Beim Pekoutz« steht heute unter Denkmalschutz, die Familie hat es aber schon vor Jahren an die Herrschaft Hollenburg verkauft. Pekoutz soll sich – nach lokaler Tradition – auf einem Baum im Auwald der Drau versteckt haben, von wo er den rettenden Schuß abgab. Nach den Chroniken wurde dem Retter von Hollenburg von der Herrschaft der Klaub-Zehent für Wein eingeräumt. Ebenfalls nach örtlicher Tradition soll der rettende Schuß in der Nähe des Gasthauses Siemandl (Kreuzung Drautal-Bundesstraße–Loiblpaßstraße) abgefeuert worden sein. Weil Pekoutz gesagt haben soll: »Siechst Mandl, jetzt liegst do«, soll das Gasthaus den Namen erhalten haben. In der Nähe des Gasthauses erinnerte früher auch ein Bildstock an das Ereignis, der – zumindest vorübergehend – beim Ausbau der Drautal-Bundesstraße entfernt wurde. Das Volk sieht auch in einem der Bilder auf der Hollenburg den Bauern Pekoutz (dargestellt mit einem Gewehr).

Die Kirche von Maria Rain

Es war in der Zeit, als die wilden Türkenhorden häufig in unsere Länder einfielen und sie auf das furchtbarste verwüsteten. Auch Kärnten und besonders das Rosental und die nächstgelegenen Ortschaften hatten unter ihnen viel zu leiden. Getreidefelder mähten sie ab, was einen Wert hatte, nahmen sie als Beute mit in ihre Heimat. Häuser wurden niedergerissen, und ganze Ortschaften gingen in Flammen auf. Auch das Kloster Viktring wollten sie ausrauben. Das erfuhren aber die Mönche noch rechtzeitig. Als kostbarstes Kleinod des Klosters betrachtete man die Monstranz, in der drei Tropfen von Jesu Blut enthalten waren. Sie war aus Gold gefertigt, und wenn sie ein Kranker im rechten Glauben küßte, so wurde er gesund. Man riet nun hin und her und fand doch keinen geeigneten Ort zu ihrem Versteck.

Endlich wurde man einig, die Monstranz nach Maria Rain zu bringen, das zur selben Zeit nur aus einer Einsiedelei bestand, in welcher ein Mönch wohnte. Da Maria Rain auch ziemlich abseits von der Straße und im Walde lag, so hoffte man, daß die Türken dorthin nicht kommen würden.

Eines schönen Frühlingmorgens versammelte sich viel Volk in Viktring, um der heiligen Monstranz auf dem Wege nach Maria Rain das Geleit zu geben. Die Leute gingen über wohlbebaute Felder und achteten nicht auf das Gras und das Getreide, das von ihren Füßen zertreten wurde. Kein Halm stand auf dem Wege, auf dem sie gingen, mehr aufrecht. Als die Bauern, denen die zertretenen Felder gehörten, das bemerkten, begannen sie zu murren. Besonders einer war es, welcher es sehr arg trieb. Er lästerte Gott und schimpfte über seine Ungerechtigkeit. Als der Zug am Ziele anlangte, gingen alle in die Einsiedelei, um dort zu beten. Wie aber staunten sie, als sie aus der Kapelle kamen. Niemand sah mehr, wo sie früher gegangen waren, denn alles niedergetretene Gras war wieder aufgestanden. Das Feld des Gotteslästerers blieb aber niedergetreten. Er schämte sich deshalb vor den anderen und schwur, daß er, wenn auch sein Gras wieder aufstehe, an Stelle der Kapelle eine schöne Kirche werde bauen lassen.

Wirklich wurde es auf seinem Felde wieder grün, und zum Dank dafür baute er die Kirche, die noch jetzt zu sehen ist. Nach und nach siedelten sich um die Kirche Bauern an, und so entstand das heutige Maria Rain. Die Monstranz blieb aber in Maria Rain, und noch heute wird sie bei außergewöhnlichen Festen dem Volke zum Kusse gereicht.

Es gibt tatsächlich keine Indizien, die für einen »Besuch« der türkischen Horden in Maria Rain sprechen. – Die Ampulle, die angeblich das Blut Christi enthält, wurde von Abt Johannes von Viktring 1481 aus dem Hl. Land mitgebracht. Die Monstranz, sie ist aus Silber gearbeitet, ist ein Werk des August Stift aus dem Jahre 1659.

Votivbild aus Maria Waitschach, heute im Diözesanmuseum der Diözese Gurk-
Klagenfurt.

Die Pslajnarje

In einem unbekannten Lande wohnen die Pslajnarje, halb Mensch, halb Hund, wovon sie ihren Namen haben. (Slow. pes = »der Hund«.) Sie sind zweibeinig wie die Menschen, haben jedoch nur ein Auge, und zwar mitten auf der Stirn. Sie fangen Leute, mästen diese und fressen sie auf, sobald ein Fleischzuwachs zu bemerken ist.

Einmal wurde ein Knabe von ihnen gefangen und lange Zeit hindurch gemästet. Doch als der Tag der Schlachtung nahte, gelang es ihm, zu entkommen und über einen Wasserlauf, der die Grenze ihres Reiches bildete, zu flüchten. Darüber hinaus reichte ihre Macht nicht, und er war gerettet. Die Pslajnarje, welche ihn verfolgt hatten, gaben nur noch ein zorniges »Hau« von sich. Bevor sie zu sprechen anfangen, bellen sie immer »Hau, hau«; daher wird der zweite Teil ihres Namens von slowenisch lajati = »bellen« abgeleitet.

Diese Pslajnarje arbeiteten auch mit den Türken zusammen. Sie stellten ihre Spürnasen in deren Dienst und waren die eifrigsten Verfolger flüchtender Christensklaven.

Die Marienstatue der Kirche in St. Johann im Rosental

Im Jahre 1891 wurde das 500jährige Fest zum Andenken an die Vertreibung der Türken aus St. Johann daselbst gefeiert.

Beim Umzuge um die Kirche trugen zwei Männer die Marienstatue; die an ihrem unteren Teile angeschwärzt, angeraucht war. Diese Tatsache wird auf folgende Weise erklärt. Als die Türken ins Land einfielen, wurde auch das Rosental nicht verschont. In St. Johann konnten sie hingegen nichts ausrichten. Der türkische Feldherr schickte nun, weil er erkannte, daß hier Maria geholfen, den Bewohnern sehr große, dicke Kerzen mit der Weisung, sie am Frauentag anzuzünden. Als die Leute die Kerzen am festgesetzten Tage anzündeten, fing Maria zu weinen an. Es hatte sich schon etwas Pulverdampf gebildet. Diese Kerzen waren hohl und bargen in ihrem Innern eine Menge Pulver. Die Umstehenden löschten sie noch zur rechten Zeit, und so war die Gefahr beseitigt.

Vor dem Abzug haben die Türken ein großes Feuer angeschürt und die hölzerne Maria daraufgeworfen. Sie brannte aber nicht. Darüber ergrimmt, gab ihr der Höchste einen Säbelhieb, worauf Blut zu rieseln anfing. Verwundert rief er aus: »Lies je lies, je božja hnada vmies«, das heißt: Holz ist Holz, Gottes Gnade ist drinnen. Darauf ließen die Türken alles stehen und zogen ab. Die Häuser und die Kirche wurden bald abermals aufgebaut. Die Muttergottesstatue wurde und wird noch jetzt von jedermann hoch in Ehren gehalten. Man versuchte wiederholt, dem noch jetzt sichtbaren roten Strich auf dem Gesichte Mariens seine frühere Farbe zu geben, doch es gelang niemals. – Zur Feier dieser merkwürdigen Begebenheit wird noch jetzt beim Kirchtag alljährlich das heilige Bildnis von vier weißgekleideten Jungfrauen herumgetragen. – Ein Bild aus dem 17. Jahrhundert, welches noch gut erhalten ist und in der Kirche des Ortes hängt, erinnert an diese Begebenheit.

Es wird auch erzählt, daß das geschändete Marienbild nach dem Abzug der Türken zuerst in einen Stall gebracht und dort lange aufbewahrt wurde. Da gingen schwere Unwetter mit Hagelschlag über der Gegend nieder. Erst als die Leute die Marienstatue in die Kirche zurückbrachten, blieben die Unwetter aus.

Von St. Johann gingen die Türken weiter nach Suetschach. Hier wurden sie durch ein Wunder aufgehalten und konnten nicht weiter, ihre Pferde wollten in die Erde versinken. Seit jener Zeit heißt das Dorf svetče svetiže = heiliger Ort; früher hieß es Verbize.

Der erste Teil der Sage ist völlig unbekannt in St. Johann. Es dürfte sich um eine Wandersage handeln, denn das Motiv von den mit Pulver gefüllten Kerzen, die als Kriegslist eingesetzt werden, tritt öfter auf. An die Sage von der Schändung des Marienkultbildes erinnern in der Kirche mehrere Bilder. Hier könnte ein historischer Hintergrund anzunehmen sein.

Maria Elend im Rosental

Mehrmals drang der Erbfeind der Christenheit ins Kärntner Land. Bei seinem Einfall im Jahre 1478 hatte vor allem das Rosental zu leiden.

Auch die alte Wallfahrtskirche Maria Elend – dort wird eine Muttergottesstatue, die das heilige Kind trägt, verehrt – wurde von den Sengern und Brennern heimgesucht. Mit Ausnahme des Gnadenbildes, das sich auf wunderbare Weise dem Wüten der Türken entzog, wurden alle Bildnisse in der Kirche zerhackt. Dann sollte noch Feuer an das Gotteshaus gelegt werden. Sooft dies der Feind auch versuchte – immer wieder verlöschten die Flammen. Da flohen die Türken entsetzt und zogen auch aus dem Rosental ab.

Zu diesem wunderbaren Muttergottesbild im Rosental, das schon einmal die Türken zurückgewiesen hatte, faßten bei der zweiten Belagerung der Reichshauptstadt Wien die Bürger dieser Stadt besonderes Vertrauen. In ihrer argen Bedrängnis gelobten sie, nach der Befreiung in der Gnadenkirche Maria Elend im Rosental einen »Altar aus Gold« zu errichten. Tatsächlich sollen die Wiener aber dann nur ein sehr wertvolles Votivbild – ihre Not und ihre Befreiung darstellend – gestiftet haben. Leider ist dieses Votivbild heute verschwunden.

An die Legende vom unversehrten Gnadenbild erinnern noch einige Bilder in der Kirche. Jakob Unrest, der Kärntner Chronist der Türkeneinfälle, berichtet, daß »Unser Frauenkirchen genannt im Ellendt« 1478 von den Türken zerstört wurde. Der spätbarocke Hochaltar in der heutigen Kirche soll von einer angesehenen Wiener Bürgersfamilie 1730 gestiftet worden sein. Der Thron der Muttergottes ist über Türkenwaffen und Türkenköpfen errichtet.

Heimgekehrt

Die Türken kamen auf einem ihrer Züge nach St. Jakob im Rosental. Der Friedhof wurde wie in vielen Orten zu damaliger Zeit fest verschanzt und von hier aus der Ort verteidigt. Die Bewohner flüchteten entweder in die Kirche oder ins Gebirge. Nach tapferer Gegenwehr wurde der Friedhof von den Türken erstürmt und das Dorf verbrannt. Unter den zahlreichen Gefangenen, welche sie mit sich schleppten, befand sich auch ein jungvermähltes schönes Weib, welches aus der Familie der Serajnik stammte. Da das Haus beim Mikl und sie selbst Rosalia hieß, wurde sie kurz die Miklsche Sala genannt. Als Gefangene der Türken kam sie nach Konstantinopel und hier in den Harem eines Paschas. Dieser wollte sie unter der Bedingung, daß Sala Türkin werde, zur Gemahlin nehmen. Sie aber konnte sich nicht dazu entschließen. So waren sieben Jahre dahingegangen.

Eines Tages sang sie im Garten ein wehmütiges Lied in ihrer Muttersprache. Der alte Gärtner, welcher ebenfalls gefangen und im Rosental daheim war, hörte dieses Lied und verstand jedes Wort. In ihm erwachte um so stärker die Sehnsucht nach der Heimat. Er wußte sich den Zutritt zur Sala zu verschaffen, und diese erkannte in dem alten Manne ihren Onkel. Beide sannen nun auf Flucht, und es gelang ihnen zu entkommen. Sie wanderten nach Norden, bis sie an die Donau gelangten. Jetzt erzählt die Sage weiter, daß sie von fabelhaften Wesen, den sogenannten pesjani, das heißt »Hundsköpfe«, verfolgt wurden. Diese hatten nur einen Fuß und ein Auge mitten auf der Stirn. Sie riechen einen Christen schon von weitem und gehen der menschlichen Spur nach, wie die Jagdhunde dem Hasen. Die Fliehenden gingen immer den großen Fluß aufwärts, wie eine alte Türkin der Frau geraten hatte, doch nur bei Nacht; bei Tag versteckten sie sich, im Wasser stehend, unter den Wurzeln der beim Flusse wachsenden Bäume. Auf den Kopf setzten sie sich grüne Rasenstücke, damit ihnen die pesjani nicht auf die Spur kämen. Einmal kamen ihnen die pesjani so nahe, daß beide hörten, wie diese schrien: »Hier ist sie gewesen, hier ist sie nicht, aber es riecht nach Christenblut.« Unter ähnlichen Mühsalen kamen sie endlich, drauaufwärts wandernd, nach St. Jakob.

Salas Mann hatte sieben Jahre auf seine Frau geharrt. Nun aber entschloß er sich, wieder zu heiraten, in dem Glauben, sie komme nicht wieder. Es war ein Sonntag; der Brautzug bewegte sich zur Kirche. Vor der Kirche hatte sich Sala mit ihrem Onkel, der als Bettler verkleidet war, aufgestellt. Als sie ihren Mann an der Seite der neuen Braut sah, da warf sie die Vermummung ab und rief: »Haltet ein, ihr Hochzeitsgäste, ich bin die Sala, sein eheliches Weib.« Am Ehering erkannte sie der Mann. Nun veränderte sich rasch das Bild, denn statt der Hochzeit wurde ein fröhliches Wiedersehen gefeiert. Der Bauer und Sala wurden wieder ein glückliches Paar.

1478 kam eine türkische Streifschar von Villach her ins Rosental, schlug bei Rosegg ein Lager auf und unternahm von hier aus Plünderungen, denen fast alles

Getreide zum Opfer fiel. Dörfer und Kirchen wurden verbrannt, die einheimische Bevölkerung in Gefangenschaft geführt. Der Chronist Jakob Unrest berichtet: »Daselbs ligt eynn pfarrkirchen, genannt zu Sannd Jacob im Rasstal, die hetten dye pawrn zw der wer zwgericht; darein warn geflohen pey drayhundert menschen und darunter waren pey 90 hawswirttn, das ander weyb und kindt, knecht und diern. Daran tetten die Turckhen ainen sturm vast ain halben Tag; darnach tratten sy ab; darnach haben sy die pawrn mit taydingen, das das volckh solt ledigklichen ausgen und das guet da den Turckhen lassen. Dye armen lewdt verliessen sich auf die tayding, die dye Turckhen nicht stathyelten, und viengen all menschen, in der kirchen waren; dann, die gleich in der tayding auseylten, dye chamen davon, ir warn aber nicht vil. Und die Turckhen verprantn die kirchen und hewser da.«
Die Familie Mikl ist übrigens noch immer in St. Jakob ansässig. Das Mikl-Haus steht in St. Jakob Schlatten. Nach einer örtlichen Tradition wurde Zala Mikl (eine Slovenin) von den Türken gefangen, als sie ihren Mann, der von den Türken in der Burg Bodgrad gefangengehalten wurde, befreien wollte. An das Schicksal der Zala erinnert ein Volksstück, das alle zehn Jahre in slovenischer Sprache in St. Jakob aufgeführt wird und das »Miklova Zala« heißt.

Die Türken vor Maria Luschari

Seit 1360 ist die Wallfahrt zur großen marianischen Gnadenstätte von Maria Luschari nachweisbar. Zu dieser früher als »Mutter Kärntens und Krains« genannten Muttergottes hat die Bevölkerung auch in der Bedrohung durch die Türken Zuflucht gesucht – und gefunden. Die heilige Maria spannte eine brennende Schnur über die Straße, als die Türken über Saifnitz nach Luschari in der Absicht vordrangen, alle im Heiligtum versammelten Christen niederzumetzeln. Die Feinde sahen diese Schnur nicht, als sie auf ihren schnellen Rennern herbeisprengten, und alle schnitten sich daran die Köpfe ab.

Noch heute sollen ein Türkenkopf in der Wallfahrtskirche und ein steinerner Engel an der alten Reichsstraße an diese wunderbare Errettung erinnern.

Vermutlich knüpft sich diese Legende an den Einfall eines türkischen Heeres über den Predil am 26. Juli 1478, den der bambergische Hauptmann Graf von Ortenburg vergeblich abzuwehren versuchte.

Die Türken im Wimitzgraben

Ein Haufen Türken drang auch plündernd, brennend und jeden Kärntner, dessen er habhaft werden konnte, entweder mordend oder in die Sklaverei verschleppend, durch den Wimitzgraben herein. Kein Wunder, daß die Leute ihr Heil in der Flucht suchten.

Die Türken zogen die Berglehne hinan, um auch nach Pisweg zu gelangen. Als sie jedoch zur Dürnberger Kohlgrube kamen, wurde es um sie plötzlich völlig dunkel, und sie gerieten deshalb in eine heillose Verwirrung.

Bei den verfolgten Kärntnern aber blieb es hell. Die nutzten nun diesen Vorteil und griffen die wie blind herumtappenden Türken mutig an. Und es wurde so lange geschossen, gestochen und geschlagen, bis kein Türke mehr am Leben war. Die Türkenleichen aber wurden – samt ihren niedergemachten Pferden – gleich an Ort und Stelle verscharrt. Und noch heute soll man Reste der Türken bei der Kohlgrube finden. Ganz nahe bei der Kohlgrube liegt der Ort Finsterdorf, gerade gegenüber auf der Schattseite liegen die Ortschaft und der Graben Finsterbach. Sie sollen den Namen von jener Finsternis haben, die damals den Bewohnern des Tales ermöglichte, die »blind« gewordenen Türken umzubringen und abzuwehren.

In der Wehrkirche von Pisweg wurde den Türken erfolgreich Widerstand geleistet.

St. Leonhard in der Schlanitzen

Als die Muselmanen ins Gailtal eindrangen, schleppten sie auch viele Männer und Frauen in die Sklaverei. Den Sautrattener Bauern schleppten sie aus Rattendorf bis nach Belgrad mit sich. Er verlobte sich aber St. Leonhard, dem Gefangenenbefreier, und versprach für den Fall seiner Rettung die Stiftung einer Kirche. Der Bauer konnte flüchten und errichtete das Leonhardskirchlein in der Schlanitzen bei Tröpolach im Gailtal. Zur Erinnerung an seine Gefangenschaft und die wunderbare Rettung hing er im Gotteshaus auch seine Eisenfesseln auf.

Die Kirche wird bereits 1288 im Zusammenhang mit der St.-Georgs-Kirche in Tröpolach in einer Schenkungsurkunde erwähnt. Wie es heißt, soll sie als eine Art Reserve für die Georgskirche gebaut worden sein, sollte diese durch Hochwasser oder Brand vernichtet werden. Die Kirche liegt sehr geschützt, es ist kaum anzunehmen, daß hierher die Türken gekommen sind. In den Chroniken ist davon auch nichts erwähnt. Wohl aber dürften die Türken in Rattendorf gewesen sein. Von Zerstörungen ist allerdings nichts bekannt.

Das »Türkenmoos« bei Eden

Auf der Schattseite von Glödnitz kommt man hinter der Ortschaft Eden zu einer sumpfigen Waldwiese, welche die Alten das »Türkenmoos« nannten.

Auf ihren Raubzügen waren die Türken nämlich auch in dieses Tal gekommen. Sie verirrten sich allerdings und fanden den Weg nicht mehr heraus. Da geriet eine größere Abteilung auf diesen moorigen Grund und versank dort mitsamt den Pferden. Die Türken hatten allerdings eine Truhe voll Gold mit. Ob sie geraubt war oder ob es eine Art »Kriegskasse« war, erzählt die Sage nicht. Wohl aber berichtet sie, daß die Truhe mit dem Gold mit den Türken im Moor versunken ist. Aber alle hundert Jahre wird die Truhe zur »gewissen Stunde« wieder sichtbar. Wenn sie sich hebt, sitzt ein schwarzer Hund auf ihr und bewacht sie. Wer aber eine Betschnur (so wurden früher die Rosenkränze genannt, denn manchmal bestanden diese früher nur aus einer Reihe aneinandergereihter Perlen – zuerst kleine, dann immer größere –, und diese Form der Rosenkränze nannte man »Zehner«) auf die Truhe legt, kann das Gold gewinnen. Dann entfernt sich der Hund. Die Betschnur muß aber so lange auf der Truhe liegen gelassen werden, bis die Truhe vom Finder ganz ausgeleert ist. Nimmt der Finder die Betschnur früher weg, so erscheint sofort der schwarze Hund, setzt sich auf den Schatz – und die Truhe versinkt wieder.

Im »Türkenmoos« sollen so viele Türken versunken sein als heute dort Bäume wachsen.

Die Prozession zu Altenmarkt

Zur Erinnerung an einen großen Türkeneinfall wird in der Pfarre Altenmarkt alljährlich eine Prozession gehalten, wobei man zu der nahen Filiale St. Johann wallfahrtet. Daselbst wird dann der ganze Zug mit einem Wacholderzweig eingesprengt. Die Ursache des Brauches soll folgende sein: Der Kommandant der türkischen Streifhorde lagerte sich einst mit seiner Mannschaft um das Kirchlein St. Johann. Die Horde hielt Mittagsstunde gegenüber dem Lager der kärntnerischen Truppen. Da wurde von einem Kärntner Schützen dem türkischen Anführer der Bissen vom Munde weggeschossen. Darüber erschrak er so sehr, daß er eiligst aufbrechen ließ und unter Verwünschungen ausrief: »Solange dies Kirchlein im ›Kranabet‹ steht, werden es die Türken nicht mehr sehen.« Noch jetzt wachsen um St. Johann viele Wacholderstauden.

Die Kirche heißt wegen der vielen sie umgebenden Wacholderstauden beim Volk auch »St. Hansen im Kranewet«. In der Kirche soll auch eine erbeutete Türkenfahne aufbewahrt worden sein.

Das Kirchlein »St. Hansen im Kranewet« wurde nicht von den Türken zerstört. Die Wallfahrt wird heute von Altenmarkt aus zu den Bitt-Tagen, zu Johannis Geburt und zu Johannis Enthauptung hergeführt. Eine Türkenfahne ist nicht mehr vorhanden.

»St. Hans« machte die Grenze

Über die drei »St.-Hanser-Kirchen« – so nannte das Volk die dem heiligen Johannes geweihten Kirchen – ist der Türke nicht hinausgekommen.

Die eine »Hanserkirche« steht beim Hadner in Spitalein auf der Straße gegen Stinitz. Die zweite dem Heiligen geweihte Kirche ist das »Hanserkirchlein im Kranewet«. Diese steht auf einem bewaldeten Hügel bei Kleinglödnitz. Die dritte Kirche aber ist die uralte Kirche in der Flattnitz, ebenfalls dem heiligen Johannes geweiht.

Zum Dank, daß St. Johannes die Türkengefahr abgewehrt hat, unternahmen alljährlich die Glödnitzer feierliche Umzüge zu seinen Heiligtümern. Aber die Leute werden immer ungläubiger. Wenn einmal alle im christ-katholischen Glauben kalt sein werden, dann werden auch die drei Johannesorte, die in der einstigen Türkenbedrohung die Grenze bildeten, ihre heilige Kraft verlieren. Und dann wird der Feind wiederkommen, und es wird ihm ein leichtes sein, die ganze Gegend – auch die, die »St. Hans« bisher beschützt hat – zu verwüsten, zu plündern und die ungläubig gewordenen Christen in die Sklaverei des Islam abzuführen.

Fast scheint es, diese alte Sage hätte die »Wiedergeburt« des kämpferischen Islams vorausgeahnt und gleichzeitig auch den Verfall des Christentums als »Volkskirche« . . .

Das Johannser Kirchlein auf der Flattnitz und das bei Kleinglödnitz wurden nicht von den Türken vernichtet (Wehrkirchen). Wohl aber waren die Türken in Glödnitz. In Zweinitz berichtet ein »Tattermann« (Brunnenfigur) aus der Zeit der Türkenstürme, auf dem Jauernigger-Hof bei Glödnitz sind Türken zu Pferd abgebildet.

Die Türken »in der Höll«

Noch heute ist das St.-Leonhards-Kirchlein »in der Höll« (Höllein, auch »in der Höhle«) mit einer über 50 Meter langen Eisenkette umspannt. Über diese Kette und wie die Kirche zu dieser Umspannung kam, gibt es mehrere Legenden.

Als im Jahre 1478 die Türken durch das Gurktal herab brannten und mordeten, als Altenmarkt, Weitensfeld und Gurk bereits in Asche lagen, die Bürger von Straßburg sich hinter ihren Stadtmauern, der Bischof mit seinen Mannen im festen Schlosse verschanzte, versammelten sich die verlassenen und preisgegebenen Untertanen in den Kirchen ihrer Dorfpfarren. Die Bewohner des Babenberges und der Gegend, welche »in der Höll« heißt, schlossen sich in ihre nächste Kirche ein, um sich gegen die heranrückenden türkischen Räuberhorden bis auf den letzten Mann zu verteidigen. Zugleich machten sie das feierliche Gelübde, daß sie für den Fall, daß sie den Feind besiegten oder dieser gar nicht in ihre Gegend käme, für die Kette, die ihnen bestimmt war, ihr Gotteshaus zum ewigen Andenken der Errettung mit einer eisernen Kette umgeben würden. Die Räuberhorden erschienen, die nahe Kirche am Babenberge wurde niedergebrannt. Allein, plötzlich zogen die Türken wieder ab, und die Holleiner Gemeinde war gerettet. Dankbar lösten deren Angehörige ihr Wort und schafften die große versprochene Kette an, welche noch heute in der Kirche zu Hollein zu sehen ist.

Nach einer anderen Legende war die Kirche schon vor dem Türkeneinfall mit einer Kette umspannt. Als einmal die Renner und Brenner bis hierher vorstießen, haben sie diese Kette zerhauen. Aber sofort strafte sie der hl. Leonhard für diesen Frevel. Die Osmanen wurden von einer pestartigen Seuche ergriffen. Erst als sie zur Sühne eine silberne Kette stifteten, hörte die Krankheit sofort auf.

Wieder eine andere Legende erzählt, daß sich an der Stelle der Kirche früher eine hohle Linde befand, unter der sich die Bewohner der Gegend vor den Türken zum Gebet versammelten. Sooft nun die Muselmanen sich auf die Christen stürzen wollten, sahen sie keinen Baum mehr. Da erkannte ihr Anführer, daß er eine heilige Stätte vor sich habe, und gelobte den Bau einer Kirche, um die er eine goldene Kette spannen ließ. Die Friesacher haben sie später durch eine Eisenkette ersetzt.

Die Kette, sie hat 74 Glieder, ist heute noch vorhanden. Sie ist die typische Beigabe zu einer St.-Leonhards-Kirche. In der Höll war eine Siedlung von Bergknappen (Häuserruinen noch sichtbar), die hier im Auftrag des Salzburger Fürsterzbischofs (Friesach war salzburgisch) nach Silber gruben. Daß die Höll Zufluchtsort war, als die Türken ins Gurktal drangen, ist durchaus möglich. Vielleicht leisteten Bauern und Bergknappen hier einigen Streifscharen Widerstand.

Der Finsterbach

Der Finsterbach ist ein Seitengraben in der Schattseite ob Gurk. Einst kamen die Türken in das obere Gurktal und zogen talabwärts. Was sich retten konnte, flüchtete in die Berge. Schon drang der Schreckensruf »Die Türken kommen!« auch nach Gurk. Die Bewohner des Ortes sowie der Umgebung flüchteten sich mit Weib und Kind in die große, prächtige Kirche, welche von der heiligen Hemma erbaut wurde. Als sie die ersten Streifscharen erblickten, ließen sie die Sturmglocke ertönen. Schon wollten die wilden Horden in den Ort eindringen, um ihr Vernichtungswerk zu beginnen, als er ihnen plötzlich aus den Augen verschwand. Nun mußten sie sich zurückziehen. Zu diesem Zwecke schlugen sie in der Schattseite, in dem bereits bezeichneten Graben, ihr Lager auf. Am nächsten Tage versuchten sie neuerdings einen Angriff, doch vergebens. Wenn sie in die Nähe des Ortes kamen, entschwand er ihren Augen; zogen sie sich jedoch wieder zurück, so sahen sie den Ort wieder. Auch den Klang der Glocke vernahmen sie deutlich. Bei jedem weiteren Angriff wiederholte sich das Wunder. Erzürnt über dieses Mißgeschick, mußten sie unverrichteter Dinge abziehen. Dem Graben, in dem sie gelagert, gaben sie den Namen Finsterbach. Die Bewohner jubelten laut über ihre wunderbare Rettung, sie stimmten in der Kirche einen Lobgesang an und dankten Gott, daß er sie aus ihrer gefährlichen Lage errettet hatte.

1478 flüchteten sich die Bewohner des Marktes Gurk in den Dom. Während die Türken den Markt plünderten und einige Häuser niederbrannten, konnten sie den Dom nicht einnehmen. Vermutlich ist deshalb die Sage vom Verschwinden des Domes entstanden, in der sich die Motive von Wandersagen erhalten haben.

Die Türken auf der Flattnitz

Auf der Flattnitz wurden die Türken durch eine List der Bauern irregeführt. Ein Häuflein der Almbewohner wurde von einer Schar türkischer Reiter verfolgt. Es lag aber dichter Nebel über der Gegend, und die Türken, die weniger auf den Boden vor ihnen, als mehr auf die Flüchtenden sahen, rannten auf eine Felswand zu. Die Almer versteckten sich vor dem Abgrund seitlich im Gebüsch. Die Türken aber ritten geradewegs über die Wand hinunter und fanden einen grausigen Tod.

Obwohl über 1000 Meter hoch, wurde auch die Flattnitz von den Türken heimgesucht. Die Holzhäuser der Almbewohner wurden niedergebrannt, vom Wüten der Moslims zeugt noch der Name »blutige Alm«. Nicht vernichtet wurde die Kirche (Wehrkirche). Die Sage soll wohl den Widerstandswillen zum Ausdruck bringen.

Die Türken in St. Urban

An dem Weg, der von Feldkirchen über St. Urlich nach St. Urban führt, steht eine kleine Kapelle. Sie soll an die Rettung aus Türkennot erinnern.

Als nämlich die Feinde der Christenheit in die Gegend kamen, flüchteten sich einige Umwohner in die Kirche, da sie sich hinter den starken Kirchenmauern und der gut verriegelten Kirchentür am sichersten glaubten. Als die Türken die Kirche versperrt fanden, hackten sie in der Tür unten ein Loch aus, so groß, daß sich ein Mann nach dem andern hindurchzwängen konnte. Die Flüchtlinge in der Kirche aber sahen auch nicht tatenlos zu, wie sich ihr Schicksal erfüllen sollte. Sie schlugen jedem Muselman, der hineinkroch, den Kopf ab. So fanden viele Türken den Tod. Erst als eine große Blutlache unter der Kirchentür herausfloß, bemerkten die Feinde, daß sie getäuscht worden waren, saßen eiligst auf ihre Pferde auf und ritten davon.

Die Türken waren tatsächlich in St. Urban, und die Eichentür mit dem Ausschnitt ist noch zu sehen.

Der hl. Stefan in Tschahitsch

In die Gnadenkirche des hl. Stefan zu Tschahitsch bei Feldkirchen hatten sich die Bewohner der ganzen Umgebung vor den heranbrausenden Türken geflüchtet. Dort lagen sie auf den Knien und erflehten Rettung.

Als nun eine türkische Reiterschar heransprengte, um auch in der Stefanskirche Beute zu machen und die Christen als Sklaven fortzuführen oder niederzuhauen, erhörte der erste Märtyrer der Christenheit die Hilferufe der Gläubigen. Die Hufe der Türkenpferde, die die Kirchentüre berührten, blieben daran haften, die Reiter fielen von ihren Rücken und mußten zu Fuß voll Entsetzen vor der Macht des Heiligen fliehen.

Die Hufeisen der Türkenrosse aber zeugten noch lange an der Türe der Gnadenkirche von der wunderbaren Errettung.

In Tschahitsch wurde St. Stefan als Pferdepatron verehrt, daher verschiedene eiserne Votivgaben, u. a. Hufeisen, früher hier vorhanden.

Die Türken in der Teuchen

Als die Muselmanen Himmelberg erreicht hatten, schwenkte ein Trupp von ihren über Hochegg gegen die Teuchen ein. Wie sie hereinkamen, wo jetzt das Eggelekreuz steht, sahen sie nichts als Wald. Da waren sie der Meinung, es sei eine unwirtliche Gegend, in der es nichts zu rauben und zu plündern gebe. Da kehrten die Türken um und zogen weiter nach Gnesau.

Die Bauern aber errichteten aus Dankbarkeit für die abgewendete Gefahr das Eggelekreuz.

Das »Eggelekreuz« steht noch. Es ist eine aus Stein erbaute kleine Kapelle, die von den Bauern in der Teuchen erhalten wird.

Die Türken im Gegendtal

Als die Türken auch gegen das Gegendtal heranrückten, erbauten die Bauern in der Klamm neben dem Bach zu beiden Seiten eine Mauer. Der Bach staute sich und schwoll immer mehr an. Auf der Mauer aber hatten die Bauern die Inschrift angebracht: »Die schöne Stadt Afritz«.

Als die Türken das lasen, stellten sie vor der Mauer Kanonen auf und schossen das Wehr in Trümmer. Als die Mauer einstürzte, brauste das zurückgestaute Wasser über die Türken hinweg, und sie mußten elendiglich ertrinken.

Als die Türken auf ihren Streifzügen auch ins Gegendtal vordrangen, so berichtet eine andere Sage, flüchtete ein armer Mann mit seiner Frau und zwei Kindern in die Feldboau, eine Alm oberhalb des Ortes Feld. Da fanden sie eine Höhle, stiegen hinein und hielten sich dort einige Wochen versteckt.

Jeden Tag spähte der Mann nach den Türken aus. Als er einmal wieder gerade die Höhle verlassen hatte, sah er, wie die Türken gerade in ganzen Schwärmen das Tal besetzten.

Bei der Höhle war ein Teich. Eines Tages hörte der Mann einen Frosch quaken. Am nächsten Tag sah er am Ufer des Teiches einen goldenen Frosch sitzen. Er nahm das Tier mit sich.

Noch am selben Tage bemerkte der Flüchtling, daß das Tal wie ausgestorben war. Er schloß daraus, daß die Türken wieder abgezogen wären. Da hielt es ihn nicht länger in der Einsamkeit, und er wanderte mit seiner Familie in das Tal zurück. Dort waren alle Dörfer ausgebrannt. Wer sein

Leben durch Flucht gerettet hatte, war zum Bettler geworden. Der Mann aber verkaufte den goldenen Frosch und baute sich mit dem vielen Geld, das er für ihn erhielt, ein Haus. Nun konnte er endlich mit den Seinen sorgenfrei leben.

Die Sage dürfte an den – leider vergeblichen – Widerstand der Bauern, die sich unter Peter Wunderlich 1478 zum »Bauernbund« zusammengeschlossen hatten, erinnern.

Die schwarze Madonna von St. Veit

Auf einem Hügel südwestlich der Stadt St. Veit steht die Kalvarienbergkapelle. Sie wurde von einem Frevler erbaut, zum Dank dafür, daß ihn die Muttergottes vor dem Teufel errettet hatte. Als die Türken in die Gegend von St. Veit kamen, wollten sie auch die hölzerne Kapelle in Brand setzen. Aber das Holz wollte nicht brennen. Da schossen die Heiden auf das Gnadenbild, um wenigstens dieses zu vernichten. Aber Rauch und Pulverdampf schwärzten nur die Gnadenstatue, sie konnte nicht zerstört werden. Seit damals aber ist die Muttergottesstatue schwarz.

Die Türken in Villach

Wie die Türken in die Gegend von Villach kamen, suchte alles hinter den Mauern der Stadt Rettung vor der schrecklichen Gefahr. Bei dem gegen Seebach zu gelegenen Stöckel hatten die Scharen ihr Lager aufgeschlagen. Was sich ihnen nicht willig ergab, wurde mit Gewalt unterworfen und dann niedergehauen. Aus der »Gegend« hinter Villach kamen ihnen etwa 500 Bauern bewaffnet entgegengezogen, aber alle gingen dabei zugrunde.

Noch hängt ein Türkensäbel in der Pfarrkirche zu Villach, und es geht die Prophezeiung, daß einmal die Türken ihn wieder holen kommen würden.

Zweimal drangen die Türken bis vor Villach vor: 1476 und 1478. Da die Stadt aber gut befestigt war, schreckten die Streifscharen vor einer längeren Belagerung zurück. 1476 waren die Türken über Tarvis, Arnoldstein nach Kärnten eingedrungen. In der Drauschlinge bei Wernberg errichteten sie ein Standlager, von wo aus bis ins untere Drautal, ins Gurktal, ins Lavanttal vorgestoßen wurde. – Die Sage erinnert vielleicht an die Niederlage des Kärntner Bauernbundes von 1478. Ein Türkensäbel, an den sich die Prophezeiung der Wiederkehr knüpft (das Motiv taucht in anderen Gegenden abgewandelt auf, in der Oststeiermark knüpft es sich an von den Türken gepflanzte Bäume), läßt sich in keiner der Villacher Stadtpfarrkirchen eruieren.

Die Mönche zu Viktring

Als die Türken durch das Drautal hinaufgezogen waren, kam eine Horde auch nach Viktring. Den dort lebenden Mönchen wurden die Köpfe abgeschlagen und vor die Füße gelegt. Der Schaffner allein war gerade damals nicht zugegen. Als er vom Felde heimkehrte und die schreckliche Metzelei erblickte, flehte er im Gebete inständig zu Gott, er möge in seiner Allmacht doch diesmal – es war am Vorabend von Mariä Himmelfahrt – die Toten wieder zum Leben erwecken, daß sie wenigstens heute noch gemeinsam die Vesper singen könnten. Der Wunsch ward ihm gewährt. Das Fest ging in gewohnter Pracht vonstatten, und die enthaupteten Konventualen waren in ihren Stühlen erschienen und hatten die Vesper mitgesungen. Als jedoch die Feierlichkeit beendet war, schwand wieder alles Leben aus den Körpern, und die Mönche blieben, bis auf den Schaffner, tot.

Beim ersten großen Türkensturm wurde das Schindeldach des befestigten Klosters in Brand geschossen. Eine Ermordung der Mönche ist historisch nicht nachweisbar.

Der Schein der Helenakirche

Wo nur eine Kirche zu sehen war, da kamen die Türken hin und raubten und plünderten. Von Osterwitz aus, welches in ihre Hände gefallen war, erblickten sie auch den Schein der Helenakirche, da dieser vom Magdalensberg herab weithin schon durch seinen strahlenden Glanz sichtbar war. Sie beschlossen ihn wegzunehmen; als sie aber auf den Berg kamen, war der Schein verschwunden, ohne daß man wußte wohin. Das richtete einen solchen Schrecken unter ihnen an, daß sie eiligst abzogen. Noch heute soll der Schein im Hofbrunnen des Pfandlerschen Hauses zu sehen sein.

Von der Stadt Sala am Zollfelde

Alte Leute erzählen, daß ihnen von der Großmutter berichtet worden sei, es habe auf dem Magdalensberge ob Ottmanach ein heidnischer Tempel gestanden, in dessen Turmknauf ein Diamant gefaßt war, der weithin seine Feuerstrahlen aussandte. Die Türken hörten von diesem Kleinod und zogen nach Kärnten. Da der wertvolle Stein aber sorgsam bewacht wurde und nur mit Gewalt gewonnen werden konnte, entspann sich ein so verhängnisvoller Krieg, daß der Untergang der Stadt Sala herbeigeführt wurde und die Türken mit dem reichen Schatz nach Konstantinopel zogen.

Eine andere Sage berichtet, die prächtige Stadt Sala sei von zwei riesengroßen Diamanten beleuchtet worden, deren einer am Magdalens-, der andere am Ulrichsberge aufgestellt war. Der Schein dieser Diamanten drang bis in die Türkei und lockte die Türken herbei, worauf Sala im Kriege unterging.

Eine andere Sage mißt den Hunnen die Vernichtung der Stadt Sala am Zollfelde bei. Als dieses Volk plündernd in die Stadt einfiel, entkamen noch sechzig edle, ungeheuer reiche Römer dem Tode. Da sie aber ihre Habe, ihr Geschmeide und das Geld nicht mitnehmen konnten, warfen sie all die Schätze in den Brunnen in der Schmiedgasse, in welchem sie noch heute liegen sollen.

Die Türken in St. Bartlmä

Zur Zeit der Türkeneinfälle kamen die wilden »Senger und Brenner« auch nach St. Bartlmä, einem kleinen Dörfchen am Südabhang des Gollinberges. Mord und Brand bezeichneten ihren Weg, und heillose Angst und Schrecken bemächtigten sich der Bewohner. In ihrer Not flüchteten sie in das kleine Kirchlein und sperrten das Tor ab. Hier erwarteten sie in inbrünstigem Gebete den Ansturm der Feinde. Diese fanden das Dorf leer und verlassen und vermuteten die Dörfler in der Kirche. Wuchtige Schläge an die Tür verkündeten den geängstigten Bewohnern, daß ihre letzte Stunde nahe sei. Immer wuchtiger und schneller erdröhnten die Schläge an der eichenen Pforte, aber diese hielt wunderbarerweise stand, und eine Scharte zeugt heute noch von dem fruchtlosen Bemühen der Türken. Jeder Hieb prallte ab, als ob sie auf Eisen schlügen. Die Türken wurden stutzig und zogen ab, die Bewohner waren gerettet. Ein Türke aber blieb zurück und bat bei einem Hause um Aufnahme und Arbeit, was ihm auch gewährt wurde. Da die Bäuerin Witwe war, heiratete er sie, und noch heute heißt dieses Bauernhaus beim »Türkalan«.

In einigen Kärntner Familien »schlägt« – nach alter Familienüberlieferung – immer wieder ein »Türkalan« durch. Das ist, im Gegensatz zu den anderen, typischen »Familiengesichtern«, ein eher dunkler Typus. In einigen dieser Familien ist auch noch die Überlieferung von der Einheirat eines Türken lebendig.

Die Sage von Kleingradenegg

Es war zur Zeit der Türkenkriege. In Gradenegg wohnten sehr gottesfürchtige Leute. Um der Gefahr zu entgehen, flüchteten sie in die Kirche, die ein eichenfestes Tor hatte. Als nun die Türken ins Dorf kamen, fanden sie alles verlassen und ausgestorben. Einer vermutete richtig, daß die Leute in der Kirche seien. Sogleich stürmte die ganze Horde zur Kirche, und wuchtige Schläge sausten auf die Tür, doch diese hielt stand. Nun schlug einer vor, unter dem Tor ein Loch zu machen, dann sollte einer nach dem anderen hineinkriechen und drinnen alles niedermetzeln. Das geschah. Als nun der erste bis zur Hälfte hineinkroch, wurde ihm von den Bauern der

Kopf abgeschlagen und sein Leib dann sofort in die Kirche gezogen, wobei sie immer riefen: »Nur herein!« So wurde ein Türke nach dem anderen totgeschlagen.

Als Wahrzeichen dieser Begebenheit wird heute noch das starke Eichentor mit dem Loch gezeigt.

Die Kirche von Stocklitz

Im obersten Glantale steht auf einem Hügel das Dörflein Stocklitz mit einem kleinen Kirchlein. Dem Wanderer fällt sofort eine eiserne Kette auf, welche um das ganze Kirchlein gezogen ist. Betritt man das Innere, so sieht man an der Wand Fuß- und Handschellen hängen, womit man früher schwere Verbrecher gefesselt hat. Von diesen Ketten erzählt man sich folgende Sage:

Die Türken haben auf ihren Raubzügen in Österreich viel edle Ritter, Männer, Frauen und Kinder zu Gefangenen gemacht und sie in ihre Heimat gebracht. Das Los dieser Armen war wenig beneidenswert, und viele trachteten, trotzdem sie stark gefesselt waren, durch Flucht zu entkommen. Einem Ritter gelang die Flucht, obgleich er an Händen und Füßen mit schweren Ketten gefesselt war. Mühsam war der Weg in die Heimat; kein Schmied war in den menschenleeren Gegenden zu finden, der ihn von den Banden befreit hätte. Da gelobte er, dort, wo er von den Eisenketten befreit werde, eine Kirche bauen zu lassen. Als er nach langer, mühsamer Wanderung nach Stocklitz kam, fielen ihm die Fesseln von selbst von Händen und Füßen. An dieser Stelle ließ er das heute noch stehende Kirchlein erbauen, in der die Ketten und Schellen als Andenken aufbewahrt werden.

Das Mauerwerk der Kirche ist etwas desolat. Eine Kette umspannt noch die Kirche.

Die Kirche von Maria Waitschach

Auf dem Bergrücken über Hüttenberg erhebt sich die schöne Kirche Maria Waitschach. Leonhard von Keutschach, der große Salzburger Fürst-Erzbischof, hat sie gestiftet. Er löste damit ein der Muttergottes gegebenes Gelübde ein: Würden die Ungarn, die im 15. Jahrhundert schrecklich in der Kärntner Heimat des späteren Kirchenfürsten wüteten, wieder abziehen, würde er eine Kirche bauen. Im Volk lebt die Erinnerung an dieses Gelöbnis im Spruch fort: »Maria Waitschach – hat gebaut ein Graf von Keutschach.«

In der Kirche befindet sich hinter dem Hochaltar ein kleines Bild, darstellend einen Türken, welcher zu Pferde sitzt und an einer langen Kette einen Mann führt. Folgende Inschrift erklärt seinen Sinn:

»Anno domini 1535 pin ich peter Latneker purger zu hutenwerg mit sammt anderen redlichen Kriegsknechten gefanklich von den Türkn gen Constantinopel gefürt, daselbs in mein notn die Jungfrow Maria und s. Lienhart angerueft, die mir durch ihr fürbit von den genaden Gotz aws pant eysen und gefanknus erledigt.« Dieser Bürger ist der Sage nach ein Schmied zu Hüttenberg, welcher nach seiner Rückkunft aus der türkischen Gefangenschaft zum ewigen Andenken seiner Befreiung selbst eine Kette schmiedete und damit die hier befindliche, dem heiligen Leonhard geweihte Kapelle umzog. Vor einigen Jahrzehnten wurde diese Kette ihrem Zwecke entzogen.

Das »Urheiligtum« von Waitschach war eine St.-Leonhard-Kultstätte, von der sich nichts mehr erhalten hat, auf die aber die »Gefangenen«-Votive zurückgehen, die hier früher zahlreich vorhanden waren. Das Votivbild ist heute im Diözesanmuseum.

Die Türken auf der Saualpe

Die Türken drangen bei einem ihrer Kriegszüge auch bis auf die Saualpe vor. In der Wallfahrtskirche St. Leonhard auf der Saualpe hatten die Gläubigen Zuflucht gesucht. Unter der Leitung ihres Seelsorgers flehten sie den heiligen Leonhard um Hilfe an. Doch die Türken drangen in das Gotteshaus und erschossen den Pfarrer vor dem Altar – weiß die Legende zu berichten. Nach der Mordtat packte die Feinde der Christenheit das Grauen über die Entweihung der heiligen Stätte. Doch als sie fliehen wollten, fielen ihren Pferden die Hufeisen ab, sie kamen nicht voran, und die aufgebrachten Christen nahmen blutige Rache an den Mördern und Heiligtumschändern.

Die Hufeisen wurden zur Erinnerung in der Kirche aufgehoben. Ein solches Hufeisen wird angeblich noch im Pfarrhof gezeigt.

Die Hufeisen sind Votivgaben für den Viehheiligen St. Leonhard, dem hier auch eiserne Tiere als Opfergaben dargebracht wurden. Die Votiva gingen verloren. – Die Türken waren in St. Leonhard und haben dem Pfarrer den Schädel gespalten. Das Bild, das die Szene zeigt, soll als Leihgabe der Pfarre im Bezirksmuseum Völkermarkt zu sehen sein. Der Volkskundler Gustav Gugitz identifizierte das Bild als Darstellung des hl. Andreas Avellianus, der beim Zelebrieren der Messe vom Schlag getroffen wurde und daher als Patron gegen Schlaganfälle verehrt wurde.

St. Ägydius in Lading

St. Ägydius, zu dem die Gläubigen nach Lading wallfahrteten, und dem sie Eisenopfer darbrachten, damit er ihr Vieh vor Krankheit bewahre, hat auch den von den Türken bedrohten Ladingern geholfen.

Einst kamen nämlich die Senger und Brenner auch nach Lading. Die Bewohner des Ortes erfuhren rechtzeitig von ihrem Herannahen und zogen sich in die Kirche des verehrten Heiligen zurück. Hier wollten sie durch Gebete den Ansturm der Feinde abwenden.

Die türkischen Reiter fanden den Ort menschenleer. Was in den Häusern zurückgelassen werden mußte, rissen sie an sich. Aber da mußte doch mehr Beute vorhanden sein. Sie vermuteten sie samt den Dorfbewohnern in der Kirche. Und schon hörten die Flüchtlinge entsetzt dröhnende Axt- und Säbelhiebe gegen das Kirchentor donnern.

Voll Angst steigerten sie die Inbrunst ihrer Gebete. Und St. Ägydius ließ seine Verehrer nicht im Stich. Es gelang den Mordbrennern nicht, die Kirchentüre mit ihren Äxten einzuschlagen. Das Holz war plötzlich hart wie Eisen geworden.

Wutschnaubend über den Mißerfolg, ließen die Türken endlich von der Gnadenkirche ab und gaben ihren Pferden die Sporen.

Die eisenharte Kirchentür ist wohl mit den Eisenopfern für den als Viehpatron verehrten St. Ägydius in Zusammenhang zu bringen. Eisenopfer nicht mehr vorhanden.

Wie die Osterfeuer im Lavanttal aufkamen

In der Nähe des Stiftes St. Paul hatten die Türken ihr Lager aufgeschlagen. An der Stelle, wo das Zelt des Großwesirs gestanden haben soll, sieht man jetzt noch ein steinernes Kreuz. Weil überall Türkenhorden umherstreiften, konnten die Bauern nicht miteinander verkehren und sich zu einer gemeinsamen Tat verständigen. Da geriet einer auf den Einfall, einander durch große Feuer von den Bergen herab Zeichen zu geben. Dies fand Beifall, und bald flammten des Nachts – es war gerade die Osterwoche – auf allen Gipfeln der das Tal begrenzenden Berge Feuer auf. Aus Furcht, umzingelt zu werden, räumten die Türken den Platz und zogen ab. Seitdem ist die Sitte der »Osterfeuer« zum Gedächtnis der Befreiung aus der Türkennot bestehen geblieben.

Die Sage vom Obdacher Schmied

Während des Einfalles der Türken im Jahre 1480, in welcher Zeit diese bis in das obere Lavanttal streiften, überall zündeten, plünderten und mordeten, führten sie einen gefesselten Schmied aus Obdach mit Namen Sturm, an den Schweif eines Pferdes gebunden, mit sich. Sie zogen längs des Höhenrückens am Abhange der Saualpe. Als sie nun in die Gegend kamen, wo jetzt, am sogenannten Zankergrunde, ein Kreuz steht und man die Kirche zu St. Leonhard zuerst erblickt, machte der Gefangene das Gelübde, nach seiner Befreiung eine Kette anfertigen zu lassen, die dreimal die Kirche, die dem heiligen Leonhard geweiht war, umziehen sollte. Er wurde erhört.

In einem unbemerkten Augenblicke lösten sich seine Fesseln, und es gelang ihm, gedeckt von dem an der Straße wachsenden Gesträuch, zu entkommen.

Der glücklich Befreite löste sein Versprechen getreulich, ließ die Kette, von welcher jedes Glied einen Schuh lang war, verfertigen und verordnete, daß die Nachkommen seiner Familie für ihre Erhaltung Sorge tragen, oder, sooft sie durch ein Jahr keiner Ausbesserung bedürfe, ein Opfer von fünf Groschen entrichten sollten, was auch immer geschah.

Die Kette verschwand gegen Ende des vorigen Jahrhunderts. Ihr Wert wurde nicht beachtet, sie wurde von einem Pfleger der Stadt zur Einschmelzung gegeben. Nur ein Bild vom Jahre 1620, welches in der Kirche noch heute zu sehen ist, erinnert an diese sagenhafte Begebenheit.

In den Jahren 1911 und 1912 wurde eine neue Kette um die Kirche gezogen. Sie schließt vor dem Haupttor. An jedem Ende befinden sich ein Pferd und ein Hufeisen, um an das Pferd zu erinnern, das den Schmied mitgeschleift hat.

Die Kette führt noch immer um die Pfarrkirche von Bad St. Leonhard im Lavanttal. Sie hat eine Länge von 888 Gliedern, jedes Glied ist einen Schuh lang. Es handelt sich allerdings nicht mehr um das Original, das wurde unter Joseph II. eingeschmolzen, sondern um eine Nachbildung aus dem Jahre 1912. Echt sind allerdings drei Hufeisen, die noch von den früheren Eisenvotivgaben erhalten sind. Die Türken dürften am stark befestigten St. Leonhard nur vorbeigezogen sein.

Brüll nur, du dumme Kuh

Als die Türken voll wilder Roheit und Raubgier unser friedliches Kärnten bedrängten, ließen sie unzählige Häuser und ganze Dörfer in Rauch und Flammen aufgehen. Viel Kummer und Elend brachten sie in die Gebirgstäler, wo die Bauern heimlich überrascht und überfallen wurden. Sie konnten sich oft kaum zur Wehr setzen, weil ihnen der Feind an Zahl und Macht meist überlegen war.

Eines Tages kamen nun die Türken auch nach Zell-Pfarre, dem letzten Gebirgsdörflein unter der Koschuta. Eine alte Frau aus dem Orte erzählt folgendes: Alles im Orte war still und friedlich. Da, auf einmal drangen von allen Seiten türkische Reiter herbei, langsam und heimlich kamen sie dem Orte näher. Kein Mensch ahnte etwas von einem Überfall, alle gingen ihrer Arbeit nach.

Als aber die Feinde schon völlig den Ort erreicht hatten, begannen vom Turm herab alle Glocken zu läuten, ohne daß ein Mensch die Glockenstränge zog. Niemand war im Turme. Das ärgerte die Türken und ihren Feldherrn, und voll Zorn rief er hinauf zum Turm: »Brüll nur, brüll, du dumme Kuh! Auf deinem Altar werden noch meine Pferde Hafer fressen!«

Als der türkische Pascha diesen furchtbaren Frevel ausgestoßen, sanken sein Pferd und er in die Tiefe und mit ihm noch eine Menge Krieger. Das

Wasser quoll hervor und begrub die türkischen Feinde. Die sich noch frühzeitig retten konnten, verließen fluchtartig die Gegend.

So blieb Zell-Pfarre vom Türkenüberfall verschont.

An der Stelle aber, wo die feindlichen Türken eingesunken sind, ist seit jener Zeit ein kleiner See entstanden, der sich bis zum heutigen Tage unter der Koschuta erhalten hat. Er führt den Namen »Zeller See«. Das Türkenkreuz daselbst haben die Bewohner des Ortes als Dank gegen Gott, der sie vor der Raubgier der Krieger bewahrte, errichtet.

Eine andere Version lautet:

Als sich die Türken dem Orte näherten, begann das Silberglöcklein in dem Turm zu läuten. Und ein Engel mit hellem Schein sei vor dem Orte erschienen und hätte die Türken in die Knie gezwungen. Darauf sei Wasser aus der Erde entsprungen und so der kleine See entstanden, der aber bei sehr trockenem Sommer zeitweilig verschwindet.

Das Silberglöcklein, das den Feind verraten, sei noch heute in dem Turm, auch während der Kriege brauchte es seinen Platz nicht zu ändern.

Das »Türkenkreuz«, das an den Überfall auf Zell-Pfarre erinnert, steht am Weg zum Terklbauern, bei dem das Zelltal in den Graben des Borovnica, wie die Slovenen den Freibach nennen, mündet.

Dieses Gemälde – heute im Heimatmuseum Völkermarkt – stellt die Kirche als Schiff dar, besetzt von den Kirchenvätern, geleitet von St. Michael, Christus und Maria und Petrus als Steuermann. Das »Schiff Christi« wird links von den Ketzern und rechts von den Türken bedroht.

Matthias Corvinus im Petzen

Matthias Corvinus, der König von Ungarn, hat in blutiger Auseinandersetzung mit Kaiser Friedrich III. weite Teile von Kärnten besetzt. Weil er aber auch tapfer gegen die Türken kämpfte, wurde er von den Slovenen Kärntens als Held verehrt. In der Erinnerung machen sie den Ungarnkönig sogar zum König Kärntens. Und ähnlich, wie Karl der Große im Salzburger Untersberg, soll Matthias Corvinus in der Petzen, dem östlichsten Felsenhaupt der Karawanken, südlich von Bleiburg, mit seinen Kriegern schlafen. Wenn die Bedrängnis des Kärntner Volkes am größten ist, wird der König mit seinen Recken aus dem Berg herausbrechen und Hilfe bringen.

Die Pulverkerzen von St. Johann

Als die Türken nach St. Johann bei Gansdorf kamen, versuchten sie vergeblich die Gnadenkirche niederzubrennen. Da mißhandelte ihr Anführer in hellem Zorn das Gnadenbild. Doch siehe, da erfaßte die Türkenschar plötzlich ein ungeheurer Schrecken, und sie flüchteten.

Aber noch war nicht Frieden! Eine zweite Schar von Sengern und Brennern kam herbei. Sie hatten aber schon vom Mißerfolg ihrer Kameraden gehört und wollten es mit List versuchen. Sie spendeten mit Schießpulver gefüllte Kerzen. Aber ihre Tücke wurde entdeckt: Die Gnadenstatue begann zu weinen. Endlich gelang es einer dritten Horde, des Gnadenbildes habhaft zu werden. Sie warfen es ins Feuer – aber siehe! Das Gnadenbild blieb unversehrt ...

Der Brand von Arnoldstein

Das Dorf Arnoldstein wurde von den Türken gebrandschatzt. Der Wind trug die Glut auch aufs Kloster, das vollständig ein Raub der Flammen wurde. Es brannte auch die Kirche ab, in der 147 Menschen umkamen – Männer, Frauen und Kinder. Die Glut des Brandes war so stark, daß man nicht einmal die Gebeine der Verbrannten in den Ruinen der Kirche finden konnte. Verschont allerdings blieb ein Tafelgemälde der hl. Muttergottes, obwohl es an einem völlig den Flammen ausgesetzten Platz hing. Es wurde nur ein wenig von Flammen und Rauch angeschwärzt.

Das lange verehrte Wunderbild ist nicht mehr vorhanden.

Burgenland

Maria von Wimpassing

Im Jahre 1495 fand man bei Wimpassing am Ufer der Leitha eine Marienstatue von rätselhafter Herkunft. Man erbaute dort eine Kapelle und stellte darin die Statue auf. Als im Jahre 1529 die Türken die Leithagegend verwüsteten, hieb ein Soldat mit seinem Säbel der Statue den Kopf ab, weshalb er von seinem Offizier bestraft wurde. Dieser nahm die Statue mit in seine Heimat. Unterwegs erkrankte er schwer, und niemand konnte ihm helfen. Unter den Gefangenen befand sich ein strenggläubiger Christ, der ihm den Rat gab, er solle die Statue wieder in der Kapelle an der Leitha aufstellen lassen, dann werde er gesunden. Der Offizier befolgte den Rat, beauftragte einen Hirten mit der Überbringung des Standbildes und wurde dann nach einiger Zeit gesund.

Als man nach dem Kriege in Wimpassing von der Wunderheilung erfuhr, wurde die geköpfte Madonnenstatue besonders verehrt. Man baute auf dem befestigten Bergl eine Kirche und ein Kloster; beide Bauwerke wurden jedoch beim Türkeneinfall im Jahre 1683 zerstört. Im Jahre 1723 wurde von den Minoriten, die seit 1628 dort wirkten, eine neue Kirche errichtet. Nach Aufhebung des Minoritenordens im Jahre 1787 wurde das Kloster zu einer Pfarre umgestaltet. Am Fuße des Bergls sprudelt das Marienbrünndl, das viele Augenkranke aufsuchten.

Das Türkenkreuz in Großhöflein

Das sogenannte Türkenkreuz auf dem Friedhof in Großhöflein wurde bereits 1668 aufgestellt. Es trägt aber die Spuren türkischer Mißhandlung und erinnert an den Zug des »Erbfeindes der Christenheit« im Jahre 1683 zur zweiten Belagerung der Reichshauptstadt Wien. Als damals die Türken an Großhöflein vorbeizogen, bearbeiteten einige von ihnen das Ecce-homo-Kreuz mit ihren Krummsäbeln und zertrümmerten es zum Teil. Das Türkenkreuz wird heute von einem eisernen Ring zusammengehalten.

Die Steinsäule steht heute vor dem Friedhof an der Bundesstraße nach Wien. Bei einer Restaurierung vor einigen Jahren wurde der schmiedeeiserne Ring – der der Sage nach die von den Türken zerbrochene Säule zusammenhielt – entfernt. Unter dem Ring zeigten sich keine Sprünge. – Die Türken waren mehrmals in Großhöflein.

Das Familienkreuz in Wulkaprodersdorf

Über die Errichtung dieses »Familienkreuzes« in Wulkaprodersdorf erzählt man sich: Eine Bewohnerin des Ortes wurde von den Türken auf deren Rückzug von der Belagerung von Wien gefangen und als Sklavin mitgeschleppt. Sie hatte aber Glück, wurde freigelassen und konnte als reiche Frau in ihre Heimat zurückkehren. Aus Dankbarkeit ließ sie die »Familienkreuz« genannte Denksäule errichten.

Das Türkengrab in Klingenbach

An der Gemeindegrenze von Klingenbach steht eine etwa drei Meter hohe Steinsäule, die in ein kleines Kreuz ausläuft. Vom Volk wird sie »Der gute Hirte«, auch Pilj-Säule, genannt.

Der Sage nach sollen hier neun türkische Offiziere begraben liegen. Es ist allerdings wenig wahrscheinlich, daß die islamischen Türken ihre Offiziere unter einem christlichen Kreuz begraben haben sollen. Urkundlich ist die Säule bereits 1518 erwähnt, der erste Türkeneinfall erfolgte zehn Jahre danach. Welche Begebenheit den »Guten Hirten« mit den Muselmanen verknüpft in der Erinnerung des Volkes, ist nicht mehr nachzuweisen . . .

Die Steinsäule steht heute genau an der Grenze zwischen Österreich und Ungarn. Die Ungarn haben auch einer Renovierung der Säule nicht zugestimmt. Interessant ist, daß 1964 beim Bau des Zollhauses in Klingenbach, etwa zehn Meter von der Säule entfernt, das Grab eines kleinen Kindes angeschnitten wurde. Zeitlich konnte das Grab nicht eingeordnet werden.

Der Purbacher Türke

Im Jahre 1532, als die Türken neuerlich gegen Wien zogen, geschah es, daß sich einige Horden in der Gegend des Neusiedlersees herumtrieben. Eine Reiterschar gelangte auch nach Purbach. Als die Purbacher das Herannahen der Türken erfuhren, verbargen sie all ihr Hab und Gut und flüchteten in das nahe Leithagebirge. Die Türken fanden das Dorf ganz entvölkert und durchsuchten die Häuser nach Nahrungsmitteln.

Ein Türke kam in einen Weinkeller, wo er sich einen tüchtigen Rausch antrank. Er stieg nur mehr taumelnd aus dem Keller und kam in eine Kammer. Dort schlief er alsbald ein. Nach vielen Stunden wurde er durch einen Lärm aufgeweckt. Er hörte eine fremde Sprache und ahnte sogleich, daß seine Kameraden fortgezogen seien. Da er bei Tageslicht an eine Flucht nicht denken konnte, versteckte er sich rasch. Als es finster geworden war, tastete er sich an den Wänden entlang und erreichte schließlich eine Küche, wo der Mond durch den Schornstein hineinschien. Er stieg auf den Herd und hoffte, durch den Rauchfang zu entkommen. Mühsam erreichte er den obersten Teil des Rauchfanges, bis er endlich auch seinen Kopf hinausstekken konnte.

Als der Türke Umschau hielt, wie er am leichtesten entkommen könne, hörte er auf der Straße ein großes Geschrei. Er zog seinen Kopf wieder zurück und wartete, was nun geschehen werde. Es dauerte aber nicht lange, da wurde die Tür des Hauses geöffnet. Die herbeigeeilten Bauern deuteten unter zornigen Rufen nach dem Rauchfang. Der gefangene Türke wollte hinausklettern, um zu entfliehen. Kaum hatte er jedoch seinen Kopf beim Rauchfang hinausgesteckt, da sah er mit Entsetzen, daß die Straße voll bewaffneter Bauern war. Sie schrien und drohten ihm mit den Fäusten. Da zog er sich wieder in den Rauchfang zurück und rührte sich nicht, trotzdem sie ihn ermunterten, herunterzusteigen. Zuletzt gab ein Bauer den Rat, man möge den Türken ausräuchern.

Das half. Der Türke mußte aus dem Rauchfang heraussteigen und kam ins Gefängnis. Nun wurde im Gemeindehaus beraten, was mit ihm geschehen solle. Man beschloß, ihm das Leben zu schenken, wenn er den christlichen Glauben annehme. Damit er aber der Gemeinde nicht zur Last falle, wurde er dem Besitzer des Hauses, in dem er entdeckt wurde, als Knecht ins Eigentum übergeben. Der Türke ließ sich taufen, lernte Deutsch und blieb ein treuer Knecht seines Herrn.

Nach seinem Tode ließ der Bauer einen Türkenkopf aus Stein meißeln und auf dem Schornstein anbringen. Der Purbacher Türke ist heute noch am Guzmannhaus, Nr. 163, des Dorfes zu sehen.

Der historische Hintergrund der Sage läßt sich nicht mehr erfassen. Von einer Taufe des Türken ist nichts bekannt. Wohl aber wurde am 7. Dezember 1669 im Hause des Johann Gabriel in Purbach ein Türke getauft. Am 15. November 1669 wurde eine Türkin getauft, deren Pate der Richter Johann Hackstock war. Eine

Türkin, die von christlichen Soldaten gefangen worden war, wurde in Purbach am 6. August 1693 getauft.

Der Ort Purbach fiel 1529 und 1532 den Türken zum Opfer. Die Bewohner flüchteten sich ins nahe Leithagebirge, an dessen Osthängen nahe Purbach zwei Schanzwerke erhalten sind (das kleinere heißt »Grünwald- oder Türkenschanze«, der Eingang zum größeren »Türkenschanztor«). 1634 wird die Befestigungsanlage von Purbach fertiggestellt (heute noch im Norden das »Türkentor«). Die Anlagen boten aber 1683 keinen Schutz, die Purbacher mußten wieder flüchten. – An die wunderbare Befreiung des Andreas Grein erinnert ein Votivbild in der Purbacher Nikolauszeche. Auch im Jahre 1688 kehrte eine Purbacherin aus türkischer Gefangenschaft zurück.

Die Dreifaltigkeitssäule in Purbach

Ein ergreifendes Menschenschicksal knüpft sich an die Dreifaltigkeitssäule in Purbach an der Straße nach Breitenbrunn. Auf ihr ist folgende Inschrift zu lesen: »Ich, Andreas Grein, bin 1647 von den Tataren gefangen worden und durch die Vorbitt der hl. Dreifaltigkeit und Muttergottes wie auch durch Vorbitt des hl. Nikolaus errettet worden.«

Die Sage aber weiß über diesen Andreas Grein zu berichten: Am Anfang des 17. Jahrhunderts drangen die Herrscher aus Siebenbürgen mit ihren Truppen bis Wien vor. Sie hatten auch tatarische und türkische Hilfstruppen bei sich. Diese plünderten unterwegs zumeist und verschleppten viele Bewohner des von ihnen durchzogenen Gebietes in Gefangenschaft. Vor allem hatten sie es auf junge Menschen abgesehen. Sie wollten sie für ihre Zwecke erziehen, zum moslimischen Glauben bekehren und zu Soldaten machen.

Auch Andreas Grein aus Purbach geriet auf diese Weise in Gefangenschaft. Die Türken legten ihm Handschellen an, banden ihn an den Schweif eines Pferdes und ließen ihn nachrennen. Sie nahmen Andreas Grein bis in ihren Staat mit, wo für den jungen Mann erst recht das Martyrium begann.

Am Tage mußte Andreas Grein einen Pflug ziehen, in den Nächten mußte er in einem Schweinestall hausen. Als Nahrung bekam er Nußkörner und Hirse. Nach sieben Jahren qualvollen Leidens gelang es Grein, mit Hilfe einer Landsmännin aus der Türkei zu flüchten, und nach mehrmonatigem Fußmarsch erreichte er den Gemeindehotter von Purbach.

Nach kurzer Rast ging er auf seinen Besitz und traf dort seine Gattin, die sich bereits wieder verehelicht hatte, mit ihrem zweiten Mann. Wegen seines verwilderten Aussehens wurde Grein nicht erkannt. Erst nach längerem Reden erkannte ihn seine Frau an der Stimme, bat ihn um Verzeihung, und beide lebten recht glücklich bis zu ihrem Tode. Der zweite Mann der Grein mußte zurücktreten.

An dem Platz, wo er gerastet hatte, ließ Andreas Grein die Säule mit der eingangs genannten Inschrift setzen. Ein altes Bild, das Grein darstellt, wie

Votivbild des Andreas Grein in der Nikolaus-Zeche in Purbach. St. Nikolaus und
Maria als Fürbitter für den Gefangenen bei der hl. Dreifaltigkeit.

er von den Türken auf die erzählte brutale Weise von Purbach verschleppt
wurde, befindet sich in Purbach (s. o.).

Nach einer anderen Fassung der Sage gelang es Andreas Grein bereits
nach drei Tagen, den Türken zu entkommen.

Das Trausdorfer Sühnekreuz

Auch Trausdorf wurde vom »Feind der Christenheit« immer wieder
heimgesucht. Die Bewohner wurden teils niedergemacht, so sie jung und
kräftig waren aber in die Sklaverei verschleppt. Der Sage nach soll das
Sühnekreuz in der Nähe der Kirche anzeigen, wie hoch das Blut der Erschlagenen in der Türkenzeit gestanden ist.

*Das Kreuz befindet sich am Haus Untere Hauptstraße 2. Es ist ein Steinkreuz, ver-
mutlich aus dem 12. Jahrhundert, das auf einem Acker zwischen Trausdorf und
Oggau gefunden wurde. Mit den Türken hat es nichts zu tun.*

Gerade noch entkommen

An die zweite Türkenbelagerung Wiens erinnert – zumindest der Sage
nach – das nach seinem Stifter benannte Prawitschkreuz. Es steht in der
Nähe von Schützen beim fürstlichen Tiergarten und trägt die Jahreszahl
1738.

Der Sage nach wurde der Stifter dieses Wegkreuzes, ein gewisser Prawitsch, bei der zweiten Belagerung Wiens von den Türken gefangen. Sie
banden ihn an einen Pferdeschweif und schleppten ihn so bis Au an der
Leitha. Dort hielten sie Rast und zechten. Bei dieser Gelegenheit machte
sich Prawitsch los und kam, verfolgt von den Türken, in ein Wäldchen, erkletterte einen Baum und konnte sich so gut verstecken, daß ihn die Feinde
nicht mehr fanden.

Zum Dank für seine Errettung errichtete er das Kreuz.

*Die Familie Prawitsch ist noch immer in Schützen ansässig. Sie kennt auch die
Sage. Das Kreuz steht heute im Tiergarten und ist leider nicht ohne weiteres zu
besichtigen.*

Maria in Neudörfl

Auf ihrem Zug gegen Wien 1683 kamen die Türken auch durch Neu-
dörfl. Sie plünderten, legten alles in Schutt und Asche und zündeten auch
die Pfarrkirche zum hl. Nikolaus an. Aber oh Wunder! Als die Mordbrenner abgezogen waren, fand man in den Trümmern der Pfarrkirche ein un-
versehrtes Marienbild. Die Flammen hatten es verschonen müssen. Von

weit und breit kamen lange Zeit die Wallfahrer, um dieses Wunderbild zu verehren und besonders gegen die immer wieder das Burgenland bedrohende Gefahr aus dem Osten um Schutz zu flehen.

Die große Türkenkugel in Pama

Als die Türken von der Anhöhe von Prellenkirchen auf Pama schossen, flüchteten sich die Bewohner des Dorfes aus ihren Häusern in die Sandstätten (Sandgruben). In einer Grube befand sich eine Bäuerin mit ihrem Nachbarn. Plötzlich sah der Mann eine Kugel durch die Luft schwirren. Er besaß die Geistesgegenwart, der Frau zu sagen: »Dora, schwenk nach links!« Die Frau tat dies und bückte sich noch tiefer. Einen Augenblick darauf rollte eine große steinerne Kugel über die Sandgrube hinweg und streifte nur den Rücken der Frau. Die große Türkenkugel war in Pama noch vor Jahrzehnten zu sehen.

Die Türken waren zumindest 1529 und 1683 in Pama. 1683 ging der Ort in Flammen auf. Von einer Türkenkugel ist nichts mehr bekannt.

Der Totenkopfzwickel bei Breitenbrunn

Während der zweiten Türkenbelagerung Wiens im Jahre 1683 wurde die Gegend südlich des Leithagebirges durch türkische Truppen arg bedrängt. Die Bevölkerung mußte dem Feinde Lebensmittel und Vieh zuführen und wurde auch zu harten Arbeiten gezwungen. Viele Bauern versteckten ihre Habseligkeiten in Erdställen, das Vieh trieben sie in die Leithawälder, und wer nur konnte, suchte auch dort drinnen Schutz. Am ärgsten trieb es der Feind, als er in aufgelösten Horden zurückflutete. Er steckte die Dörfer in Brand, raubte, was er nur konnte, und verschleppte viele Ortsinsassen.

Einige Bauern von Breitenbrunn flüchteten in den Wald nahe an der Sommereiner Grenze und gruben, wo der Wald einen Zwickel bildet, eine Höhle, um sich darin zu verbergen. Nachts suchten sie in der Umgebung nach Nahrungsmitteln. Eines Tages erschien vor dem Verstecke eine Mutter mit ihrem kleinen Kinde. Die Leute gewährten ihr Schutz, und sie verblieb einige Tage bei ihnen. In der feuchten Höhle erkrankte aber das Kind und weinte unaufhörlich. Darüber gerieten die Männer in große Angst, durch das Geschrei des Kindes von dem Feinde entdeckt zu werden. Als sie eines Abends erfuhren, daß türkische Soldaten in der Nähe seien, jagten sie die arme Frau aus der Höhle. Schicksalergeben kehrte die Frau in ihr Dorf zurück, fand es ganz zerstört, aber vom Feinde geräumt. Viele Bauern kamen nach und nach aus ihren Verstecken heraus, und ihre erste Sorge war, das Vieh aus den Wäldern wieder heimzutreiben. Als einige Bauern von ungefähr in den Waldzwickel kamen, überraschte sie vor der Höhle ein schrecklicher Anblick – Leichen lagen, von ihren Köpfen getrennt, auf dem Boden. Das war das schaurige Ende jener Männer, die die arme Mutter mit ihrem Kinde vertrieben hatten. Seitdem heißt diese Waldschlucht im Volksmunde der Totenkopfzwickel.

Von älteren Leuten wird eine Flur noch immer als »Totenkopfzwickel« bezeichnet und mit den Türkeneinfällen in Zusammenhang gebracht. Die Fluchthöhle existiert nicht mehr. – 1683 wurden am 8. Juli in den Schanzgräben von Breitenbrunn 500 Menschen von den Türken erschlagen.

Die Wetterfahne von Pamhagen

Im Jahre 1639 sollen die Türken Pamhagen besetzt haben. Das beweise die große Wetterfahne auf dem Glockenturm – erzählen zumindest die alten Pamhagener.

Die Türken waren damals im Ort gastlich aufgenommen worden, und deshalb sollen sie die meterhohe Blechfahne gestiftet haben. Auf ihr sind die Zeichen MOSCO PASCHA und das Jahr 1639 ausgeschnitten. Diese Schrift sollte nun andere Scharen der Türken verständigen, die Gemeinde zu verschonen.

Was die Zeichen tatsächlich bedeuten, weiß man nicht. Tatsache aber ist, daß einige Orte, die sich den Türken kampflos ergaben, eine »Schutzgarde« erhielten und von Plünderungen unbehelligt blieben. Zum Beispiel Bruck an der Leitha in Niederösterreich.

1529 wurde Pamhagen fast ganz verwüstet. Die Einwohner konnten sich damals mehrere Tage lang im Schilfgürtel des Neusiedler Sees versteckt halten. – 1683 war am 29. Juni (Peter und Paul) Schnittermarkt, als der Warnruf »Die Türken kommen!« ertönte. Die Taglöhner, die gekommen waren, um sich aufdingen zu lassen, flohen, die Bewohner blieben. Sie sollen die Türken gastfreundlich aufgenommen haben. Pamhagen soll auch nach dem Rückzug der Türken von Wien drei Jahre lang das türkische Kommando beherbergt haben. Tatsächlich wurde auch das habsburgische Ungarn, zu dem Pamhagen damals gehörte, noch jahrzehntelang von den Türken (gemeinsam mit den Kuruzzen) beunruhigt und zum Teil besetzt gehalten. – Das Original der Wetterfahne fiel dem Zahn der Zeit zum Opfer. Heute ziert den Turm eine genaue Nachbildung. Sie gleicht einem Pferdeschweif, darüber Halbmond und Stern.

Das Totenglöcklein von Mönchhof

Ein türkischer Anführer nahm aus Mönchhof die schöne Frau des Bauern Reich als Sklavin mit. In der Türkei dachte die Frau immer an ihren Mann und plante eine Flucht. Sie sparte monatelang die Goldstücke, die ihr der große Herr gab, und nähte sie in ihr Leibchen ein. In einer Nacht ergriff sie die Flucht. Bei Tag versteckte sie sich in Wäldern und bei Nacht wanderte sie der Heimat zu. Eines Tages sah sie türkische Reiter dahersprengen. Sie flüchtete unter eine Brücke und preßte sich an einen Pfeiler, so daß sie von den Verfolgern nicht entdeckt wurde. Es vergingen Wochen um Wochen, und endlich erreichte sie Mönchhof. Zu ihrer Überraschung erfuhr sie, daß ihr Mann, im festen Glauben, sie werde aus der Gefangenschaft nicht mehr zurückkehren, wieder geheiratet hatte. Das war für die Heimgekehrte ein harter Schlag. Sie verzieh aber ihrem Manne und zog sich von der Welt zurück, um nun Gott zu dienen. Zur Erinnerung an ihre Rettung aus der Gefangenschaft stiftete sie der Kirche ein Glöcklein, das bei ihrem und ihres Mannes Begräbnis geläutet werden sollte. Seitdem blieb aber in Mönchhof der Brauch bestehen, daß, wenn ein männliches Mitglied der Familie Reich stirbt, das gestiftete Glöcklein geläutet wird.

Keine von den alten Glocken ist heute noch vorhanden. Mönchhof litt in allen Türkenkriegen, am ärgsten 1683. Viele Nachbardörfer blieben bereits nach dem Einfall von 1529 Wüstungen, weil sie sich nicht mehr erholen konnten.

Das »Mingerlkreuz« in Podersdorf

Das »Mingerlkreuz« in der Nähe des Schlachthofes von Podersdorf ist ein schlichtes Holzkreuz. Es ist ein Mahnmal an die Türkennot. Zwei Mädchen aus Podersdorf, die sich aus türkischer Gefangenschaft retten konnten, sollen hier vorbeigekommen sein. Jede von ihnen – so berichtet die Sage – ließ aus Dankbarkeit für die wunderbare Rettung vor der Sklaverei eine Kapelle erbauen.

Ältere Bewohner kennen das »Mingerlkreuz« bei der alten Schlachtbrücke unter einer alten Ruste noch. Der örtlichen Tradition nach hat das eine von den geretteten Mädchen die Rochuskapelle, das andere die Florianikapelle in Podersdorf gestiftet.

Der rettende Halbmond

Eine andere Kriegslist wird von den Rustern berichtet. Als die Türken herannahten, brachten die Bewohner von Rust unter dem Turmkreuz der Kirche einen Halbmond an. Die Türken hielten die Stadt für bereits zum Islam bekehrt und beschossen sie daher nicht.

Ebenfalls durch das Anbringen eines Halbmondes retteten die Stinkenbrunner ihren Heimatort vor türkischen Kanonenkugeln.

Kriegslistsage. Halbmond und Stern müssen nicht unbedingt mit den Türken zu tun haben. Auch auf dem Wiener Stephansdom waren bei der ersten Türkenbelagerung noch Halbmond und Stern Turmzier.

Hussein, der Türke

Um das Jahr 1650 waren in der Burg Forchtenstein viele türkische Kriegsgefangene untergebracht. Ein Teil baute den tiefen Brunnen in dem Kalkfelsen aus, die anderen arbeiteten im Schlosse und auf den Feldern.

Ein gefangener Türke, namens Hussein, war auffallend traurig und niedergeschlagen, und der Gefangenenaufseher bemerkte oft, daß er im stillen weinte.

Als einmal der Burgherr, Graf Ladislaus Esterházy, nach Forchtenstein kam, erzählte ihm der Aufseher von dem traurigen Hussein, und der gutmütige Graf nahm ihn mit nach Eisenstadt, wo Hussein zu leichten Arbeiten im Schloßgarten verwendet wurde.

Doch Hussein blieb schwermütig. Wehmütig und mit tränenden Augen schaute er oft und oft gegen Morgen. Da ließ ihn eines Tages der Graf zu sich rufen. »Warum bist du so traurig«, fragte er teilnehmend, »was fehlt dir eigentlich?« »Herr«, antwortete Hussein, »du bist unendlich gütig zu mir, Allah möge dir's lohnen. Mir fehlt nichts, aber mein Herz ist daheim. Meine Sehnsucht nach der Heimat, nach meinem Weibe und meinen beiden Kindern ist so groß, daß ich nimmer froh werden kann.« Und Tränen stürzten aus seinen Augen. »Sei ruhig, du sollst dein Weib und deine Kinder wiederhaben«, sagte ergriffen der Graf. »Hier hast du Geld, reise heim, du bist frei.« Hussein stürzte zu des Grafen Füßen, küßte sie und gelobte, ewig dieser Gnade zu gedenken.

Im Jahre 1652 kam es bei Turnau zu einem Zusammenstoß mit den Türken. Auch der Graf nahm an der Schlacht teil. Er ritt vor die Reihen seines Regimentes und ermutigte es zum Kampfe.

Ein Janitschar bemerkte den mutigen Anführer. Den kühnen Reiter muß ich mir aufs Korn nehmen, dachte er bei sich und bemühte sich, ihm näherzukommen.

Und wirklich, es gelang ihm. Er setzte seine Muskete an, drückte los, und der Reiter stürzte schwer getroffen vom Pferde. Noch lebte er aber. Der Janitschar ritt herbei, tat einen wuchtigen Schlag auf den Helm – das Visier sprang auf – im selben Augenblicke schrie der Janitschar laut: »Allah, was habe ich getan? Ich habe meinen Wohltäter getötet! Tötet auch mich!« Und mit ausgebreiteten Armen eilte er den Feinden entgegen. Von vielen Kugeln durchbohrt, stürzte er zu Boden. Es war Hussein.

Sicher eine »künstliche« Sage, die Güte und Menschlichkeit des Grafen verherrlichen sollte. Historischer Kern: Auf Burg Forchtenstein arbeiteten türkische Kriegsgefangene und schlugen u. a. auch den 142 m tiefen Burgbrunnen.

Das Frischherz-Kreuz in Mattersburg

Im Jahre 1683 geriet der kaum achtzehnjährige Paul Frischherz aus Trautmannsdorf in Niederösterreich in türkische Gefangenschaft und kam als Sklave zu einem ägyptischen Pascha. Dieser gewann ihn lieb und schenkte ihm so großes Vertrauen, daß er ihn zum Vorsteher zweier Ortschaften am Nil bestellte. Frischherz fühlte sich aber in der Fremde unglücklich und sehnte sich nach der Heimat zurück.

Da geschah es, daß nach fünfzehn Jahren der Pascha wieder in den Krieg gegen Österreich zog. Frischherz mußte ihn begleiten. Auf seine endliche Befreiung hoffend, verkaufte er eiligst seine Kostbarkeiten, ließ sich einen großen türkischen Sattel anfertigen und versteckte darin sein Gold. Im Kriege verlor er den Gebieter.

Nun versuchte er zu flüchten. In einer finsteren Nacht stieß er auf einen österreichischen Posten, der ihn gefangen nahm, da er ihn für einen Türken hielt. Dabei verlor Frischherz sein Pferd mit dem Goldsattel. Als er nach einigen Tagen als Österreicher erkannt und freigelassen wurde, wollte niemand seinen Goldsattel gesehen haben. Gänzlich verarmt mußte er den weiten Weg über Ungarn nach seiner Heimat zu Fuß zurücklegen.

In Mattersdorf, wie früher Mattersburg hieß, fand Frischherz bei einem Faßbinder Arbeit. Er verblieb dort viele Jahre und heiratete nach dem Tode des Meisters dessen Witwe. Als frommer Christ ließ er dort eine Gedenksäule errichten, die folgende Inschrift trägt: »Anno 1711 den 6. Meu hab ich Meister Paul Frischherz Vaspinther und Mitnachpahr in Markh Moterstarf Urschole meiner Ehewiertin und ter Allerheiligsten Treifaltigkeit zu Ehren tises Creuz machen lassen.«

Die versunkene Stadt

In der Nähe von Pöttsching, Bezirk Mattersburg, soll sich dereinst eine große Stadt ausgedehnt haben. Die Stadt lag bei Sauerbrunn, am Hange des Wurtberges, und wurde von den Türken belagert und zerstört. Die Reste der Stadt sind dann völlig untergegangen.

Soweit die Sage. Tatsächlich lag hier ein kleines, nur aus 24 Häusern bestehendes Dorf, »In der Wart« genannt. Es ist wirklich im Türkensturm zerstört worden und wurde nie mehr aufgebaut. Die Gründe des öden Dorfes pachteten später Pöttschinger Bauern. An den Türkenkrieg erinnert auch noch der Flurname »Türkengrund« bei Pöttsching.

Das Dörfchen »In der Wart« teilte übrigens das Schicksal von vielen Ortschaften im Burgenland. Besonders im Seewinkel sind viele Dörfer in den Türkenkriegen vernichtet worden. Die Sage aber weiß davon nichts mehr. Nicht selten begründet sie den Untergang mit dem sündhaften Leben der einstigen Bewohner und läßt ihn aufgrund göttlichen Richtspruches durch den Neusiedler See erfolgen. In vielen Dörfern, deren ehemals deutschsprachige Bewohner von den Türken ausgerottet oder weggeführt worden waren, wurden später Kroaten angesiedelt.

Die Frauen von Wiesen

Wie die Frauen von Wiesen die Türken überlisteten, berichtet die Sage.

Im westlichen Teil des Ortes Wiesen, im Graben, erhebt sich ein Hügel. Auf dem Gipfel des Hügels steht ein majestätisch in die Höhe ragender und das ganze Dorf beherrschender Granitblock, der »Hohe Stein«. Als im Jahre 1683 die Türken durch das Dorf zogen, flüchteten die Frauen, deren Männer in das nahegelegene Schloß Forchtenstein um Waffen geeilt waren, hierher. Die Frauen sahen von hier aus, wie die türkischen Janitscharen in die Häuser drangen und befürchteten, sie könnten den Ort in Brand stecken.

Da erhoben die auf dem »Hohen Stein« versammelten Frauen einen mächtigen Lärm, sie schlugen die mitgebrachten Geräte gegeneinander, bedeckten ihre Häupter mit Hüten, um aus der Ferne Männern zu gleichen und machten sich bereit, sich bei einem etwaigen Angriff auch zu verteidigen. Der Ortsrichter, der unter ihnen weilte, kommandierte, als gelte es einer Brigade gut geschulter Soldaten. Die Türken waren von diesem Lärm aus der Höhe so erschrocken, daß sie eilends die Flucht ergriffen und das Dorf verließen.

Der »Hohe Stein« böte tatsächlich ein günstiges Versteck. Ein historischer Kern der Sage ist allerdings nicht nachweisbar. Wiesen wurde auf jedem ihrer größeren Züge von den Türken heimgesucht. Der Kirchturm etwa trägt das Datum 1682. Er sollte ursprünglich höher werden, wurde aber nicht nach Plan fertiggestellt. Man nimmt an, daß der Bau so rasch als möglich beim Herannahen der Türken eingestellt wurde.

Die beiden Mahlfleisch

In Wiesen erzählt man sich, daß die Türken im Jahr 1683 zwei Knaben namens Mahlfleisch gefangengenommen haben. Die beiden Knaben wurden in die Türkei verschleppt. Dort ließ sie die neue Umgebung sehr bald ihren christlichen Glauben vergessen. Sie wurden aber bestens erzogen und sind später zu hohen Würden am Hof des Sultans gelangt.

Bei einem späteren Zug der Türken sollen die beiden wieder an Wiesen vorbeigekommen sein. Aber sie konnten sich nicht mehr an ihre Heimat erinnern.

Der Sage nach sollen die beiden Mahlfleisch ihr Vaterhaus an einem Brunnen vor der Haustür wiedererkannt haben. Ein solches Haus stand bis vor einigen Jahrzehnten in der Hauptstraße. Gerade auf diesem Haus war aber der Name Mahlfleisch – in Wiesen noch heute Familien dieses Namens – zumindest an die 150

Jahre vor dem Abbruch nicht mehr feststellbar. – In den Weißenbüchern der Herr-
schaft Esterházy sind bei Erbverträgen immer wieder Notizen etwa dieses Inhaltes
zu finden: »Die Kinder vom Erbfeind verschleppt . . .«

Der Radegundenstein

Hart an der burgenländischen Landesgrenze bei Steinbach liegt der »Ra-
degundenstein«, ein 20 Meter hoher, ziemlich isolierter Felsblock.

Als sich die Türken der Burg Kirchschlag näherten, bezog der türkische
Pascha diesen Felsblock als Aussichtspunkt und Kommandozentrale, von
der aus er den Angriff vorbereiten und die Erstürmung der Burg leiten
wollte. Diese Stelle gefiel ihm so gut, daß er sie auch während der Mahlzei-
ten nicht verließ.

Eines Tages ließ sich der Pascha von seinem Koch eine gebratene Gans
auf seinem Felsblock servieren. Das bemerkten die Verteidiger der Burg
Kirchschlag. Der beste Schütze legte an, und um den Türken einen Denk-
zettel zu verpassen, schoß er dem gegnerischen Befehlshaber die Gans vom
Teller herunter. Verblüfft über die Zielsicherheit des Schützen und hinter
dem Vorfall ein schlechtes Vorzeichen ahnend, verzichtete der Türke auf
den Angriff und zog ab. Nach dem Namen des Schützen erhielt der Stein
den Namen »Rudi-Gans-Stein«. Daraus wurde dann nach und nach »Radi-
gundenstein«.

In Wahrheit dürfte sich an den Stein, dessen Name heute nicht mehr verstanden
wird, früher die Verehrung der hl. Radegundis, deren Kult die ersten deutschen An-
siedler aus Thüringen mitgebracht hatten, geknüpft haben.

Die Hermannquelle

In der Nähe von Lockenhaus erhebt sich das Gebirge des »geschriebenen
Steins«, auf dessen höchstem Gipfel in seinen Felsen die Grenzmarke CEB
(Comes Edmundus Batthyany) eingemeißelt ist. Nicht weit vom Gebirgs-
kamm entfernt, liegt die Hermannquelle. Sie wurde nach dem Ratsherrn
Hermann der königlich ungarischen Freistadt Güns benannt.

Von diesem Ratsherrn berichtet die Sage, er sei während der erfolglosen
Belagerung der Stadt durch die Türken im Jahr 1552 mit dem Feind im Ein-
vernehmen gewesen. Nach dem Abzug der Türken aber floh er vor der Ra-
che seiner Mitbürger ins Gebirge. Bei der Quelle überraschten ihn aber die
Häscher. Er wurde bei lebendigem Leibe geschunden und sein Körper in die
Quelle geworfen. Sein blutiges Haupt aber wurde in Güns als warnendes
Beispiel zur Schau gestellt.

Der historische Kern dieser Sage ist vielleicht das Schicksal des Burghauptmannes
von Güns, Michael Hörmann, den der kaiserliche Feldherr Collalte wegen seines

Einverständnisses mit den ungarischen Aufständischen unter Gabriel Bethlen 1621 hinrichten ließ. Im Günser Stadtarchiv wird ein Stück pergamentartiger Haut mit zwei alten Messern als Haut von Hörmann gezeigt.

Die Türken in Güssing

Bei der Belagerung der Burg Güssing hatten die Türken einen harten Kampf zu bestehen. Da sie die auf steilem Felsen gelegene Burg mit Waffengewalt nicht einnehmen konnten, hofften sie, die Besatzung durch Hungersnot zur Übergabe zu zwingen. Als in der Burg schon die letzten Nahrungsmittel verzehrt waren, ersann der Burgherr eine List. Er ließ den noch vorhandenen geringen Mehlvorrat zusammentragen und konnte damit kaum ein kleines Simperl voll füllen.

Während der Nacht stellte man nun ein großes Mehlfaß mit dem Boden nach oben auf die äußere Burgmauer. Mit dem geringen Mehlvorrat formte der Burgherr einen Gupf auf dem Mehlfaß. Dann ließ er noch vor Tagesanbruch den letzten Stier hinter der Burgmauer herumtreiben und so heftig schlagen, daß er vor Schmerz laut aufbrüllte. Er wollte damit den Eindruck erwecken, als ob in der Burg noch eine ganze Herde Schlachtvieh vorhanden sei. Als die Türken das anhaltende Ochsengebrüll vernahmen und auf der Burgmauer das übervolle Mehlfaß entdeckten, zogen sie schon an diesem Tage eine halbe Stunde vor Mittag von Güssing ab. Zur Erinnerung an diese Rettung werden seitdem täglich in der alten Pfarrkirche zu Güssing die Glocken um halb zwölf geläutet.

Von einer Belagerung der Burg Güssing ist historisch nichts nachzuweisen. Vielmehr hat der Festungskommandant, Graf Franz I. Batthyany, 1532, bei der Belagerung von Güns, Sultan Suleiman gehuldigt. Der Sultan schreibt dem Kommandanten von Güns, Niklas Jurisich: »Warum huldigst du nicht, wie Batthyany huldigte?« – 1683 sollte Christoph Batthyany gemeinsam mit Draskovic mit 6000 Mann die Raab-Linie verteidigen. Da dieses Vorhaben angesichts der türkischen Übermacht unmöglich schien, zog sich Christoph mit seinem Sohn Adam II. auf die Feste Güns zurück und huldigte dem aufständischen Ungarnführer Tököly und den Türken. Was ihn aber nicht hinderte, nach dem Fehlschlag der Belagerung von Wien ein Türkenlager bei Güssing zu zersprengen und sich mit seinem Sohn eifrig an der Verfolgung der zurückströmenden Türken zu beteiligen. Ein Halbmond auf der Turmspitze der Feste Güssing soll an die Huldigung erinnern. – Die Sage von der Belagerung soll vermutlich die unangenehme Geschichte von den Huldigungen vergessen lassen.

Lebzeltmodel mit Türkendarstellung. *Burgenländisches Landesmuseum.*

»Dora – geh!«

Eine Marienstatue in einer Nische am Kirchturm zu Stinkenbrunn soll von einer Frau – sie soll Dora Gludowatz geheißen haben – als Dank für ihre wunderbare Errettung aus der türkischen Gefangenschaft gestiftet worden sein.

Als nämlich die Türken zum zweiten Mal von Wien zurückgeworfen wurden, marschierten sie auch gegen Stinkenbrunn. Im Dorfe versteckten sich alle Leute, als sie hörten, daß sich die Türken sengend und brennend auf dem Rückzuge befänden.

Nur eine Frau hatte sich verspätet, und mit Mühe konnte sie sich noch schnell unter einer Brücke verstecken. Ihr Schicksal wollte es, daß der An-führer einer Gruppe von Türken über ihrem Verstecke dahersprengte. Plötzlich scheute das Pferd und er rief: »Dora – geh!«

Die Versteckte aber, die auch Dora hieß, glaubte sich entdeckt und kam aus ihrem Versteck hervor. Sie wurde sofort gefangengenommen und in die Sklaverei verschleppt. 15 Jahre weilte sie in der Gefangenschaft. Zwei-mal wollte sie entfliehen, doch jedesmal mißlang es ihr. In einer Nacht, als alles schlief, versuchte sie es das dritte Mal. Bei Tag versteckte sie sich, nachts aber setzte sie ihren Weg in die Heimat fort.

So kam sie schließlich mit ihrem Schatz, den sie wohlverwahrt mit sich führte, zu Hause an. In ihrem Vaterhaus erbat sie sich Nachtquartier, das man ihr auch gern gewährte. Am nächsten Morgen erkannte sie ihr Mann an dem Muttermale, das sie im Gesicht hatte. Ihr Mann, der in der Zeit ihrer Abwesenheit wieder geheiratet hatte, nahm sie wieder auf und setzte sie in ihre Güter ein.

Die Sage um die Marienstatue, die noch am Turm der Pfarrkirche steht, ist allge-mein bekannt. Ihr historischer Kern dürfte vermutlich in den Zerstörungen durch die Türken 1529, 1532 und 1683 liegen. Nach 1532 erfolgte die erste Ansiedlung von Kroaten, so daß der Name der Dora Gludowatz – es gibt keinen Hinweis auf eine Stifterin der Statue, die diesen Namen trug – ebenfalls gewissermaßen einen »historischen Kern« hat. Aus der Pfarre Stinkenbrunn wurden auch immer wieder Leute von den Türken verschleppt.

Tobaj

Tobaj war – an der Landstraße von Güssing nach St. Michael gelegen – zur Türkenzeit ein wichtiger strategischer Punkt. Als Soliman II. zur Zeit Leopold I. gegen Wien zog, wollte er auch Güssing erstürmen. Der Ort aber hatte tapfere Verteidiger, die heldenhaften Widerstand leisteten.

Die Festung wurde hart bedrängt, und als schon jede Hoffnung verge-bens schien, entdeckte der Kommandant einen unterirdischen Gang, durch den er den Festungsleuten Hilfe zu bringen gedachte. Er schlich den Gang entlang und stieß dann an eine schwere eiserne Tür, die fest verriegelt war.

Aber er gab trotzdem nicht auf, und auf einmal öffnet sich die Tür und er sah vor sich das Kloster Tobajerhügel. Die Tür öffnete ein alter Mönch, der hier ein Einsiedlerleben geführt hatte.

Der Einsiedler sagte dem Festungskommandanten Hilfe zu und bestellte ihn für den nächsten Tag wieder zum Kloster. Dieser kam der Einladung gerne nach – und als die Soldaten am nächsten Tag ins Kloster kamen, fanden sie im Hof eine Menge Proviant. Von nun an wurde die Feste Güssing von hier aus mit dem Proviant versorgt, den der Mönch bei gutwilligen Leuten in der Umgebung sammelte. Die Burgleute hatten nun genug zu essen, und der Türke kämpfte umsonst. Er konnte die Festung nicht einnehmen. Schließlich gaben die Muselmanen die Belagerung auf und zogen ohne Sieg weiter gegen Wien.

Nach der Rettung von Güssing erzählte man in der ganzen Gegend von dem Einsiedler. Und die Sage weiß zu berichten, daß dieser Helfer in letzter Not gar kein Mönch, sondern eine schöne Frau gewesen sein soll, die sich unter der Mönchskutte verborgen gehalten habe. Als aber gerade deshalb viele Leute neugierig zum Kloster kamen, wurde die Ruhe des Eremiten derart gestört, daß er nicht einmal beten konnte. Er nahm daher seinen Wanderstab und zog davon.

Darin aber sah das Volk erst recht eine Bestätigung seiner Annahme, und es wurde nur mehr vom »Weibereremiten« gesprochen. Man sagte »Er war do a Wei!« Von diesem Ausspruch bekam die Gemeinde den Namen Towei – Tobaj.

In Tobaj gab es tatsächlich eine Einsiedelei. Ein unterirdischer Gang von der Feste Güssing nach Tobaj war gar nicht möglich, da er unter sumpfigem Terrain hätte geführt werden müssen. Der Name Tobaj ist schon im 15. Jahrhundert, also vor den Türkeneinfällen, nachweisbar. Die Sage knüpft phantasievoll an die volkstümliche Erklärung der deutschen Siedler an.

Die Zurndorfer Kanonen

Man schrieb das Jahr 1683. Die Türken waren wieder im Anmarsch auf Wien. Die Schreckenskunde verbreitete sich in Windeseile. Zwar marschierte die Hauptschar noch tief im Südosten – irgendwo bei Belgrad –, doch waren bereits einzelne Reiterschwärme entlang der Leitha bis zu den Schüttinseln herauf vorgestoßen, plündernd und sengend, wie das ihre Art war. Die Dörfer, durch die sie gezogen waren, brannten lichterloh. Der Feuerschein färbte den Himmel glutrot und warnte die vorausliegenden Dörfer. Alle Glocken in der Umgebung läuteten und schickten ihren mahnenden Ruf voraus: »Rettet euch! Rettet euch!«

Auch die Zurndorfer hatten den lodernden Feuerschein gesehen und den unheilkündenden Ruf der Glocken gehört. Angst und Schrecken erfüllten ihre Herzen. Auch das Notglöcklein von Zurndorf schrie gellend um Hilfe. Doch wer sollte den Zurndorfern zu Hilfe kommen? Jeder mußte sich selbst helfen. Die Frauen und Kinder schütteten in aller Eile hohe Erdwälle rings um das Dorf auf und befestigten sie mit Palisaden und Verhauen, während die Männer Spieße, Äxte, Schwerter und Sensen schärften.

Der Zimmermann des Dorfes hielt allerdings nicht viel von diesen Vorbereitungen. Dadurch könnten sie Zurndorf nicht vor dem schrecklichen Schicksal der bereits schwer heimgesuchten Nachbardörfer bewahren. Er hatte einen besseren Einfall. Als er vor Jahren bei den kaiserlichen Truppen, und zwar bei der Artillerie, gedient hatte, war er immer sehr erstaunt gewesen, welch abschreckende Wirkung der bloße Anblick von Kanonen auf den angreifenden Feind ausübte. Darum rief er aus: »Wir brauchen Kanonen, um den Feind zu schrecken!« Er wußte so überzeugend zu reden, daß sich die Zurndorfer Gemeindeväter schnell mit der Kriegslist des Zimmermannes einverstanden erklärten.

Alle halfen mit, und in aller Eile wurden nach den Angaben des Zimmermanns über zwanzig Kanonen aus Holzstämmen und alten Wagenrädern gebaut. Diese falschen Geschütze stellten sie nun auf den Wällen gut sichtbar auf. Zu beiden Seiten jeder Holzkanone wurden auch noch rasch geflochtene Schanzkörbe angelehnt. Und der pfiffige Zimmermann sollte recht behalten. Oft und oft sprengten mordgierige Reiterschwärme heran. Sobald sie aber die vielen Kanonenrohre – dahinter die Feuerwerker mit brennenden Lunten – auf sich gerichtet sahen, schwenkten sie ab, um anderswo auf leichtere Art Beute zu holen.

So konnte sich Zurndorf durch die List des Zimmermanns so lange halten, bis die kaiserlichen Truppen heranrückten und die Türken nach Osten zurückdrängten. Die Geschichte von der Kriegslist des Zurndorfer Zimmermanns wurde schnell überall bekannt. Sie machte die fröhliche Runde um alle Lagerfeuer des kaiserlichen Heeres, das den fliehenden Feinden der Christenheit nachdrängte.

Am glücklichsten waren wohl die Zurndorfer selber, die ihren klugen Zimmermann mit Lob überschütteten und lange feierten. Die hölzernen Kanonen aber, die so gute Dienste geleistet hatten, wurden immer in Ehren gehalten, bis sie in Moder zerfielen. Die Erinnerung an jene schreckliche Zeit und an die Zurndorfer Kanonen aber lebt bis heute im Volke weiter.

Der Kreuzriegel

Neben der Straße von Jennersdorf nach Grieselstein liegt auf einem Hügel eine Kapelle. Sie wurde anstelle eines Kreuzes errichtet, welches schon viele Jahre vorher links davon im Wald gestanden war. Die Leute erzählen, daß genau an dieser Stelle nach einer fürchterlichen Schlacht die toten Soldaten aus dem österreichischen und türkischen Heer begraben worden sind. Waren sie im Leben noch erbitterte Feinde gewesen, so hat sie der Tod auf dem Schlachtfeld hier friedlich vereint. Der Berg wird heute noch »Kreuzberg« genannt, und die Kapelle steht auf dem »Kreuzriegel«.

Der Saubach bei Mogersdorf

Feldherr Graf Montecuccoli konnte seinen glänzenden Sieg über die Truppen des Padischa von Istanbul erringen, weil er geschickt die Örtlichkeit – die Sümpfe am Fluß Raab – nützte. Viele Muselmanen versanken beim Queren des Flusses in den Fluten, viele wurden in die Raab-Sümpfe abgedrängt.

Auch die Sage weiß davon zu erzählen: Auf dem Schlachtfeld, auf dem heute Mogersdorf liegt, schlug Montecuccoli mit den kaiserlichen Truppen die Türken so furchtbar, daß sich der Großteil von ihnen zur Flucht wandte. Am Tag der Schlacht nun war der kleine Bach westlich von Mogersdorf gerade aus seinen Ufern getreten. Gerade auf ihn zu aber floh der türkische Anführer, gefolgt von seinem Heere.

Der türkische Feldherr versuchte nun, diesen plötzlich so breit gewordenen Bach mit seinem Pferd zu überspringen. Doch das Roß war schon müde und sprang zu kurz. Roß und Reiter fanden in den Fluten den Tod.

Die Sage weiß zu berichten, daß der Türke in seiner Wut das verderbenbringende Wasser »Saubach« gescholten haben soll. Diesen Namen führt der Bach seit der Schlacht von Mogersdorf.

1841 wurde, angeblich über einem Massengrab der in der Türkenschlacht vom 1. 8. 1664 Gefallenen, das Türkenkreuz oder »Weiße Kreuz« errichtet. Die Inschrift in deutscher, ungarischer, lateinischer und französischer Sprache lautet: »Den tapferen Helden allen, die im Jahre 1664 hier gefallen, durch bewaffnete Türkenhand, kämpfend für Gott, Kaiser und Vaterland.« – In der Nähe, knapp am Westrand des Dorfes, stand die Annakapelle oder Türkenkapelle. Sie wurde von der Gemahlin eines gefallenen Heerführers, vermutlich des Grafen Trautmannsdorf, erbaut. Bis vor etwa 60 Jahren soll jährlich am 1. 8. eine türkische Delegation hierher gekommen sein, um einen Kranz niederzulegen. – Über dem Eingang des Gemeindehauses von Mogersdorf ist eine Türkenkugel eingemauert.

Die tapferen Rattersdorfer

Als die Türken 1532 Güns belagerten, wurde auch die ganze Umgebung furchtbar heimgesucht und geplündert.

Die tapferen Rattersdorfer versuchten aber eine Abwehr: Sie montierten ihre »Pfluiradln« – die Pflugräder – an hölzerne Mörser, so daß sie wie Kanonen aussahen, und stellten sie auf den umliegenden Höhen auf. Als die Türken aus Richtung Güns herangestürmt kamen und die vielen vermeintlichen Kanonen erblickten, machten sie schnell kehrt.

Die Rattersdorfer brüllten dazu aus Leibeskräften, indem sie das Dröhnen der Geschütze nachahmten: »Pfu, pfu, pfu . . .« Davon erhielten sie den Scherznamen: »Pfluiradln«.

Das Rattersdorfer Gnadenbild

In Rattersdorf steht die älteste Wallfahrtskirche des Burgenlandes. Ihr Ursprung geht bis ins Jahr 1197 zurück. Als die Türken 1532 einen Monat lang Güns belagerten, schwebte das Muttergottesbild in höchster Gefahr. Eine beherzte Frau verbarg das Bild in einem ausgetrockneten Brunnen hinter der Gnadenkirche. Während des Krieges starb die Frau und nahm ihr Geheimnis mit in den Tod. Niemand wußte, wo das Kleinod versteckt war. Da strömte in einer finsteren Nacht strahlendes Licht aus dem Brunnen. Verwundert und erschrocken eilten die Leute herbei und holten das vermißte Marienbild aus dem Brunnen.

Die Türkenglocken in Mönchhof

Der Türkenturm in Mönchhof erzählt von den schrecklichen Kriegswirren.

So wurden auch zwei Mädchen aus Mönchhof von den Feinden verschleppt. Sie konnten sich aber retten und den Heiden entkommen. Zum Dank für die glückliche Errettung kauften sie zwei Glocken, die sie im Dorfturm aufhängen ließen.

Bildsäule in Unterwart

Auf dem Weg nach Oberwart, bei den letzten Häusern von Unterwart, steht eine Bildsäule. Sie wurde zum Gedächtnis an ein Mädchen gesetzt, das von den Türken hier grausam ermordet wurde. Die Säule steht heute noch an diesem schönen Aussichtspunkt, der Name des Mädchens aber ist längst vergessen worden.

Frauenkirchen

Im Seewinkel hausten die Türken immer wieder sehr arg. Auch der Ort Frauenkirchen wurde von den Mordbrennern zerstört und die Kirche niedergebrannt. Unter den Trümmern des Gotteshauses fand man unbeschädigt das Gnadenbild. Deshalb entstand hierher eine Wallfahrt.

Niederösterreich

Die Prozession der Toten

Als im Jahre 1683 die Türken am 12. Juli Hainburg einnahmen, flüchteten 300 Personen in das Franziskanerkloster. Doch der »Erbfeind der Christenheit«, dessen Mordlust durch den Widerstand der Hainburger besonders gereizt worden war, kannte keinen Pardon. Alle Flüchtlinge wurden erschlagen. Die Sage nun hält die Erinnerung an dieses grauenvolle Gemetzel lebendig:

Alljährlich am 12. Juli bewegt sich durch Hainburg eine seltsame Prozession. Sowie nachts der elfte Glockenschlag verhallt, öffnet sich auf dem Klosterplatz das mächtige Tor des ehemaligen Franziskanerklosters und ein langer Zug von Toten kommt daraus hervor. An der Spitze schreiten in Kutten sieben Mönche, und jeder von ihnen trägt seinen Kopf unter dem Arm. Hinter ihnen folgen dreihundert Personen aller Stände: große und kleine Buben und Mädchen, würdevolle Ratsherren, derbe Handwerker und Weinhauer, reichgekleidete Bürgersfrauen, Mütter mit Säuglingen und gebückte Greise. Auch diese tragen ihren abgeschlagenen Kopf unter dem Arm. Die unheimliche Schar schreitet über den Klosterplatz, dann über den Hauptplatz, bewegt sich langsam zur Kirche, umkreist diese und kehrt wieder nach dem Ausgangsorte zurück, in dessen weiten Höfen sie verschwindet. Mit dem zwölften Glockenschlag schließt sich wieder das Tor.

1529 wurde Hainburg praktisch ohne Gegenwehr eingenommen, weil die Besatzung beim Anmarsch der Türken über die Donau floh. – 1683 suchten 8432 Personen, davon mehr als 6000 Bauern, Zuflucht in der Reichsfeste Hainburg. Der Untergang der Stadt erfolgte am 12. 7. 1683. Immerhin hatte sich Hainburg diesmal drei Tage lang tapfer gewehrt. Am dritten Tag überstiegen die Türken, die bereits große Verluste zu verzeichnen hatten, die Stadtmauer beim Schloß. Diesmal waren es die Janitscharen, die schrecklich wüteten. Das türkische Kriegstagebuch berichtet, daß Kara Mehmed Pascha und Bekir Pascha, die Hainburg zu belagern hatten, wegen der starken Befestigungen schon Geschütze bei Kara Mustapha angefordert hatten. Während die Geschütze noch unterwegs waren, wurde Hainburg im Sturm genommen ...

Die Türkenliesel

Nachdem im Jahre 1683 die Türken in Hainburg eingedrungen waren, durchtobten ihre wilden Horden mordlustig alle Straßen und Häuser der unglücklichen, über 8000 Menschen bergenden Stadt, und ein entsetzliches Jammern und Wehklagen erhob sich allerorten. In Stuben und Kellern, in Höfen und Gärten, im Rathaus und in der Kirche lagen gar bald die Leichen der auf der Flucht getöteten Bürger, und betrunkene Moslims durchheulten den ganzen Tag die Straßen, um ihre Mordlust an wehrlosen Weibern und Kindern zu kühlen. Von der gesamten Bürgerschaft gelang es nur fünf Menschen, ihr Leben und ihre Freiheit zu retten. Diese hatten in dem mächtigen Rauchfang des uralten Einkehrgasthauses zum »Wilden Mann« Schutz gesucht. In Todesangst verharrten sie in dem Versteck, während die Türken das Haus, in dem sie reiche Beute fanden, plünderten und die Bewohner mordeten. Nach vielen Stunden angstvollen Harrens meinten die atemlos Horchenden, bereits gesichert zu sein. Doch es kamen abermals einige Türken in die Nähe. Zum Unglück fing der Säugling, von dem die im Verstecke befindliche Frau in ihrer Mutterliebe sich nicht hatte trennen können, zu wimmern und dann zu weinen an. Da drückte die Mutter in ihrem Schrecken das Kind fest an die Brust, damit das Weinen nicht alle verrate. In der Tat hörten die Türken nichts von dem Wimmern des Kindes, und ihre Schritte entfernten sich. Die zur Besinnung erwachte Mutter löste nun ihre krampfhafte Umarmung von dem Kinde. Dieses aber gab keinen Laut mehr von sich, die Mutter hatte es in ihrer Todesangst erstickt. Die den Türkensäbeln entronnene Frau lebte noch lange, von allen gekannt als »Türkenliesel«.

Die Blutgasse

Als die Türken die Mauern Hainburgs von der Schloßbergseite her erstiegen hatten und bereits auf dem »Anger« mordeten und plünderten, versuchten viele Flüchtende aus der unteren Stadt, die Donaulände zu erreichen, von wo sie sich an das jenseitige Ufer zu retten gedachten. Von den Wehrgängen und aus den Häusern eilten jammernde Menschen in Todesangst zu dem engen, abschüssigen Gäßchen, das vom Hauptplatz zur Donau führt. Vor dem Fischertore drängten sich Hunderte Verzweifelter, die rücksichtslos gegeneinander um ihr Leben kämpften, um das Tor zu gewinnen, wo ihnen die einzige Rettungsmöglichkeit winkte. Aber keinem gelang es, sich in Sicherheit zu bringen. Denn ein Feigling hatte schon während der Nacht das Tor geöffnet, von außen abgesperrt und den Schlüssel mit sich genommen. Dadurch waren alle übrigen Flüchtlinge einem schrecklichen Tode preisgegeben. Aus der oberen Stadt stürmten die Türken herab und hieben alle die Unglücklichen unbarmherzig zusammen, so daß das Blut sich vor dem Fischertore hoch anstaute und dann in Strömen zur Donau abfloß.

Der historische Hintergrund: Stadtrichter Veit Trembl wollte die Tore der schon brennenden Stadt Hainburg, in der die Türken alles plünderten und ermordeten, nicht öffnen lassen. Da öffneten die Bürger mit Gewalt das kleine »Wasserpförtlein« und flüchteten auf zwei Schiffe. Da sie aber mangels an Rudern nicht abstoßen konnten, wurden sie von den Türken eingeholt und niedergemacht. Ein Augenzeuge berichtet, daß beide »Schiffe dergestalt mit Blut gefüllt worden, daß man über die Fußknöchel in Blut stehen und waten hat müssen . . .«. Stadtrichter Veit Trembl war unter den Verschleppten.

Das Glockengeläute im Brunnen

Aus dem Brunnen des Hauses Nummer 4 auf dem Hauptplatze, das einst die reichen Tuchmacher Oppitz besaßen, vernahm man manchmal des Nachts ein sonderbares Klingen, geradeso, als ob kleine Glocken geläutet würden. Damit hatte es folgende Bewandtnis: Auf einer Handelsreise nach dem Orient geriet einer der Brüder Oppitz in türkische Gefangenschaft. Von dort teilte er dem daheimgebliebenen Bruder mit, daß er in einer Nische des gemauerten Hausbrunnens eine große Summe Geldes verborgen habe, und er bat, ihn mit diesem Golde aus der Gefangenschaft zu erlösen. Der Bruder forschte alsbald nach und fand den versteckten Schatz. Er behielt aber das Geld für sich und verpraßte es auf leichtsinnige Weise. Der Gefangene, der lange sehnsuchtsvoll auf Befreiung gewartet hatte, ging in der Fremde elend zugrunde. Seither hörte man aus dem Brunnen, in dem der Schatz lag, das unerklärliche Glockengeläute. Dieses nahm erst ein Ende, als eine Nachfahrin des ungetreuen Bruders zur Sühne die schöne Frauensäule auf dem Hauptplatz errichten ließ.

Der Türkenhügel

Der Kreuzelberg in Deutsch Altenburg wird auch »Türkenhügel« genannt. Den Grund dafür erzählt die Sage:

Auf dem Marsche von Preßburg nach Wien verloren die Türken im Jahre 1529 einen ihrer Anführer durch eine Seuche. Sie begruben ihn in der Nähe der Deutsch Altenburger Kirche und setzten einen Roßschweif auf sein Grab. Um ihm ein Denkmal zu errichten, dauerhafter als Erz und Stein, trug jeder Krieger in seiner Kappe Erde herbei und schüttete sie auf den Grabhügel, so daß dieser sich zu riesiger Größe auftürmte. Noch heute hat der Türkenhügel eine Höhe von 18 Meter und einen Umfang von 200 Meter.

Hat mit den Türken nichts zu tun. Wandersage, die das Entstehen erklären will.

Der Hütelberg zu Deutsch Altenburg

Als das Türkenheer, das Wien belagert hatte, in die Flucht geschlagen war, herrschte unter den Einwohnern Wiens und der anderen Orte weit im Umkreis der Stadt die größte Freude. Daher versammelte der Bürgermeister von Deutsch Altenburg (nahe der ungarischen Grenze am rechten Donauufer) seine Mannen um sich und rief ihnen zu: »Lasset uns zum Gedenken dessen, was wir erlebt und erlitten haben, ein Denkmal bauen!« Und er nahm seinen Hut, füllte ihn mit Erde und wanderte damit vor die Stadt; die anderen Bürger folgten seinem Beispiel. Zehn Jahre sollen die Altenburger, so heißt es, Schollen und Steine zusammengetragen haben, bis ein stattlicher Berg entstand. Den nannte man den Hütelberg, zur Erinnerung daran, daß zuerst das Erdreich mit den Hüten zusammengetragen worden war. Den Berg sieht man noch jetzt in der Nähe von Deutsch Altenburg.

Regelsbrunn

Eine alte Sage erzählt, daß infolge der Kriegszeiten das Wasser in den Brunnen von den Türken vergiftet wurde. Ein türkischer Befehlshaber mit Namen Regels (?) hatte hier für seine Truppen einen Brunnen graben lassen, von welchem der Name des Ortes entsprang. Früher war Regelsbrunn sogar eine Stadt mit einem verfallenen Schlosse.

Am 7. Juli 1683 überfielen starke Tatarenverbände den Troß der kaiserlichen Reiterei bei Regelsbrunn. Erst durch das Eingreifen mehrerer Kavallerieregimenter unter Leitung des Herzogs von Lothringen konnte der Feind zurückgeworfen werden. Immerhin: 300 Mann und einige Troßfuhrwerke gingen verloren. Im Gefecht bei Regelsbrunn fiel auch Prinz Ludwig Julius von Savoyen, der ältere Bruder Prinz Eugens. Regelsbrunn ging am 13. Juli in Flammen auf. Beim Rückzug der Türken wurde am 12. 9. vernichtet, was den ersten Ansturm überstanden hatte. Der Name des Ortes entstand schon lange vor der Türkenzeit.

Das Türkenkreuz in Perchtoldsdorf

Auf einem Hügel am südöstlichen Ende der Gemarkung des historisch hochberühmten l. f. Marktes Perchtoldsdorf, neben dem Lagerkeller der Perchtoldsdorfer Brauerei, steht eine steinerne Säule, genannt das Türkenkreuz. 1683 sollen hier die Türken, aus der östlichen Richtung kommend, und zwar diejenigen Teile des türkischen Heeres, welche bestimmt waren, Perchtoldsdorf zu belagern, ihr Hauptquartier aufgeschlagen haben. Die Ankunftsseite und die Lage bestätigen dies vollauf.

Da soll nun, der Sage nach, eines Vormittags der befehlhabende Pascha willens gewesen sein, auf einem reichgestickten Teppich sitzend, sein Frühstück einzunehmen; soeben wollte er sich einen Löffel voll köstlichen Mokka zum Munde führen, als eine vom Turme aus abgeschossene Kugel ihm den Löffel aus der Hand riß. Darüber erbost, erhob er sich und gab sofort Befehl, Perchtoldsdorf zu stürmen, und schwur den Perchtoldsdorfern fürchterliche Rache. Der Sturmangriff erfolgte nach kurzer Zeit von der Westseite aus, dazumal mit einem Wallgraben versehen (später Friedhof, jetzt Schnittweingarten), und bald wehte die weiße Fahne, das Zeichen der Kapitulation, vom Turme; die Türken zogen sich zurück und begannen nach Katzentugend die Unterhandlungen. Das traurige Ende der heldenmütigen Perchtoldsdorfer, das Blutbad am Marktplatze, ist allen bekannt. Die Geschichte der Türkensäule, später als Andenken hergestellt, ist derzeit vergessen, darum soll sie in diesen Zeilen erhalten bleiben.

1529 (und auch 1532) waren die – 1683 leider verwahrlosten – Wehranlagen der Kirchenfestung Perchtoldsdorf voll einsatzfähig. Ein Angriff der Türken wurde abgeschlagen, die Feinde mußten sich auf das Niederbrennen der Spitalskirche und der außerhalb der inneren Festungsmauer gelegenen Häuser beschränken. 1683 kam am 15. Juli eine türkische Streifschar vor den Markt. Wieder brannte alles innerhalb der äußeren Festungsmauer. Diesmal aber wurde auch die innere Mauer der Kirchenfestung überstiegen, worauf sich die Bürger in Unterhandlungen einließen. Die Feinde verlangten 6000 Gulden. Der Pfarrer und der Kaplan sammelten 4000, die nach Überstimmung einer wehrwilligen Minderheit dem vermeintlichen Pascha der Streifschar übergeben wurden. Die wehrfähigen Männer kamen dann aus der Festung, gaben die Waffen ab und wurden von Reitern niedergemacht. Frauen und Kinder wurden verschleppt. Insgesamt fünf Perchtoldsdorfern gelang später die Flucht, einige hatten sich in den Wäldern versteckt. Der Sage nach entkamen zwei Perchtoldsdorfer dem Gemetzel. Einer hatte sich in der Glocke, einer im Brunnen des Wehrturms versteckt.
Das »Türkenkreuz«, ein steinerner Tabernakelbildstock, steht in der Brunnergasse und stammt aus der Zeit um 1700.

Der Jungfernsprung

Von einem scharf hervortretenden Felsen des Frauensteins bei Mödling soll sich nach der Sage eine von den Türken verfolgte Jungfrau herabgestürzt haben, deshalb der Name des Felsens.

Das Mödlinger Vesperbild

In der St.-Othmar-Kirche in Mödling ist ein Marienbild in den von den Türken geschürten Flammen unversehrt geblieben. Das Bild stellt die Muttergottes ohne Kind dar und ist eine Seidenstickerei. Man fand diese Stickerei 1683 nach dem Abzug der Türken im Schutt der St.-Othmar-Kirche unbeschädigt auf. P. Sebastian Wegner, ein Jesuit, nahm sie an sich – nach Aussage der Leute schmückte das Marienbild früher eine Kirchenfahne –, und sie wurde im kaiserlichen Seminar St. Ignaz und Pankraz in Wien bald Gegenstand der Verehrung. Als das Seminar unter Kaiser Joseph II. aufgelöst wurde, erwarb das Kloster Seitenstetten das Gnadenbild, verwahrte es und gab es 1937 wieder den Mödlingern zurück.

1529 wird Mödling von türkischen Streifscharen verwüstet. Von der Vernichtung der Mödlinger Kirchenburg und ihrer Verteidiger im Jahre 1683 überliefert uns Balthasar Kleinschroth in seinem Tagebuch den Augenzeugenbericht des Mödlinger Marktrichters Dr. Vögel, der dem Präfekten der Heiligenkreuzer Sängerknaben erzählt: »Gott seys klagt, mein herr, Medling ist schon hin. Wir haben unß gewöhrt, so gueth und so lang wir könen, aber es war kein anstallt. Wir verliessen einer den andern, die feind aber vermehrten sich, ist unß nimmer möglich gewesen sich weiter zu halten. Pulver und bley war nit genuegsamb vorhandten und waß deß klagenß mehr wärr etc. Da wie ich gehe und stehe, also bin ich darvon gezogen, all mein haab und gueth hab ich in stich gelassen, weib und kind hab ich in Allten Marckh, waiß sie aber nit weiter zu bringen . . .«

Als 1884 der Karner ausgeräumt wurde, fand man unter einer Knochenschichte von 3,80 Meter »in der ganzen Ausdehnung menschliche Gerippe, mumifizierte, teilweise mit Kleiderüberresten und Schuhen bedeckte menschliche Leiber, ganze Wäschebündel, Rosenkränze, Wachsstöcke, Kreuze, wirr durcheinander geworfen . . .«. Es handelt sich dabei um die Reste der in der Kirchenfeste – vermutlich am 13. Juli 1683 – Erschlagenen, die von den Zurückkehrenden in den Karner geworfen worden waren, um möglichst schnell alle Spuren der Greuel zu tilgen.

Die Sühnsäule in Kaltenleutgeben

Auf dem Dreifaltigkeitsplatz in Kaltenleutgeben erhebt sich eine etwa vier Meter hohe viereckige Steinsäule mit der Darstellung der Heiligen Dreifaltigkeit. Am Sockel der Säule ist folgende Inschrift zu lesen: »Ein betrübter Geist ist ein Opfer Gottes. Ein reuigs demüthiges Herz wirst Du, Gott, nicht verachten. 1663.« Die Säule stand früher auf einer Wiese in der Nähe der Kirche. Über ihre Entstehung geht die Sage, daß zur Zeit des Türkeneinfalles ein Goldmacher auf dieser Wiese seinen Schatz vergrub. Ein Türke überraschte ihn und ermordete ihn. Seit der Zeit erschien die Seele des Erschlagenen in Gestalt eines feurigen Hundes. Zu ihrer Entsühnung wurde später diese Säule errichtet mit der Inschrift, deren Text dem Psalm Miserere entnommen ist. Damit verschwand auch der Spuk.

Der vergrabene Schatz am Liesingbach

Ein Kalkbrenner zu Kaltenleutgeben, der durch unerlaubte Mittel viel Geld zusammengescharrt, vergrub diesen Schatz 1683 bei der Annäherung der Türken. Auf der Flucht wurde er jedoch niedergemacht. Bald bemerkte man gespenstischen Spuk an der Stelle des am Liesingbach vergrabenen Schatzes. Eine stöhnende Gestalt wandelte händeringend herum, und ein Hund mit glühenden Augen bewachte zähnefletschend das ungerechte Gut. Erst nach Werken der Sühnung verlor sich das Gespenst, und der schwarze Hund verschwand.

Der Haselnußbaum bei Alland

In der Nähe des Forstamtes in der Rotte Weißenweg steht ein Haselnußbaum von mächtiger Größe. Der Sage nach sollen einst dort die Bauern die Türken beim Mahle überrascht, dieselben überfallen und in die Flucht geschlagen haben. Unter den zurückgelassenen Speisen der Türken befand sich auch der Haselnußkern, aus dem der gewaltige, zwanzig Meter hohe Baum entsprossen ist.

Der Baum steht noch als erstaunliches Naturdenkmal (unter Naturschutz!). Sein Stamm allein ist rund zehn Meter hoch und entfaltet eine herrliche Krone. Der Baum ist sicher an die 300 Jahre alt. Heute steht er leider fast unmittelbar neben der Autobahn, Verbindung Baden (Fahrstreifen Richtung Baden).
Möglicherweise diente auch die im Wald versteckte Tropfsteinhöhle Allandern in der Zeit der Türkenstürme als Fluchtort (eine Sage berichtet von weißen und schwarzen Frauen, die dort gehaust haben sollen).

Der heilige Brunnen zu St. Corona

Die Legende erzählt: 1683 hatten die Türken St. Corona überfallen; der Priester warf, bevor er von den Feinden ereilt wurde, die Monstranz in den Brunnen, vor welchem die Rosse auf die Knie fielen. Nach ungefähr 60 Jahren sei die Monstranz mit wunderbar erhaltener Hostie hervorgezogen worden. Den Vorgang stellt auch ein Holzschnitt in der Kirche dar.

Es handelt sich um St. Corona am Schöpfl. Das 1444 erbaute ursprüngliche Holzkirchlein wurde von Mönchen von Kleinmariazell aus betreut. 1529 wurde es niedergebrannt. – An die Legende erinnert noch der eiserne Brunnen (Baldachin aus sechs eisernen Säulen über dem Brunnen, auf dem Baldachin eine Monstranz). Zwei Holztafeln, auf denen die Legende dargestellt war, sind nicht mehr vorhanden. Wohl aber heißt es, daß die im Brunnen versteckte Monstranz noch vorhanden sein soll. Es handelt sich dabei aber um eine barocke Monstranz (vielleicht auch nur umgearbeitet), die allerdings – wie die Monstranz auf dem Brunnen – von der Hl. Dreifaltigkeit gekrönt ist.

Die mißhandelte Gottesmutter

Dreimal wurde das frühere Kloster Kleinmariazell im Wienerwald von den Türken heimgesucht. Sie kamen bei der ersten Türkenbelagerung von Wien hier vorbei (1529), plünderten bei ihrem Einfall 1532 wiederum das Kloster, und türkische Streifscharen stürmten auch bei der zweiten Belagerung von Wien 1683 Kloster und Kirche.

Auf dem Thomasaltar der ehemaligen Klosterkirche stand eine kleine Marienstatue. Diese Statue wurde der Legende nach von einem türkischen Soldaten im Gesichte, dort wo die drei roten Striche noch zu sehen sind, mit dem Säbel verletzt. Zur Erinnerung an diesen Frevel hängt an der rechten Hand der Statue neben dem Zepter ein kleiner Türkensäbel.

Das Kloster Kleinmariazell (»Maria Zell in Österreich«) wurde am 25. 9. 1529 vollständig von den Türken zerstört. 1532 wurde das kaum wiedererbaute Kloster neuerlich von den Akindschi heimgesucht. 1683: Plünderung und Zerstörung durch Niederbrennen. Das ca. 60 cm hohe Gnadenbild befindet sich in einer Glasvitrine. Sichtbar ist die Wunde. Das Bild steht auf dem Seitenaltar im Mittelschiff rechts. Auch der kleine Türkensäbel ist noch vorhanden. Das Gnadenbild wird »Türkenmadonna« genannt.

Kleinmariazell wird heute von Hafnerberg aus seelsorglich betreut. In der Nähe der Pankratius-Ruine nächst dem Hafnerberg steht ein aus Steinen errichtetes Marterl, auf dem aus der Chronik von 1683 zitiert ist: »Am Pankräzenberg und auf der Nösta, wie auch auf dem Haffnerberg, wo sich überall die Leute gewehrt haben und verschanzet seint aus der weiß Vill Totte Cörper gelegen.«

Das Streittrücherlhaus in Baden

Die alten Häuser des Hauptplatzes von Baden haben nicht nur eine familiengeschichtlich interessante Vergangenheit, sondern sie sind auch reich an Sagen aller Art, die nun wohl rasch der Vergessenheit anheimfallen werden. Auch über das durch das tiefeingeschnittene Haustor fast erkerhaft vorgebaut erscheinende Haus Nr. 2 in der Frauengasse, das jetzt im Gegensatz zu den vielen Sünden, welche die moderne Architektur an unserem Stadtbild verschuldete, stilgerecht renoviert, recht anheimelnd wirkt, existiert eine beachtenswerte Sage, die uns noch überdies einen Einblick in die alte Gerichtspflege der Stadt gewährt. Eine Sage von einem Schatze und von dem Badener Rate, der zweimal Recht mit Unrecht sprach, und von dem Rechte, das schließlich ohne richterlichen Spruch zur Geltung kam.

In dem »naiven Tone der Überlieferung« erzählt uns diese Sage, daß sich im Keller des besagten Hauses eine Nische (ain klein laubn) befand, welche unterirdisch – was in Baden vielfach vorkam – in das Nachbarhaus führte. In diesen Raum gab der Besitzer des Hauses, der Badener Ratsherr Gottlieb Schießl, wegen der kommenden Kriegsnot seine »Kleinod in einem Truchl« und vermauerte die Öffnung, so daß sich nun tatsächlich der verborgene Schatz in dem Grund und Boden des Nachbarhauses befand. Der Schatzverstecker verstarb im September 1529 auf der Flucht vor den Baden bedrohenden Türken, und sein einziger Sohn, namens Veit, kam zu gleicher Zeit in die Gefangenschaft. Als nach einiger Zeit, bei dem Umbau der abgebrannten Häuser der Stadt, im Nachbarhause das Kellergewölbe einging, fand der erst eingewanderte Eigentümer seines neuen Heims die »Kleinodtruhe« und behielt den wertvollen Fund als einen verborgenen Schatz seines verschollenen Hausvorfahren als »auf seinem Grund und Boden gefundenes Geld« in seinem Besitz. Daran nahm damals und auch viel später niemand Anstand, da wohl jedermann das gleiche mit gutem Rechte getan hätte.

Nun geschah es aber, daß der Sohn des Ratsherrn, der junge Veit, dessen Haus und Gründe ein Gerhab (Vormund) für ihn verwaltete, aus der ungarisch-osmanischen Gefangenschaft entwich, glücklich nach Baden zurückkam und nun auch den Kellerschatz beheben wollte. Dies gestattete indessen der fremde Hausnachbar nicht, weil das Versteck sich unter seinem eigenen Haus befand und er noch dazu der guten Meinung war, die »Schatztruhe« gebühre gar nicht dem jungen Schießl und dieser wolle sich dieselbe auf leichte Weise aneignen.

Darüber entstand nun ein Prozeß, der dem damaligen Stadtrichter bei der Hartnäckigkeit der Gegner auf ihr beiderseitiges gutes Recht viel Kopfzerbrechen verursachte; denn dieser Rechtsfall ging über die Schablone aller bisherigen Rechtshandlungen der Badener Stadtväter hinaus. Beide Gegner begnügten sich auch nicht mit dem Rate des Stadtrichters, den schwierigen Rechtsfall durch einen Vergleich aus der Welt zu schaffen, und prozessierten weiter von Termin zu Termin. Der junge Forderer, der die Herausgabe des von seinem Vater versteckten Vermögens, »das Recht für sein Recht«, begehrte, ließ von seinem Recht nicht ab, und der Besitzer des Nachbarhauses – den die Sage leider nicht nennt – verblieb hartnäckig auf seinem Standpunkte, daß der in seinem Hausbereich gefundene Schatz »wie der Überfall eines Baumes« in den »Nachbargarten« auch nun ihm gehöre.

Unter den Bürgern Badens gab es aber viele, die das Recht des Sohnes vollkommen anerkannten und nicht glaubten, daß sich derselbe, wie der Nachbar behauptete, »mit der Mär von dem Schatz« bereichern wollte. Aber der Sohn hatte keine Beweise, daß die Schatztruhe Eigentum seines Vaters gewesen und als Nachlaß seines Vaters ihm allein schon im Erbwege zufallen mußte. So schwankte das Zünglein in der Waagschale des guten Rechtes bedenklich hin und her, ohne zum Stillstand zu gelangen, und die Besitzer der beiden Häuser waren aufeinander nicht gut zu sprechen, da einer den andern stets des Unrechtes beschuldigte. Ein glücklicher, aber wohl kaum mehr erwarteter Zufall entschied aber schließlich, wieder mit Unrecht, zugunsten des »guten Rechtes«.

Der bei der Türkenflucht umgekommene Ratsherr hatte eine junge Magd, welche ebenfalls vor dem Eintritt des feindlichen Überfalles und glücklicher als ihr Herr das Weite suchte. Bevor diese aber von Baden fortlief, gab sie ihrem Brotherrn ihre kleinen Ersparnisse und Angedenken, »ein Kreuzlein, ein silbernes Herz und einen Reichstaler«, zum Aufheben, und dieser gab die Habseligkeiten der Dienstmagd in die vielumstrittene Truhe. Dieses »Weibsbild« kam nun nach Jahresfrist, verhärmt und gealtert, aus dem Steirischen nach Baden, um ihre Sachen zurückzufordern. Sie fand aber weder ihren »lieben, guten alten Herrn«, noch ihr ganzes Um und Auf, ihr Hab und Gut, aber sie stützte sich auf ihren Anspruch, ihr gutes Recht. Und was der Sohn des Hauses, selbst durch Klage auf Klage, nicht erreichen konnte, das erlangte die Magd sofort. Dieselbe gab nämlich eine so genaue Beschreibung »ihres Kreuzleins, von dem die rechte Hand des Heilands fehlte, von dem silbernen Herz, in dem sich die Buchstaben S. S. befinden, und von dem Reichstaler, auf dem sich ein Fleck befand«, zu Protokoll, so daß der Badener Stadtrat, der vorsichtig über den Inhalt der Truhe ein Inventar aufgenommen hatte, weil die Angaben der Magd mit dem Fundverzeichnisse übereinstimmten, den beanspruchten Schatzteil seiner rechtmäßigen Besitzerin zusprach.

Trotzdem aber war dem vollen Rechte nicht Genüge geleistet, und der weise Rat der Stadt war einer Schwindlerin aufgesessen, denn nur zu bald meldete sich zum Erstaunen von ganz Baden die wirkliche Eigentümerin der Kleinodien, Susanne Scholtin, indessen die Schwindlerin längst über alle Berge war.

Die wirkliche Eigentümerin der genannten Schmucksachen hatte nämlich während der Zeit, wo sie von ihrer Heimat nicht abkommen konnte und ihre kranke Mutter zu betreuen hatte, dieser Schwindlerin so viel von ihrer Badener Hinterlassenschaft erzählt, ihr die drei Wertsachen so genau beschrieben, daß es dieser ein leichtes war, die Gegenstände zu erschleichen.

Darob und ob des doppelten Mißgriffes des Badener Stadtrichters gab es viel Gerede, Schimpf und Spott, dem aber schließlich und endlich der zu seinem vollsten Rechte gekommene Hausbesitzerssohn ein Ende bereitete, indem er seines Vaters einstige jugendliche Magd und treue Krankenpflegerin zur Ehefrau nahm. Aus dieser Ehe entstammte das »Geschlecht der Schießl«, die fast drei Jahrhunderte hindurch in Baden als Handelsherren eine hervorragende Rolle spielten.

Diese bei Gustav Calliano überlieferte Sage ist in Baden unbekannt. Auch die Bezeichnung »Streittrücherlhaus« für das Haus Klostergasse 2 – die heutige Klostergasse hieß früher Frauengasse – ist unbekannt. – In den Bürgerverzeichnissen von 1531 kommt allerdings ein Leopold Schiestl vor. 1545 ist ein Georg Schiestl verzeichnet, 1548 ein Georg Schiehsl.
Zur Geschichte: Die Zerstörung Badens im Jahre 1529 ist durch verschiedene Dokumente belegt. – 1683: Obwohl gut befestigt, ergibt sich Baden einer türkischen Streifschar. Die Bürger erhalten freien Abzug, werden aber von den Türken umzingelt und niedergehauen oder gefangen. 843 Bürger, Frauen, Kinder und »arme Leute« gehen zugrunde. Der Ort wird aufs furchtbarste geplündert und niedergebrannt. Übrig bleiben 328 Personen, davon 129 Waisen, 27 Witwer und 16 Witwen. Einige von den Verschleppten kommen im Lauf der Jahre wieder zurück.

Gebetläuten

Als einst die Türken Baden zerstörten, haben sich einige Personen auf den Turm der Pfarrkirche geflüchtet. Die Türken erbrachen die eiserne Turmtüre und wollten hinauf; die nach oben Geflüchteten aber brachen Steine aus der Mauer und verrammelten die Stiege. Nun warfen die Barbaren Pechkränze auf das Dach der Kirche. Und als der Dachstuhl der Turmwächterwohnung brannte, hoben die Belagerten den Dachstuhl mit ihren Hellebarden und warfen den Dachstuhl hinab und erschlugen dabei eine Menge der Türken. Als die Türken abzogen, läuteten die Geretteten die Glocken, um den übrigen geflüchteten Bewohnern der Stadt ein Zeichen zu geben, daß die Gefahr vorüber sei. Zum Andenken wurde im Winter um sieben Uhr, im Sommer um acht Uhr geläutet.

Das Mittagsgeläute wurde von Papst Kalixtus III. nach dem erfolgreichen Widerstand Johann Hunyadis (des Vaters von Matthias Corvinus) gegen die Türken in Belgrad 1456 angeordnet. Hunyadi hatte mit einer Donauflottille den Belagerungsring der Türken um Belgrad aufgesprengt und der arg bedrängten Festung Nachschub an Nahrungsmitteln und Waffen besorgt. – In der Zeit der Türkenbedrohung rief das Geläute der »Türkenglocken« jeden Morgen die Leute zum Gebet.

Die Türken vor Merkenstein

Als die Türken 1683 das ganze Land ringsum verheerten, belagerten sie auch die Veste Merkenstein, fanden aber von Seite der Belagerten so heftigen Widerstand, daß sie das fruchtlose Bemühen bereits aufzugeben und zum Abzug entschlossen waren. Eine höchst freche Gebärde, die ein Frauenzimmer von einem Fenster aus gegen die abziehenden Feinde machte, erboste den Anführer derselben in solchem Grade, daß er augenblicklich Feuerbrände ins Schloß werfen, dasselbe mit Sturm einnehmen und alle Bewohner teils niederhauen, teils gefangen wegführen ließ. Die dabei Umgekommenen liegen alle in einer Gruft unter der Kapelle beim Tiergarten begraben.

1529 wurde Merkenstein von einer türkischen Streifschar belagert. Die Burg litt stark, konnte sich aber behaupten. 1683 kamen wieder die Türken vor Merkenstein, das sich anfangs behaupten konnte. Eines Morgens aber gelang es den Türken, die Mauern – vermutlich an der Nordseite – zu ersteigen. Nun wurden alle 173 Personen – Besatzung und Flüchtlinge –, die sich in der Burg befanden, niedergemacht. Die Burg mit allen Nebengebäuden wurde niedergebrannt. Verwalter Schad von Pottendorf berichtet: »So hab aber ich Laider yber 200 todte Personen in dem Schloß Mörckhenstain herumb Nidergemachter liegent, alle zimmer, unnd gewölber ja so gar der Keller wohin sie es salviert von jnwendig angezündet und völlig außgebrendter gefunden . . .«

Der Türkenbrunnen in Merkenstein

Im Tiergarten von Merkenstein, nahe an der Höhe des Berges, ist ein grottenartig gewölbtes Gebäude, von welchem aus sich tief in die Erde hinein ein Gang zieht, an dessen Ende sieben Quellen unter der Erde entspringen; man nennt dies den sogenannten Türkenbrunnen. Derselbe soll zur Zeit, als die Türken hier waren, oder von ihnen selbst entdeckt worden sein und daher den Namen haben.

Der vergrabene Schatz

Zu derselben schrecklichen Türkenzeit haben die grausam schändlichen Menschenwürger und Räuber auch zwei Sooßer von den wenigen am Leben Gebliebenen mitgenommen in die Sklaverei, einen Burschen und eine Dirne. Aber sie sind jedes mit einem anderen Trupp fortgetrieben worden, und beide haben voneinander nichts gewußt.

Nach drei Jahren treffen sie sich aber eines Tages in Konstantinopel an einem Brunnen; doch sie erkennen sich nicht in ihrer Veränderung und in ihrer türkischen Tracht. Der Bursche schaut aber doch unverwandt auf die saubere Dirne – er weiß selber nicht recht warum – und redet sie deutsch an. Wie sie ihm darauf deutsch – und auch dazu niederösterreichisch-deutsch – antwortet, schreit er auf: »Bist du am End' gar die Liesel von Sooß?!« – »Ja, ich bins!« ruft vor Freud' außer sich die Liesel. »Und du bist der Sooßer Franz.« Welche Überraschung, welche unbeschreibliche Lust!

Die zwei machten nun klugerweise kein weiteres Aufsehen, kamen öfter heimlich zusammen und verabredeten bald ihre gemeinschaftliche Flucht. Sie bewerkstelligten dieselbe auch ganz glücklich, hatten sich von Tag zu Tag lieber und versprachen sich das Heiraten, wozu ihnen, wie der Franz freudig erklärte, die 900 Gulden verhelfen sollten, die er nach der erbarmungslosen Ermordung seiner Eltern durch die Türken vor seiner Abführung in die Gefangenschaft am Kaltenberg bei Sooß vergraben.

Die Flucht, zu welcher sie sich – ohne viel an ihr Gewissen zu denken – einige Mittel verschafft hatten, ging soweit gut vonstatten; aber in Ungarn wurde der Franz vom Fieber befallen, und – wie groß war der Liesel Schmerz – er wurde immer schlechter und schlechter, und nach neun Tagen war er tot.

Das arme Geschöpf ist richtig nach Sooß gekommen, hat mit Leid und Freud' ihr Schicksal erzählt und hat auch erzählt vom toten Franz und vom vergrabenen Geld. Aber sie wußte nicht den Platz, wo das viele Geld vergraben war, und so war alles Suchen danach umsonst. Und das Geld liegt heute noch dort. – Manche meinen, es liegt im »Schelmenloch«.

Die Schelmenhöhle-Sage

Als der Erbfeind anno 1683 das letztemal im Lande war und auch den Sooßern alle Qual und Drangsal gebracht, da hat der Türk' auch einen aus diesem Ort auf einen Hirschen gesetzt und ihm die Füß' unterm Leib des Hirschen zusamm'gebunden. Dem Hirschen haben s' auch noch die Augen ausgestochen und haben ihn so davongejagt. Der Hirsch rennt übern Berg, rennt und springt, bis er an den Steinfelsen da hoch oberm Eingang zum Schelmenjoch kommt. Das arme Tier macht einen Satz und stürzt hinunter. Der elend Angebundene aber fangt sich in der Todesangst oben noch geschwind an einem Föhrenast und streift sich vom Hirschenleib. Und das hat der durch diese wunderbare Rettung am Leben Gebliebene nachher alles erzählt.

Die Schelmenhöhle bei Sooß,

im Volksmunde »Schelmenloch« genannt, in welchem in früherer Zeit die berüchtigten »Ungarischen Brüder« ihr Unwesen trieben, soll mit einem unterirdischen Gang mit der Ruine Rauheneck verbunden gewesen sein.

Im Jahre 1529, als der Ort Sooß von den Türken zerstört wurde, flüchteten die Bewohner dieses Ortes in diese Höhle, wurden aber von den Türken entdeckt und durch Rauch erstickt. Als 1683 die Türken die Umgebung neuerdings verheerten, diente diese Höhle wieder als Zufluchtsstätte, und ein großer Teil fand dort bis zum Abzuge der wilden Horden Schutz.

Die Schelmenhöhle – auch Schelmenloch genannt – zeigt, wie auch Fluchtorte ihre Tradition haben können: Im Zweiten Weltkrieg wurde die Höhle zum Luftschutzkeller ausgebaut. Hierher flohen bei Bombenalarm die Bewohner von Sooß und Bad Vöslau.

Der gefangene Veitsauer

Der Müllerssohn Karl Hußar von Veitsau (Bezirk Baden) wurde von den Türken fortgeschleppt und duldete fünf Jahre in grausamer Gefangenschaft. Er mußte mit anderen Leidensgenossen gleich dem Vieh den Pflug ziehen, und zur Nahrung gab man ihnen gesottenen Kukuruz in einem »Nürschel«. Nachts wurden die Gefangenen angebunden. Eines Tages fand Karl Hußar beim Ackern in dem umgebrochenen Erdreiche ein verrostetes Eisenstückchen. Er hob es unbemerkt auf und nahm es mit nach Hause. Da wetzte er es heimlich Nacht um Nacht an einem Steine und verbarg es über Tag. Nachdem es endlich eine Schneide bekommen hatte, schnitt er in einer Nacht seine Fesseln durch und entfloh. Die Türken verfolgten ihn mit Bluthunden drei Tage lang. Aber sooft ihn die Bestien aufspürten, watete er tief in die Moräste hinein, bis er nur noch mit dem Kopfe hervorragte. So verloren die Verfolger seine Spur wieder.

Endlich erreichte er die ersehnte Heimat und traf seine Angehörigen eben auf dem Felde beim Schnitte. Als sie den türkisch gekleideten Ankömmling erblickten, schrien sie erschrocken: »Die Türken kommen!« und wandten sich zur Flucht. Da er ihnen aber nachrief: »Ich bin ja euer Landsmann, der Hußaren-Karl!«, bewillkommneten sie ihn, den sie für tot gehalten hatten, mit freudigem Staunen. Er konnte jedoch die heimische Nahrung nicht mehr vertragen und starb schon nach einem halben Jahre.

Zum Andenken an diesen vielgeprüften Vorfahren erhielt der derzeitige Mühlen- und Sägewerksbesitzer Hußar zu Kropfsdorf in der Taufe den gleichen Vornamen.

Vermutlich stand die väterliche Mühle auf dem Grundstück Mühlgasse 13 im heutigen Berndorfer Vorort Veitsau, wo heute die »Spieß-Mühle« steht. Der Name Hußar ist jedenfalls in den Pfarrmatriken von Pottenstein (Pfarrort) belegt. – Das heutige Haus Mühlgasse 13 ist nicht Karl Hußars Vaterhaus. Nach den Angaben der Familie Spieß wurde das alte Haus 1913 abgebrochen und neu aufgebaut. Der Mühlenbetrieb – das alte Mühlengebäude wurde nicht erneuert – wurde in den 20er Jahren eingestellt. In der Familie Spieß wird tradiert, daß auf dem Haus in der Türkenzeit die Hußar saßen (die Sage ist bekannt), später an die Hofer vererbten und diese dann an die Spieß.
In der Pottensteiner Matrikel wird übrigens von der Rückkehr einer gewissen Regina Wallner berichtet, die 1683 »vom dem Feundt abgefangen word, vnd zu Erlau in der gefangenschaft biß anno 1686 geblibn, alswo sie sich salviert vnd grosses leibs zurück komen . . .« Auch von einer »Maria . . . , welche in der Türk Rummel abgefangen word vnd von einem Türkn geschwängert word vnd also geschwängert auß der gefängnus hirher komen . . .« wird berichtet. Ein verschleppter Bub, der in Ofen (Budapest) aus türkischer Gefangenschaft befreit wurde, wurde ». . . weillen er Von offen komen . . .« einfach Offner genannt.

Der Hammerschmied von Berndorf

In der Türkenzeit 1683 besaß Simon Wiesbauer ein Hammerwerk in Berndorf. Aus verschiedenen Anzeichen entnahm Wiesbauer, daß der Feind bald die Gegend verlassen würde. Und da er den bisherigen barbarischen Gebrauch der Türken gemäß befürchten mußte, zum Lohn für seine Leistungen – Wiesbauer mußte unter strenger Bewachung Tag und Nacht hindurch Waffen für die Feinde schmieden – samt seinen Gesellen getötet oder, was beinahe trauriger, als Gefangener fortgeschleppt zu werden, so sah er nach einer Gelegenheit zur Flucht. Die Türken bewachten ihn aber sehr mißtrauisch, weshalb er zu einer List seine Zuflucht nehmen mußte.

Wiesbauer brachte eines Abends, als eine finstere Nacht in Aussicht stand, bevor er ins Wohnhaus hinüberging, das Wasserwerk in Unordnung, so daß es nachts steckenblieb und er sich die Ausrede machen konnte, zum Gesellen hinübergehen zu müssen, um das Werk in Ordnung zu bringen. Die nichts Arges ahnenden Türken ließen ihn hinüber; der Hammerschmied und seine Gesellen stellten nun das Werk ganz still, krochen unters Wasserrad, zerstörten den Mechanismus soviel als möglich, über-

Dieser Bildstock in St. Georgen am Ybbsfeld erinnert noch heute an die Türkennot.
Er stellt die Ermordung einer Bäuerin dar.

setzten aufs andere Ufer, nachdem sie es so eingerichtet hatten, daß ihnen die Türken nicht gleich auf demselben Wege folgen konnten, und entflohen im Dunkel der Nacht.

Als die Türken ihre Flucht bemerkten, waren sie glücklicherweise schon ins Dickicht des Waldes entkommen, und die Verfolgung der alarmierten feindlichen Patrouillen blieb eine fruchtlose. Kurz darauf zogen die Türken aus Berndorf und der ganzen Umgebung mordend und sengend fort und legten auch das Hammerwerk samt Wohn- und Wirtschaftsgebäude in Asche. Simon Wiesbauer, der sein bewegliches Vermögen zu retten verstanden hatte, baute 1689 alles wieder neu auf und stiftete zur dankbaren Erinnerung an seine glückliche Errettung den noch heute in der Pfarrkirche zu Pottenstein erhaltenen »Josefsaltar«.

Die Hammerschmiede Wiesbauer stand – allerdings längst nicht mehr im Betrieb – bis 1945 an der Straße nach Leobersdorf (Leobersdorfer Straße 12). Leider geriet das alte Gebäude (von seiner früheren Verwendung soll damals nur noch ein altes Wasserrad erzählt haben) ins Frontgebiet. Es wurde vermutlich in Brand geschossen oder entweder von den Russen oder der SS angezündet, um dem jeweiligen Gegner keinen Unterschlupf zu gewähren. Jedenfalls: Dort, wo die Hammerschmiede stand, befindet sich heute die Autowaschanlage einer Tankstelle. In Berndorf erzählt man sich auch vom »Türkenloch«, in dem Wiesbauer mit seiner Familie den Abzug des Feindes nach der Flucht abgewartet haben soll.
Auf dem Altar der Hl. Familie in der Pfarrkirche von Pottenstein (Pfarrkirche von Berndorf damals) steht folgende Inschrift: »Diesen Altar hat 1698 zur schuldigen Danksagung machen lassen zu Ehren der Allerheiligsten Freundschaft der Ehren geachte Herr Simon Wissbauer, Hammerschmidt zu Perndorf und Anna dessen Hausfrau, dadurch sie sich mit den Ihrigen noch ferner dem Schutz und Schirm dieser Allerheiligsten Personen befehlen hier zeitlich und dort ewiglich. Amen.«
Auf dem Altar wurden ursprünglich Maria und Josef und Joachim und Anna verehrt.

Die Türken vor Pottenstein

Als um das Jahr 1532 die Türken so fürchterlich in unserer Gegend wüteten, wobei sie weder Greise noch Kinder, am allerwenigsten aber Frauenzimmer verschonten, da kam hieher ein ungefähr zwanzigjähriger Bursch und trat bei dem Müller Gertinger in Dienst. Dieser, ein reicher Mann, gewann bald den Burschen wegen seiner Gewandtheit und Geschicklichkeit recht lieb, der Bursche aber seinerseits die schöne Tochter seines Herrn, Helene, was freilich nicht nach dem Willen des alten geizigen Müllers war, der mit seiner Tochter hoch hinaus wollte. Er heuchelte aber trotzdem immerwährende Freundschaft und Wohlwollen dem Burschen vor, im geheimen aber entschloß er sich, ihn zu verderben. Bald darauf drangen hier die Türken ein, und des Müllers Plan kam zur Reife, aber nicht zur Ausführung.

Pottenstein war zu jener Zeit zwar ein befestigter Ort, aber ohne jede Besatzung, und so blieb die Verteidigung des Ortes den Einwohnern allein überlassen. Gertingers Mühle lag am südlichen Punkte des Ortes und –

weil gerade das Ende bildend – am meisten dem Andrange des beutegierigen Feindes ausgesetzt. Die Türken zögerten nicht lange und rüsteten sich zum Sturme, aber mancher Kopf wurde von den mutigen Bürgern Pottensteins zerschmettert. Einer der Mutigsten und Tollkühnsten war Rabersberger, der Müllerknecht.

Er faßte im Erker der hartbedrängten Mühle Posto und sandte einen Pfeil nach dem anderen dem anstürmenden Feinde entgegen – und jedes Schwirren seiner Armbrust bedeutete den Tod eines Türken. Endlich aber siegte die Übermacht, und die Türken drangen in Pottenstein ein. Sofort stürzte ein Haufen racheschnaubend auf die Mühle zu.

Der erste, der ihnen zum Opfer fiel, war der Müller Gertinger, der, von einem wuchtigen Säbelhieb getroffen, tot zusammenstürzte. Helene, die schöne Tochter Gertingers, flüchtete, als sie diese entsetzenerregende Szene erblickte, zu ihrem Geliebten, um bei ihm Schutz zu suchen. Leider sollte sie ihn nicht finden.

Wutschnaubend folgten ihr die Türken auf dem Fuße, und während einige den unerschrockenen Rabersberger entwaffneten und banden, mißhandelten andere unterdessen die Braut des Gefesselten. Als dieser die Roheit der Barbaren erblickte, erfaßte ihn namenlose Wut, und mit übermenschlicher Kraft zersprengte er die Fesseln seiner Hände, stürzte sich auf den Zunächststehenden, schlug ihn mit einem gewaltigen Faustschlage zu Boden, und, ihm den krummen Säbel entreißend, spaltete er die Schädel der bestürzt zurückweichenden Türken. Mancher sank, von seinen gewaltigen Streichen getroffen, tot oder schwer verletzt zu Boden, die anderen flüchteten aus dem Zimmer.

Rabersberger blieb mit seiner mißhandelten Braut und den gefallenen Türken in der Stube allein. Er schob den Riegel vor, wischte sich den Schweiß von seiner Stirne und überlegte, was nun zu beginnen sei. Aber die rachedürstenden Türken ließen ihm nicht viel Zeit dazu. Ein fürchterliches Geschrei erhebend, versuchten sie, die Tür aufzubrechen – allein umsonst, die schwere, dicke Eisentür rührte sich nicht. Da faßten die Ungeheuer einen teuflischen Plan, der ihnen leider nur zu gut gelang. Sie schleppten eine große Menge Holz heran, verrammelten damit die Tür und die Fenster und zündeten sodann die Mühle an. Rabersberger und seine schöne Braut Helene gingen in den Flammen elendiglich zugrunde.

*1529 kommt Pfarrer Paul Lauber durch die Türken um. 1532 beginnt bei Pottenstein jene Schlacht, die zur Vernichtung des Haupttrupps der aus dem Westen Niederösterreichs von ihrem Plünderungszug zurückflutenden Akindschi führte. Die Türken lagerten in der Nacht vor dem Treffen bei Pottenstein. Am 19. 9. wurden sie vom Söldnerführer Sebastian Schertlin von Burtenbach in den frühen Morgenstunden angegriffen und durch das Triestingtal bis gegen Leobersdorf-Enzesfeld getrieben, wo sie Kurfürst Friedrich II., Pfalzgraf bei Rhein, erwartete. Bei weiteren Gefechten im Raum Leobersdorf – Enzesfeld – Wiener Neustadt – Neunkirchen kamen an diesem Tag an die 8000 Akindschi um. Auch ihr Führer Kasim Beg fiel.
Vermutlich hatten die Akindschi Pottenstein bereits auf ihrem Zug nach Westen*

zerstört. Von der Mühle Gertingers ist nichts mehr erhalten. Sein Name und der Name Rabersberger kommen in den Grundbüchern des 15. Jahrhunderts vor. Eine andere Sage berichtet, daß die Frau des Richters von Pottenstein bei der »Bruthenne« – einer vielstämmigen alten Schwarzföhre bei Weissenbach – einen türkischen Anführer erschossen haben soll. Die Flur wird auch Totermann genannt, der Name ist aber schon vor den Türkeneinfällen nachweisbar, hängt also sicher nicht mit den Tataren zusammen.

Weißenbach an der Triesting

Vor Jahrhunderten war der Ort viel größer, wurde aber im ersten Türkenkriege schon schrecklich verwüstet. Auch besteht ein Haus, welches noch die Spuren einer ehemaligen Synagoge enthält, und man erzählt, daß vor Zeiten viele Juden hier ansässig waren.

Die Türken in Piesting

Als die Türken 1529 Wien zum ersten Mal belagerten, kamen Streifscharen auch vor Piesting. Doch die Bürger des Ortes stellten sich den Mordbrennern tapfer entgegen. Bei der »Türkenlinde« am Ortseingang von Piesting konnten sie dem Feind erfolgreich Widerstand leisten und ihn zurückschlagen.

Das Marktsiegel, verliehen am 20. 5. 1533, läßt auf ein trauriges Schicksal des Marktes schließen. Es zeigt zwei hochgestellte Türkensäbel neben einem Turm, aus dem Flammen schlagen. Darüber die Jahreszahl 1529. – 1683 wurden im Markt von 51 Häusern 47 abgebrannt. Auch Kirche und Pfarrhof wurden zerstört.

Das Wunder von Gutenstein

Die Tataren kamen bei der zweiten Belagerung Wiens auch nach Gutenstein, berichtet der Servitenpater Faustinus Albrecht. Sie wurden aber »17mal von den Bürgern und einigen hierher geflüchteten Ungarn, die vereint mehrere Ausfälle aus der alten Ritterburg auf sie machten, abgewiesen«.

Der Pater berichtet von einem Wunder, das sich bei dem letzten Angriff der Tataren im Monat Juli 1683 ereignet hat: »Es waren ihrer 500 Tataren. Da aber 200 der Unsrigen, auf die Hilfe Gottes und die Fürbitte Mariens vertrauend, ihnen herzhaft begegneten, haben sie den Feind verjagt und 300 Pferde erbeutet. Auch hat sich bei diesem Gefecht Pater Marianus M. Caprian, ein Servit, ausgezeichnet und selbst einen Tataren niedergestoßen. Als die Tataren schon im Markt waren, sind deren etliche den Berg hinaufgegangen, das erst erbaute und nicht gänzlich fertige Kloster in Brand zu stecken, aber es überfiel sie ein Schrecken, daß sie sich zurückbegaben. Also geschah es auch dazumal, daß sie nicht weiter als bis zu den drei Lindenbäumen, wo dermalen eine steinerne Statue des leidenden Heilands, ›beim Herrgott auf der Rast‹ genannt, steht, gekommen, wo sie eine solche Furcht überfiel, daß sie nicht weiter fortkommen konnten. Dies haben über 100 Mannspersonen bezeugt, die ihnen vom Bergschlosse zugesehen haben.«

Die Feste Gutenstein war Zufluchtsort, in den sich nebst Leuten aus der Umgebung auch Bauern aus ungarischen Grenzdörfern in Sicherheit brachten. Die Türken konnten ihnen nichts anhaben, wohl aber wüteten Seuchen und Hunger und forderten innerhalb von 10 Monaten 303 Menschenleben. Im Markt Gutenstein wurden von 57 Häusern 13 niedergebrannt, für die Brandruinen fehlen die Hausleute, 44 Häuser waren geplündert.

Das blinde Kreuz zu Lindabrunn

Als einst die Türken gegen Wien zogen und eine Streifschar mordend und plündernd ins Triestingtal vordrang, kam ein Teil derselben nach Lindabrunn. Entsetzt flohen die Bewohner über die damals mit Wald bedeckte »Halt« in der Richtung gegen Hernstein, verfolgt von den blutdürstigen Horden. Schon waren die Flüchtigen auf der Höhe des Bergrückens angelangt, als sie das Geheul der Feinde knapp hinter sich hörten. In ihrer Angst beteten die Bedrängten zum Retter der Christen, und er erhörte das Gebet; denn plötzlich wurden die Türken mit Blindheit geschlagen. Zwar konnten sie, wo der Wald sich lichtete, die aufsteigenden Rauchsäulen in der Ebene erblicken, aber in der Richtung gegen Hernstein herrschte undurchdringliche Finsternis. Sie wagten daher nicht weiter vorzudringen, weil sie einen Überfall fürchteten, sondern kehrten um. Die Geretteten errichteten nach Abzug der Feinde an der Stelle, wo dieselben umgekehrt waren, aus Dankbarkeit ein Kreuz, welches seither das »blinde Kreuz« (Blindenkreuz) heißt.

An der Straße von Lindabrunn nach Aigen steht das Kreuz etwa zwei Kilometer von Lindabrunn entfernt rechts am Waldrand. Es ist ein unscheinbares Holzkreuz auf einem etwas stärkeren Holzsockel. An diesem Sockel (ca. 1,50 m hoch, darüber das Kreuz) ist auf einer Tafel die Geschichte (Sage) des Kreuzes erzählt. Datiert ist es mit 1683.

Die Schanze bei Wöllersdorf

In Wöllersdorf soll in uralter Zeit eine Schanze gestanden sein, welche das ganze Piestingtal beherrschte und oftmals über das Schicksal desselben entschied. Zur Friedenszeit tummelte sich die junge Welt auf dem Erdwerk herum und rutschte immer, wenn sie sich in ihrem Treiben gestört sah, auf der Waldseite den Abhang hinab, um dort im Gebüsche weiters ungesehen zu verschwinden. Deshalb nannten die Leute die alte Schanze die »Mondscheinbettstatt« und die Stelle, wo die verliebte Welt sich so eilig flüchtete, die »Jungfernrutschen«. So soll man es dort zum Leidwesen des Pfarrers gar lange getrieben haben, welcher immer ob dieses Unfuges ein großes Unglück voraussagte. Als nun die Türken in das Land kamen, erfüllte sich das Strafgericht des Himmels, indem die Feinde auf der »Menscharutschen« die Schanze erstiegen und alle Verteidiger zu Boden hieben.

Im Amt Wöllersdorf – so wird 1684 im »Steueranschlagbuch« notiert – wurden alle 33 Häuser verbrannt, für 21 Brandruinen fehlten die Hausleute. 80 Menschen gerieten in Gefangenschaft, 60 wurden getötet.
In der Beschreibung der Wehranlagen und Zufluchtsorte von 1663 heißt es, daß der »Paß vom Steinfeld herein auf Starhemberg und Gutenstein« in Wöllersdorf »durch Gruben und Schrankungen versichert« werden müsse. Auch ist die Rede von einem »kleinen runden Turm« beim Steinbruch, von einem gedeckten Gang im Steinbruch und von einem Blockhaus. Noch im Mai 1683 wird Wöllersdorf unter den Orten angeführt, die sich dem kaiserlichen Landesdefensionspatent widersetzt hatten.

Die Türken vor Neustadt

Als die eroberungssüchtigen Türken unser schönes Kronland raubend, brennend und mordend überschwemmten, stach ihnen die schöne und reiche Neustadt gar sehr in die beutelüsternen Augen. Sie stürmten und tobten Tag um Tag wider die hemmenden Mauern, wurden aber immer wieder von den tapferen Bürgern zurückgeschlagen. So schlossen sie einen mächtigen Heeresring um die trotzende Neustadt, auf daß ihnen der Hunger erzwänge, was ihr Schwert nicht vermochte. Sieben lange Jahre währte die grimme Belagerung.

Endlich schlich der bleiche Hunger durch die volkreichen Gassen. Alles Schlachtvieh der Stadt war aufgezehrt, bis auf einen einzigen Stier. Aber die heldenmutigen Bürger verzweifelten nicht, sondern griffen zur List. Sie streuten weißen Sand auf die Dächer und trieben ihr einziges Schlachtvieh, den Stier, in der Stadt herum, während sie ihn heftig zwackten, so daß er vor Schmerz brüllte. Da meinten die Türken, die Belagerten hätten noch Mehl und Vieh in Menge und zogen entmutigt ab.

Der historische Hintergrund dieser, zweifellos als »Wandersage« zu bezeichnenden Überlieferung:
1529 wird Wiener Neustadt in Verteidigungszustand versetzt. Die Bürger wählen den kriegserfahrenen Bischof Dietrich Kammerer zum »Capitan general«. Die Stadt wird öfter vergeblich von türkischen Streifscharen berannt.
1532 ziehen Kasim Begs Akindschi an Neustadt vorbei, wagen aber auf die gut befestigte Stadt keinen Angriff. Anfang September zieht die türkische Hauptmacht von Güns her an Neustadt vorbei. Historisch nicht haltbar ist ein Ausfall der Wiener Neustädter gegen den Akindschiführer Ferid Pascha. Am 19. September wird die Stadt (als Ausgangsbasis) in die Gefechte zwischen Leobersdorf, Enzesfeld und Neunkirchen miteinbezogen.
1683 stellt sich die Festung wieder dem Türkensturm. Am 8. August kommt Julius Hagenauer, Pfleger von Unterwaltersdorf, in Begleitung von 40 Türken als »Unter-

händler« und verlangt die Übergabe. Er wird als Spion verhaftet. Angeblich soll aus 1683 der »Ferman« (Sendschreiben) im Neustädter Stadtarchiv stammen. Darin verlangt Kara Mustapha bei einer Übergabe einen Tribut von 1000 Talern, einen Zobelpelz und 50 Pferde. Für die Überbringer des »Ferman« werden nur 500 Taler, ein Zobelpelz und zehn Pferde verlangt. Selbstverständlich ergibt sich die »Allzeit Getreue« nicht. Später unternimmt Graf Castell mit seinem Dragonerregiment einen Ausfall, viele Türken werden erschlagen. Die Stadt wird daraufhin nicht mehr belästigt.

1686 wird in den Nordwestturm der Wiener Neustädter Burg Colag Beg, der Kommandant von Ofen, als vornehmer Gefangener eingeliefert. Er bekehrt sich später und wird Ahnherr des Geschlechtes derer von Zungaburg. 1691–1694 wird der Pascha von Belgrad hier interniert.

Der Schwarzföhrenwald am Steinfelde

Als die Türken sieben Jahre vor Neustadt lagen, hatten sie nach und nach schier alle Lebensmittel der ganzen Umgebung erschöpft und mußten daher an eine andere Beschaffung ihres ferneren Unterhaltes denken. So faßten sie denn den Plan, das weite Steinfeld zu bebauen. In ihrem grausamen Christenhasse spannten sie je 12 bis 14 einheimische Männer statt der Zugtiere vor die Pflüge. Wehe dem armen Christen, der sich diesem schmählichen Zwange widersetzte! Man zerschnitt ihm kreuzweise die Sohlen und koppelte ihn mit Gewalt vor den Pflug. So ackerten die Türken eine ungeheure Fläche des Steinfeldes um und besäten sie mit Weizen. Aber der Herr verfluchte die blutige Saat und ließ statt des goldenen Weizens Schwarzföhren aus dem Boden sprießen. So entstand der große Schwarzföhrenwald am Steinfelde. Dieses wunderbare Ereignis verscheuchte die Türken.

Sicher eine relativ junge Sage. Bekanntlich ließ Kaiserin Maria Theresia als Verdienstmöglichkeit im unfruchtbaren Steinfeld viele Schwarzföhrenwälder anpflanzen (durch das Pech Gewinnung von Terpentinöl usw.).

Die Todererwege

Auf jenen Strecken des Steinfeldes, über welche die Türken, als sie sieben Jahre vor Neustadt lagen, hin- und herfuhren und endlich abzogen, gedeiht nichts bis auf den heutigen Tag, ob man auch reichlich düngt. Wenn man gegen Südosten über die wallenden Fluren blickt, sieht man inmitten derselben deutlich jene unfruchtbaren Türkenpfade dahinlaufen, auf welchen nur schüttere, arme Halme kümmern, gleich den schwindenden Haaren einer werdenden Glatze. Man heißt diese Streifen die Todererwege.

Der Name dürfte viel älter sein. Er drückt aus, daß hier nichts gedeiht. Keinesfalls hängt er mit den Türken (Tataren) zusammen, die selbstverständlich niemals »sieben Jahre lang« Wiener Neustadt belagerten (siehe Anm. zu »Die Türken vor Neustadt«).

Das warnende Marienbild

Im Wiener Neustädter Dom ist ein Vesperbild untergebracht, von dem erzählt wird, daß es beim Herannahen der Türken 1683 blutige Tränen vergossen hat.

Dieses warnende Marienbild befand sich ursprünglich in Königshaiden, wo es von den Gläubigen verehrt wurde. Nach dem Tränenwunder vom 14. August 1683 ließ es der damalige Wiener Neustädter Bischof zuerst in die Jesuitenkirche in Wiener Neustadt bringen. Nach Aufhebung des Jesuitenordens kam das Bild auf den Hochaltar des Domes.

Die Legende dieses Marienbildes erinnert an die des Bildes von Maria Pötsch in Wien/St. Stefan.

Waidmannsfeld

Im Jahre 1529, als die Türken nach Waidmannsfeld kamen und alles schrecklich verwüstet hatten, flüchteten sich viele Menschen auf die hohen Berge und in die Höhle des Balbersteins, in der man auch noch vor einigen Jahren Münzen, Sporen und türkische Tabakspfeifenköpfe fand.

Das »Steur Anschlag Buech« von 1684 weist für das Amt Waidmannsfeld-Neusiedel aus: alle 31 Häuser verbrannt, für sieben Brandruinen fehlen die Hausleute. 40 Menschen verschleppt, vier getötet.

Das Geißerloch

In der Geißerhöhle, das Geißerloch am Westabhange des Gösingberges, waren vor Jahren noch Menschenknochen aufgehäuft, welche von der letzten Türkeninvasion herrühren sollten. Die Bewohner hatten sich in diese Höhle geflüchtet. Nach Osten konnten sie die Anstürmenden mit rollenden Steinen zerschmettern und im Norden deckte sie eine hohe Wand; ein Zugang war fast unmöglich. Auch eine arme Witwe, deren Mann schon im Kriege gefallen, deren Sinn aber trotzdem noch gottergeben geblieben und den sie dadurch bezeugte, daß sie noch in ihrer Armut jeden Samstag vor dem Marienbilde in ihrem Kämmerlein ein Öllämpchen brannte, war mit ihrem kranken Kinde unter den Bedrängten.

Das kranke Kindlein weinte ohne Unterlaß, so daß die Bedrängten fürchteten, hiedurch verraten zu werden. Die darum verstoßene Witwe mußte sich draußen zwischen den Felsen ein Plätzchen suchen, das sie auch hinter einem Strauche, der sie etwas gegen den rauhen Wind schützte, fand. Sie schlief den Schlaf der Gerechten, als sie durch das Allahgeschrei der Türken und das Wehegeschrei der Flüchtlinge geweckt wurde.

Die Feinde hatten die Felsen umgangen und waren von oben her zu den Nichtsahnenden gedrungen, und diese alle büßten mit ihrem Blute ihre hartherzige Handlung. Nur die Witwe mit dem Kinde blieb übrig und sah in ihrer Furcht das grause Morden. Die Ursache zur Auffindung der Flüchtlinge in der Höhle durch die Türken soll in dem Rauche eines angezündeten Feuers gelegen haben.

Die Belagerung von Stixenstein

In den Türkenkriegen kamen die Türken auch vor das Schloß Stixenstein, das sie belagerten. Aussicht auf Befreiung war nicht vorhanden, da sogar der Schießvorrat schon zu Ende ging. Bei einem Sturme der Feinde gegen das Schloß kaute Hartberger (ein Siedinger) eine Silbermünze zusammen, formte diese zur Kugel und lud sie. Er schoß auf den Anführer der Feinde, dieser getroffen, sank vom Pferde. Die Türken banden ihren toten Führer auf das Pferd und ritten schnell mit Allahgeschrei von dannen.

Der Schuß, der den Anführer der Gegner niederstreckt, ist Element einer Wandersage. Es drückt den Wehrwillen oder auch die Tapferkeit der Belagerten aus.

Der Türkenkopf bei Sieding

Unweit des Pankratius-Kreuzes bei Sieding an der Lehne des Gösing befindet sich ein Felsen, welcher wegen seiner Form »Türkenkopf« genannt wird. Bei einiger Entfernung lassen sich wirklich der vordere Teil eines Pferdes und ein daraufsitzender, von einem Turban umkleideter Kopf erkennen. Von diesem Felsen geht folgende Sage: Als sich die Türken dem Orte Sieding näherten, flüchteten sich die Bewohner desselben mit Weib und Kind in das »Heißerloch«, welches hoch oben in der Gösingwand gelegen ist. Die Geflüchteten hatten sich aber durch den Rauch, welcher von dem Feuer aufstieg, das sie in der Höhle angemacht hatten, verraten. Eine Türkenschar kam hinauf und richtete unter den Unglücklichen ein gräßliches Blutbad an. Selbst die unschuldigen Kinder wurden nicht geschont. Der türkische Anführer ward auf dem Rückwege von dieser Unglücksstätte, noch ehe er die Straße gewinnen konnte, samt seinem Pferde zu Stein.

Der historische Hintergrund dürfte die Entdeckung der Flüchtlinge sein, die dann das Schicksal vieler Leidensgenossen in der gleichen Situation teilen mußten. In beiden Sagen um das Geißer- oder Heißerloch haben sich darum Elemente von Wandersagen gerankt: aufsteigender Rauch oder die verstoßene Witwe und die Strafe für diese hartherzige Tat ...

Das Türkenloch

In dem düsteren, klammartigen und früher schwer zugänglich gewesenen Klausgraben, einer engen, oft kaum zwei Meter breiten, von riesigen Felstrümmern erfüllten Felsspalte mit an vielen Stellen überhängenden Wänden, welche jetzt den Namen Steinwandklamm trägt, befindet sich das Türkenloch, welches als Zufluchtsort der Umwohner zur Zeit der Türkeneinfälle gedient haben soll.

Die Allelujahöhle

Ein fremdes Weib mit einem Kinde auf dem Arme bat die in der Allelujahöhle versteckten Puchberger um Einlaß. Die Flüchtlinge schenkten dem Weibe kein Gehör, denn sie sorgten sich, sie könnten durch das Geschrei des Kindes verraten werden. Das Weib verließ den Ort dieser Hartherzigen und verbarg sich oberhalb der Höhle unter einem großen dichten Strauche, wo sie in ihrer Angst inbrünstig betete. Doch siehe! Die in der Höhle versteckten Puchberger wurden durch ein vor der Höhle angemachtes Feuer verraten und von den Türken niedergemetzelt. Das fremde Weib samt ihrem Kinde blieb jedoch verschont.

Motiv der bestraften Hartherzigkeit der Flüchtlinge, wie es sich immer wieder findet. In der Allelujahöhle sollen noch im vorigen Jahrhundert Menschenknochen gefunden worden sein.

Die Taufbrunnenlucke

In der Taufbrunnenlucke, es ist eine Höhle im Schneeberggraben am Schneeberge, hatten die Einwohner ein Versteck gesucht. Vor wenigen Jahrzehnten wurden noch Körnerfrüchte und Überreste von Hausgeräten dort gefunden. Die während der Zeit dort von den Müttern geborenen Kinder sollen in der nahen Quelle getauft worden sein. Es blieb ihr der Name Taufbrünnl und der Höhle ihr obiger Name. Die nach abgewendeter Gefahr Zurückgekehrten fanden alles verwüstet und ihre Fauen und Töchter in die Gefangenschaft verschleppt.

Die Hügel auf der Bodenwiese

Es war im Schreckensjahr 1683. Türkische Streitscharen waren von der Neustädter Ebene in das Schneeberggebiet gedrungen. Die Bewohner des am Fuße des Gahns gelegenen Prigglitz flüchteten sich in das nahe, kaum zwei Meter breite Klaustal und glaubten, dort eine sichere Zufluchtsstätte vor den Türken gefunden zu haben. Aber die Türken fanden auch hierher den Weg. Sie griffen die hier verschanzten Leute im Rücken an und richteten unter den armen Flüchtlingen ein so furchtbares Gemetzel an, daß das Blut gleich einem Bache talabwärts floß.

Nach dieser Greueltat wandte sich eine Truppe Türken auf den Gahns, wohin sich viele Flüchtlinge mit Hab und Gut gerettet hatten. Die Plünderungs- und Mordsüchtigen drangen sogar bis zum »Alpl« beim Schneeberg vor. Dort und auf der Bodenwiese kam es zwischen den Flüchtlingen und Arabern zu einem Verzweiflungskampfe, der mit der Vernichtung der Türken endete. Die Bodenwiese war von den abgeschlagenen Türkenköpfen übersät. Nach der Sage brachte ein Wind Erde herbei, häufte diese um und über die Türkenköpfe und bildete auf solche Weise diese Hügel, welche von daher den Namen »Türkenköpfe« bekamen. Viele von den Erschlagenen wurden auf der hinter dem Schneeberg gelegenen Wiese beerdigt, welche darum »Freithofwiese« genannt wird. Zwei von den Türken wurden in der Nähe des Hennenfeindkogels zum abschreckenden Beispiele mit dem Kopfe in die Zwiesel (Astgabel) einer Lärche gezwängt, wo man sie erbarmungslos zugrunde gehen ließ.

Elemente von Wandersagen, die bestimmte Bergformen erklären sollen. Auch der Türkenkopf im Zwiesel taucht immer wieder auf. Er sollte wohl nicht nur abschrecken, sondern auch die Gefahr beschwören, »bannen«.

Die Türken am Schneeberg

Zu der Zeit (unter Albrecht, Rudolf von Habsburgs Sohn) zogen die Tataren mit großer Menge aus gegen die Ungarn vor den Schneeberg und wollten ziehen gegen Köln am Rhein und dort mit Gewalt die heiligen drei Könige nehmen. Da versammelten sich die Ungarn und fochten mit ihnen und erschlugen ihnen eine große Menge zu Tode, die andern flohen über den Schneeberg. Da kam ein solcher Schauer und schlug ihnen viel zu Tode, daß von ihnen kaum der hundertste Teil heimkam.

Das »Schlokreuz« in Payerbach

Auf der Mühlhofstraße in Payerbach stand ein Kreuz, das den Namen »Schlokreuz« (Schlagkreuz) hatte und im Jahre 1829 weggeschwemmt wurde. Dieses Kreuz hatte seinen Namen daher erhalten, weil die Türken, als sie gegen Payerbach marschierten, bei diesem Kreuze mit Blindheit g e s c h l a g e n wurden und umkehren mußten.

Die Türken vor Edlitz

Im Jahre 1529 drang eine Türkenhorde bis Edlitz vor. Es war kurz vor Mittag, als die Mordbrenner in einiger Entfernung vom Ort anhielten und sich zum Angriff vorbereiteten. Gerade in dem Augenblick, da der schnauzbärtige Anführer der wilden Horde das Zeichen zum Angriff geben wollte, läuteten die Kirchenglocken zum Mittagsgebet. Glockengeläut galt aber bei den Türken als Alarmzeichen.

Die beutelüsterne Horde wähnte sich verraten. Anstatt anzugreifen, wandten die Krummsäbel ihre struppigen Pferde zur Flucht.

Auf diese wundersame Weise blieb der Ort von Kriegsnot und bitterem Leid verschont.

Der Türkensturz bei Seebenstein

Als 1532 der tapfere Steyrer Sebastian Schärtel von Burtenbach, geführt von dem mutvollen Marktrichter von Leobersdorf, mit seinen 500 Hackenschützen das Lager der Türken bei Pottenstein von rückwärts angriff, um die Feinde dem Pfalzgrafen Friedrich (Herzog von Bayern) entgegenzujagen, entrann ein Trupp dieser mord- und beutelustigen Würger dem allgemeinen Verderben. Während ihr Bassa Chasan Mihal Oglu mit dem größten Teile seiner Streiter im Begriff, sich dem Geschützfeuer des Pfalzgrafen zu entziehen, in den Sumpf von Schönau geriet, wo sich die Türken, ihre ermüdeten Rosse dem Schicksale überlassend, mit dem Säbel in der Faust zu Fuß verteidigen mußten und zum größten Teile aufgerieben wurden, gelang es der kleinen Schar, zu entkommen. Im Anfange sich durch die Wälder schlagend, wurden die Mordbrenner, je weiter sie sich von dem Heere des Pfalzgrafen entfernt wußten, kühner und brandschatzten und raubten, wo sie ein Gehöfte fanden.

Das Verhängnis sollte sie jedoch bald genug ereilen; ein Bauernbursche, der spät abends im Walde Wildschlingen legte, sah, im Gebüsch versteckt, die Türkenschar vorüberziehen. Vom Schreck gebannt, wagte er sich nicht zu rühren, solange noch die gefährlichen Feinde in der Nähe waren, doch kaum waren sie verschwunden, da eilte der Arme dahin, um auf ihm bekannten Waldpfaden die Entsetzlichen zu umgehen und die Besitzer der umliegenden Gehöfte vor dem ihnen drohenden Schicksale zu warnen. Das nächste war wohl nicht mehr zu retten, denn während der Warner weitereilte und die Leute ihre wertvollsten Sachen rasch zusammenpackten, um sie vor den Plünderern in Sicherheit zu bringen, hatten die Gefürchteten das Haus schon von allen Seiten umschlossen; ein Knecht, der, ängstlicher als die übrigen, eiligst mit seinen Habseligkeiten entkommen wollte, war das erste Opfer; rasch auf den nahen Waldsaum zueilend, sah er sich plötzlich von den Gefürchteten umringt, die mit geschwungenen Säbeln auf ihn zustürzten; ein gellendes Angstgeschrei ausstoßend, versuchte er das Haus wieder zu erreichen, zu spät, bald hatten ihn die Mordbrenner eingeholt und niedergehauen.

Doch die Bewohner des Gehöftes waren durch seinen Todesschrei gewarnt, und bevor die Würger in das Haus gelangten, hatten sich die meisten in die gemauerte Küchenflur geflüchtet und die Türe rasch verwahrt. Während die Männer nach allen Punkten, wo der Eingang in das ziemlich fest gebaute Haus möglich war, scharfe Wache hielten, schleppten Kinder und Weiber in Eile herbei, was beweglich war, um hinter der festen Türe, an der die Andringenden vergebens rüttelten, eine notdürftige Schutzwehr aufzubauen. Für den Augenblick wenigstens waren die Bedrängten gesichert. Das einzige kleine Fenster, das in den gewölbten Raum ging, war fest vergittert; in die Wohnstube, die etwas tiefer lag, führten einige Stufen, während die kleinen Fenster derselben ebenfalls stark vergittert waren, so daß die Eingeschlossenen wohl hoffen durften. Die einzige Türe, die aus festen Bohlen gezimmert war, mit der dahinter aufgeführten Barrikade aus allem möglichen Hausrat, den die Feinde, die nur einzeln durch die Türe kommen konnten, erst aus dem Weg räumen mußten, gab den Angegriffenen wirksame Gelegenheit, den Türken bei dem Versuche des Eindringens die Schädel zu zerschmettern.

Lautlos still war es im Raume, niemand wagte zu reden, krampfhaft hielten die beiden Knechte, die ober der Türe auf dem Gesimsbrette standen, ihre Äxte, um sie auf den ersten Türkenschädel, der sich zeigen würde, niederzuschmettern mit verderblicher Wucht. Doch die Bedränger schienen verschwunden; da glomm allgemach ein fahler Schein empor, ein leises Knistern und Prasseln, und immer heller und heller ward es draußen, flammend wuchs es empor mit gieriger Eile. Die Moslems hatten das Strohdach in Brand gesteckt; keine Hoffnung mehr auf Rettung! Kein Entrinnen. –

Weithin leuchtete die entfachte Feuersäule, und der Widerschein des geröteten Himmels, wogend wie fließendes Blut, rief zur Rache, zur Vergeltung. – Von dem entsprungenen Burschen gewarnt und über die Anzahl der Feinde aufgeklärt, rotteten sich die ergrimmten Bauern zusammen, um die Würger zu vernichten. Eines Morgens früh fanden sich die Türken von einer überlegenen Anzahl der aufgebrachten Bauern umstellt, die sie unter fortwährenden Angriffen zurückdrängten. Dichte Nebelschleier verhüllten die Gegend, doch die Angreifer, wohlbekannt und vertraut mit ihren Bergen, zwangen die Feinde dann der Felswand zu; zu spät erkannten diese ihr Verderben, mit Ungestüm warfen sich die Rächer vor und verlegten ihnen den Rückweg. Nicht einer entkam, sie mußten alle den grausigen Todessturz in die Tiefe machen. So ereilte die Rache für viele Untaten die räuberische Horde.

Der historische Hintergrund: Die über die Akindschi erbitterten Bauern erschlugen 1532 in der Gegend viele von Kasim Begs Soldaten, die dem Gefecht bei Leobersdorf hatten entrinnen können.

Eine andere Version der Sage erzählt:

Der Türkensturz bei Seebenstein

Als im Jahre 1532 die Türken die Festung Güns belagerten, durchzogen sie auch das Pittental und wurden von den Bauern von Seebenstein und Gleißenfels zurückgedrängt. Eine kleinere Feindestruppe versteckte sich im nahen Walde. Zu ihrer Überraschung gewahrte sie auf einem Pfade die heilige Maria. Um ihren Mißerfolg zu rächen, jagten die Türken der heiligen Erscheinung nach, bis Maria den Rand eines jähen Felsens erreichte. Sie sprang beiseite, indes die Türken, die den Abgrund nicht bemerkten, in die Tiefe sausten. Ein Soldat blieb an einem Baum hängen und rettete auf diese Weise sein Leben. Als er gefangengenommen wurde, erzählte er das Erlebnis mit der heiligen Maria. Die bekannte steile Felswand bei Seebenstein, die auch eine sagenhafte Höhle enthält, führt seit jener Zeit den Namen Türkensturz. Unter dem Türkensturz steht ein Felsblock, der in der Überlieferung die Lutherkanzel genannt wird.

Die Türken vor Steyersberg

Auch in das liebliche Hasbachtal kam eine türkische Freibeuterhorde. Hier erregte vor allem das schöne und reiche Schloß Steyersberg die Gier der wilden Heiden. Sie klommen tobend die Mauern hinan, wurden aber von dem Burgherrn und seinen tapferen Mannen zurückgeworfen. Sie versuchten, die Tore einzurennen, aber die dicken, eisenbeschlagenen Eichenbohlen widerstanden. Da begannen sie, Stangen, Bretter, Latten, Balken und Reiser zum Haupttore zu schleppen, um es einzubrennen. Doch auch dieser Plan ward zunichte. Denn jählings flog ein geheimer Torflügel auf, ein langer Eisenhaken zuckte heraus und riß den nächsten Türken hinein. Grimmiges Allahgeschrei zerriß die Luft. Eine Wolke von Pfeilen schwirrte wider die Luke, aber vergebens; denn sie war blitzschnell wieder geschlossen worden. Wohl wagten es noch mehrere Heiden, dem verderbendrohenden Tore zu nahen, um Brand zu stiften, aber die schreckliche Eisenhand packte sie alle. Endlich, als die wilden Burgleute den gräßlich heulenden Gefangenen Nasen und Ohren abschnitten und über die Mauern zu den Belagerern hinauswarfen, da erfaßte diese Grauen und Zagen, so daß sie entwichen. Ein verwegener Türke hingegen blieb heimlich zurück und lauerte in einem Verstecke auf Rache. Nachdem der feindliche Schwarm in weiter Ferne verschwunden war, eilten die befreiten Burgleute lustwandelnd ins Freie. Plötzlich schwirrte ein Pfeil, und ein Knappe stürzte tot in den Sand. Erschrocken fliehen alle wieder hinter die schirmenden Mauern. Man späht viele Stunden von den Zinnen in die Runde, aber nirgends ist ein Feind zu entdecken. Anderen Tages wagen sich einige Mannen wieder hinaus, und abermals fällt ein Krieger dem unsichtbaren Schützen zum Opfer. Die Mannen forschen nach dem tückischen Mörder, jedoch vergebens. Bald wird ein dritter Krieger meuchlings getötet. Da hält der erbitterte Graf mit allen seinen Mannen emsige Suche in allen Winkeln und Schlupfen um das Schloß. Endlich fanden sie in dem hohlen Stamme eines riesigen Nußbaumes, der vor dem Burgtore stand, den rachsüchtigen Türken und bemächtigten sich seiner. In ihrem lodernden Grimme gruben sie ihn sofort unter demselben Baume lebendig ein. Mit der Kraft des Todeskampfes hob er zweimal die deckende Sandlast und schnellte empor. Zum dritten Male vermochte er's nimmer. Der würdige Sprosse jenes denkwürdigen Nußbaumes stand noch vor wenigen Jahren und verkündete rauschend die grausige Märe.

Die Burg Steyersberg war im 16. und 17. Jahrhundert so gut ausgebaut worden, daß sie 1683 den Türken erfolgreich Widerstand leisten konnte.

Die Türken vor St. Wolfgang

Nachdem die streifenden Türken K i r c h b e r g   a m   W e c h s e l überfallen hatten, stürmten sie unter lachendem Hohne gegen den Christengott zur alten Pfarrkirche St. Wolfgang hinan, um auch diese auszurauben und zu verwüsten. Aber der Herr ließ seiner nicht spotten und beschirmte sein heiliges Haus. Denn er schlug die frevlen Lästerer mit plötzlicher Blindheit, so daß sie schreckbetäubt zu Boden stürzten. Nachdem sie wieder zu sich gekommen waren, flohen sie schaudernd von dannen.

Wolfgang wurde gelegentlich als Viehpatron verehrt, dem Eisenvotive dargebracht wurden. Hier dürfte der Ursprung der Sage anzusetzen sein. Der axtwerfende Bischof, dem viele Taufkirchen geweiht waren, mag in der Volksfrömmigkeit hie und da auch die Stelle des hammerschwingenden Thor (Hammer als Zeichen der Fruchtbarkeit) eingenommen haben. – Die Türken kamen 1532 auf den Hochwechsel.

Kirchberg am Wechsel

Die berühmte St.-Wolfgangs-Kirche bei Kirchberg am Wechsel wollte ein Türke zerstören. Aber er erblindete plötzlich und erhielt sein Augenlicht erst wieder, als er versprochen hatte, ein silbernes Hufeisen in der Kirche zu opfern.

St. Radegundis bei Kirchschlag

In die Wallfahrtskirche der heiligen Radegundis in Habich bei Kirchschlag hatten sich die Bewohner der ganzen Umgebung beim Heranrücken der Muselmanen geflüchtet. Sie bestürmten die Heilige mit Bitten um gnädige Errettung. Plötzlich erhob sich ein furchtbarer Hagelsturm und trieb die Feinde, die bereits über den Heiligenbrunn-Riegel heranzogen, in die Flucht.

Der Vollberg

Nachdem die Türken Hainfeld verheert hatten, lagerten sie so massenhaft auf dem Berge nördlich von Hainfeld, daß derselbe von ihnen ganz voll war. Seitdem heißt er der Vollberg.

Hainfeld wurde 1529 und 1683 von den Türken heimgesucht.

Der Durchlaß

Als die Türken von Michelbach her über die Höhe gegen Rohrbach an der Gölsen vordrangen, hielten die Gölsentaler den Graben, welcher von der Michelbacher Seite gegen letzteren Ort ausläuft, besetzt, um die wüsten Feinde zurückzudrängen. Aber sie waren derselben nicht mächtig und mußten sie durchlassen. Deswegen heißt jener Graben der Durchlaß.

Die Prinzt

Zur Zeit, da die Türken im Gölsentale sengten und plünderten, lagerten drei türkische P r i n z e n auf dem Hange nordöstlich von Rohrbach an der Gölsen. Davon heißt diese Gegend die Prinzt.

Der Name leitet sich von Brünst, Feuersbrunst, ab. Entweder hat es dort öfter gebrannt, oder es wurde mit Hilfe von Feuer gerodet (gewöhnlich »Brand« oder ». . . gschwendt«).

Die gefangene St. Veiterin

Das Weib eines Einwohners von St. Veit an der Gölsen wurde von den Türken als Sklavin fortgeschleppt und schmachtete viele Jahre in schmählicher Gefangenschaft. Endlich fand sie eine glückliche Gelegenheit zur Flucht und wanderte bettelnd und unter unsäglichen Mühsalen in das teure, ferne Vaterland zurück. Aber ihre jubelnde Freude, mit der sie die langerseufzte Heimat wieder begrüßte, währte nicht lange. Denn sie fand ihren Gatten mit einer anderen verheiratet. Darob grämte sie sich so sehr, daß sie bald darauf starb.

Das Handreichen

Vor Zeiten reichten bei Begegnungen nur die Verwandten und Freunde einander die Hände. Nach den Türkeneinfällen aber wurde diese trauliche Sitte auch zwischen Fremden üblich. Denn da waren so wenig Leute übrig geblieben, daß man selten jemandem begegnete, und daher jeden, mochte er auch ganz fremd sein, mit herzlicher Freude wie einen guten Freund begrüßte.

Immer wieder als Ausdruck der Entvölkerung eines Gebietes genannt nach Seuchen oder Kriegszeiten. Auch in den Prophezeiungen des Mühlhiasel aus dem Bayerischen Wald wird das »Handreichen« nach der großen Katastrophe (dem »Abräumen«) angekündigt.

Die Türken in Kerschenbach

Die Türken überfielen auch die zerstreuten Höfe von Kerschenbach (St. Veit an der Gölsen). Die Leute des W i e s h o f e s flüchteten. Aber der Bauer selber verspätete sich und ward auf der großen Wiese vor dem Hause von den Türken erwischt. Da er sich weigerte, ihnen das Versteck seines Geldes und seiner Leute zu zeigen, hieben sie ihm auf der Stelle die Füße ab und töteten ihn endlich. Er liegt am selben Platze begraben. Der alte Wiesbauer war zu Hause im Bett geblieben, weil man ihn ob seiner Altersschwäche nicht hatte mitnehmen können. Die Türken fanden ihn, taten ihm aber nichts zuleide und verschonten auch das Haus. Zwei Leute des Wieshofes hatten sich in einem Dickicht verborgen und lebten darin drei Tage von einem Laibe Brotes. Dann erst wagten sie sich hervor.

Auf dem Wieshof – Kerschenbach 6 – ist die Erinnerung an die Türken lebendig geblieben. Der Hof ist ein altes, aus Steinen errichtetes Gebäude. Gemeinsam mit dem Wiesbauern sollen auch noch zwei Nachbarn, der Eckbauer und der Feldbauer, erschlagen und rund 200 Meter vom Wieshof im »Türkenacker« begraben worden sein. Heute ist das Grundstück Acker, vorher war es Wiese, auf der sich eine »Sutte« zeigte, so, als wäre eine Grube gegraben worden und daneben noch Erde aufgeworfen. Als der heutige Altbauer die Wiese zum ersten Mal mit dem Pflug umbrach, fand er in der Furche drei Westenknöpfe aus Zinn (Rand verziert, in der Mitte kleine Buckel), davon sind noch zwei vorhanden. Sie sollen so gelegen sein, wie sie an der Weste angenäht gewesen waren. Die Leichen sollen ausgegraben und auf dem Friedhof von Pyhra beigesetzt worden sein.
Der Wieshof wurde von den Türken nach der Hausüberlieferung nicht zerstört, weil das Gewölbe über der Kellertür (an der Frontseite sichtbar) einen Halbmond bildet. Im Stall sollen die Türken ihre Pferde eingestellt haben, beim Hof findet sich auch noch eine »türkische« (sicher jedenfalls in der Gegend unübliche) Pferdetrense. Das Versteck der Hausleute soll bis etwa 1923 existiert haben: Auf einem Hügel hinter dem Haus, bestanden von Buchen, fanden sich früher drei riesige Feldsteinhaufen. Als sie abgetragen wurden, fanden sich darin Gewölbe, in denen sich einige Menschen hätten verbergen können. Vielleicht alte »Hünengräber«, die später als Zuflucht verwendet wurden? Leider nicht mehr feststellbar ...

Stadt St. Veit an der Gölsen

Der kleine Markt St. Veit an der Gölsen war vor den Türkeneinfällen so groß, daß er sieben Fleischbänke hatte und bis Kropfsdorf hinaufreichte.

Ähnlich erzählt die Sage, daß Hasbach, Kottes, Karlstetten, Nöstach, Sirning oder Siding und viele andere Ortschaften einst bedeutende Städte gewesen seien.

Die Türken in St. Veit an der Gölsen

Als die Türken gegen St. Veit an der Gölsen vordrangen, grub eine Schar St. Veiter im nahen B r ü h l e r g r a b e n eine große Höhle und barg sich samt ihrer besten beweglichen Habe darinnen. Aber einer aus der Schar verspätete sich und ward von den Feinden gefangen. Der war ein schlechter Feigling und erbot sich, ihnen das Versteck der Genossen zu verraten, wenn ihm das Leben geschenkt würde. Die Türken nahmen sein schmähliches Anerbieten an und fingen die ganze Schar aus dem Schlupfe. Doch jetzt sagten sie zu dem Angeber, weil er so herzlos gewesen sei, seine eigenen Landsleute zu verraten, müsse er auch zusehen, wie dieselben umgebracht würden. Dann köpften sie die Gefangenen und zuletzt auch den Verräter.

Eine andere Schar der St. Veiter war in die K i r c h e geflüchtet. Die Heiden drangen nach und ermordeten alle. Darauf wischten sie ihre blutigen Hände an den Innenwänden der Kirche ab. Die so entstandenen Blutstreifen wurden erst durch die Restauration in den zwanziger Jahren getilgt, drangen jedoch seitdem wieder durch die Tünche. Darnach lagerten die Türken auf der sanften Abdachung beim Bauernhofe V o i t und schlachteten und brieten dort das zusammengeplünderte Vieh.

1683 wurden beim Türkeneinfall die Kirche, der Pfarrhof und die Schule niedergebrannt. In der Nähe von St. Veit war ein Beute-Sammellager der türkischen Streifscharen. 1529 schlugen die Akindschi in der St. Veiter Wehrkirche ihr Standlager auf.

Der gefangene Wiesenbacher

Um 1730 geriet der Sohn eines der S t e i g e n h ä u s e r (Rotte im Steigraben zu Wiesenbach, St. Veit an der Gölsen), namens K e r s c h n e r , vielleicht als Soldat, in die Gefangenschaft der Türken. Diese sperrten ihn in eine Zelle des Sklavenstalles und fütterten ihn wie ein Schwein. Im selben Türkenhause war auch eine gefangene, deutsche Christin, welche das Vertrauen der Herrschaft genoß und das Hauswesen besorgte. Sie hatte daher auch die im Sklavenstalle eingesperrten Christen zu ›füttern‹. Von ihr erfuhr Kerschner das grause Schicksal, welches seiner wie der üb-

144

rigen Häftlinge des Sklavenstalles harrte. Sie sollten, sobald sie genug gemästet wären, wie Schweine geschlachtet und gegessen werden!

Obwohl sich die Christin und der unglückliche Wiesenbacher nicht sehen und nur wenig sprechen konnten, waren sie doch bald gute Bekannte.
Denn sie erfuhren voneinander, daß sie Landsleute aus ein und derselben
Gegend seien. Eines Tages kam die Christin auf längere Weile zu dem Koben ihres armen Landsmannes und teilte ihm mit, die Herrenleute seien alle
ausgegangen, und sie könne daher einmal nach Lust mit ihm plaudern, ohne
Gefahr zu laufen. Da blitzte der Gedanke einer möglichen Rettung in ihm
auf. Er fragte also seine treue Landsmännin, ob sie seinen Koben öffnen
könne. Sie erwiderte, ja, aber sie dürfe nicht. Endlich jedoch gelang es ihm,
sie zu überreden, worauf beide flohen. Sobald die Stunde gekommen war,
zu welcher, wie die entronnene Hausbesorgerin wußte, die Herrenleute
heimkamen, unterbrachen die Flüchtlinge ihre Flucht und bargen sich auf
hohen Eichen, welche dort in Menge wachsen. Nach ein paar Stunden kamen schon die spürenden Hunde der nachsetzenden Türken angerannt,
verloren aber plötzlich die Spur auf dem Boden. Auch ihre Herren vermochten die Flüchtigen nicht zu entdecken, da fast alle Türken »übersich-
tig« sind. Nachdem die Verfolger umgekehrt waren, wanderte das gerettete
Paar Nacht um Nacht und schlief bei Tage in sicherem Verstecke. Endlich
erreichten sie glücklich die traute Heimat. Kerschners treue Befreierin kehrte in ihr nahes Heim zurück. Er aber wurde Prälatenkoch im Stift Lilienfeld
und in der Folge Bauer auf der Prinzt zu Klostereben (Lilienfeld). Von ihm
stammt der Gillersbauer in Kerschenbach (St. Veit an der Gölsen).

*Der Gillershof ist vor einigen Jahren niedergebrannt. Der Hof gehört heute zu
einem größeren Gut.*

Die Türken in Wiesenbach

Die Einwohner von Wiesenbach (St. Veit an der Gölsen) flohen vor den
Türken in die W e n d e l l u k e. Die Heiden erforschten das hohe Versteck, sahen aber sofort ein, daß sie es ob des schroffen und engen Ein-
schlupfes mit der Waffe nicht einnehmen könnten. Sie schleppten daher
Strohgarben auf den Wendelgupf hinauf und warfen sie angezündet in die
Mündung der Höhle, um die Geborgenen auszuräuchern. Aber der stets
aus der Wendelluke wehende Wind blies den Rauch ins Freie. So wurden
die Wiesenbacher gerettet.

*Die Wendelluke ist sehr abgelegen. Tatsächlich weht ein Luftzug aus ihr ins
Freie. Die Höhle wurde immer wieder von Wiesenbachern als Zufluchtsort benutzt, auch nach dem Zweiten Weltkrieg beim Einmarsch der Russen.*

Die Türken in Innerhallbach

Aus einem Feld der Kumpfmühle erhebt sich ein vier Meter hoher Felsenmugel. Bei diesem Felsen wurden einige Türken von Bauern aus Innerhallbach zum Kampf gestellt und erschlagen. Seither heißt der Mugel »Türkenriegel«.

Die Kumpfmühle hat den Mühl- und Sägewerksbetrieb eingestellt. Ca. 250 Meter von der Kumpfmühle in der Wiese rechts an der Straße Richtung Kalte Kuchl liegt ein auffallender Hügel aus Felsen, bestanden mit Gebüschen und einem Baum. Er wird noch heute »Türkenriegel« genannt. – Einen Einfall der Türken ins innere Hallbachtal haben die Bauern bei einer heute nicht mehr vorhandenen Türkenschanze abgewehrt. Vielleicht ist das der historische Kern der Sage.

Die Hoferkapelle in der Ramsau

Die Bewohner des Ramsauer Tales wurden vom Einfall der Tataren völlig überrascht. Es blieb ihnen nur schleunigste Flucht in die Wälder. Auch die Hoferin floh Hals über Kopf. Sie ließ sogar ihr Kind zurück. Als sie sich auf das Kind besann und an das Lager der Tataren heranschlich, sah sie, wie die Mordbrenner es gerade töten wollten. Da stieß sie einen furchtbaren Verzweiflungsschrei aus. Die Tataren taten weder ihr noch dem Kind etwas zuleide. Aber die Hoferin war seit diesem Augenblick wahnsinnig geworden. Man ließ zum Gedächtnis an dieses Ereignis eine Kapelle erbauen. Dort soll man heute noch manchmal in der Nacht die Hoferin »umgehen« und nach ihrem Kind weinen hören.

Der Hoferhof ist heute der »Alpengasthof Hofer«. Am Weg zu ihm hinauf steht unter zwei Linden noch die Hoferkapelle (Statue der hl. Katharina und des hl. Antonius).

Der Verräter

Das »Türkenloch« der Ramsauer ist die Höhle oberm Großbichler. Dorthin flüchteten viele Ramsauer vor den Türken. Der Scheer-Bauer aber wollte sein Leben und seinen Besitz retten und verriet das Versteck. Die Türken holten die Flüchtlinge herunter und erschlugen sie alle auf der Scheer-Wiese. Der Scheer mußte dabei zuschauen – ihm wurde als letztem der Kopf abgeschlagen.

Der Scheerhof ist heute im Besitz der Familie Reichersdorfer. Die Sage ist in Ramsau allgemein bekannt.

Das Türkenloch bei Kleinzell

Als die Türken nach Kleinzell kamen, waren die meisten Bauern gerade mitten im Schnitt. Sie flüchteten daher in allerletzter Minute. Die meisten verbargen sich in der Höhle der Weißenbachmauer. Doch gerade, als die Türken in der Nähe waren, bellte in der Höhle ein Hund und verriet das Versteck. Die Türken haben dann die Flüchtlinge ausgeräuchert. Später hat man in der Höhle eine Sichel und ein Hundeskelett gefunden. Auch den Flüchtlingen in der Türkenhöhle beim Reithof und denen, die sich im Türkenloch beim Eschenbeck versteckt hielten, erging es nicht besser. Den Schernreiterhof haben die Türken verschont, weil er eine halbmondförmige Giebelzier hatte. Beim Hoferhaus wurden einige Bauern von einem flüchtenden Weiblein vor den Türken gewarnt. Sie lachten aber, wurden von den Türken überrumpelt und umgebracht.

Die Kleinzeller haben sich aber auch zur Wehr gesetzt. Das beweist die Türkenschanze. Und noch vor nicht gar langer Zeit wurden in einigen Bauernhäusern Türkensäbel gezeigt.

1529 wurde der Ort von den Türken heimgesucht. 1683 wird der Ort niedergebrannt, die Kirche nur geplündert. Am 29. und 30. Juli werden bei Kleinzell lagernde Türken von Lilienfeldern versprengt, viele Gefangene befreit. Einen Rest der flüchtenden Tataren erschlugen die Bauern von Hohenberg und St. Aegyd. – Das Hoferhaus von Kleinzell ist das heutige Gasthaus Plattner. In der Nähe befindet sich ein »Türkenloch«, eine relativ weitläufige Tropfsteinhöhle. Auch hier sollen die Türken ein Ausräuchern versucht haben – allerdings vergeblich. Im »Türkenloch« beim Hofer wurde altes Geld gefunden. Von Funden in anderen Türkenlöchern wird bereits im vorigen Jahrhundert berichtet. Auch die »Bergmandllucka« bei Wasserlueg wird »Türkenloch« genannt. Hier soll der damalige Pfarrer Nikolaus Till 1683 mit Bauern aus Kleinzell aus dem Hallbachtal abziehende Türken überfallen und viele von ihnen durch Steinlawinen und von den Hängen gerollte Baumstämme erschlagen haben, wodurch viele christliche Gefangene freikamen.

Die Türken vor der Araburg

Als sich die Kaumberger gegen die Türken nicht mehr halten konnten und Kirche und Häuser der Zerstörung anheimfielen, nahmen die Leute mit ihren zwei Pfarrgeistlichen in der noch gut erhaltenen Araburg Zuflucht. Um die an Proviant und Munition Notleidenden vor ihren Belagerern zu retten, entsandte der Lilienfelder Stiftsabt Matthäus Kolweiß 150 Mann, die aber den Ring der Türken nicht zu durchstoßen vermochten. Darum nahmen sie den Stier, mit dem sich ein Bauer in den Wald geflüchtet hatte, mit auf eine Höhe und brachten ihn durch Necken und Stoßen zum Brüllen. Als die Türken dies hörten, meinten sie, ein Kriegshorn zu vernehmen und flüchteten.

1529 wurde Kaumberg von den Türken zerstört. Die Araburg konnte gehalten werden. 1683 berichtet Balthasar Kleinschroth von einer Schanze »auf dem Kaum-

berg« und daß sie (am 14. 7.) eingenommen wurde. Der Ort wurde wieder zerstört. Diesmal aber wurde auch die Araburg belagert. Der Entsatzversuch von Lilienfeld aus ist historisch, doch blieb er leider erfolglos. Die Burg wurde – vermutlich war sie in sehr mangelhaftem Verteidigungszustand – eingenommen und in Brand gesteckt.

Der Blutbach bei Freiland

Wall und Graben wehrten den Türken den Zutritt zum Stifte Lilienfeld. Der Wald wurde gelichtet, damit sie sich nicht anschleichen konnten, und die Straße wurde durch Verhaue unwegsam gemacht. Das größte Hindernis aber war wohl die Türkenmauer in Freiland. Die braven Traisentaler arbeiteten viele Tage und Nächte an dieser Mauer, die allen Bewohnern bis Mariazell hinein Schutz gewähren sollte.

Es dauerte auch nicht lange, bis der Ruf erscholl: »Die Türken kommen!« Sofort wurde ein Höhenfeuer entzündet, und dieses verabredete Zeichen sollte die Türnitzer und Hohenberger zur Hilfe herbeirufen. Sie kamen auch rasch, geführt vom greisen P. Lorenz Molderer und dem Schulmeister Johann Chrysostomus Eberl, bewaffnet mit alten Stutzen, Morgensternen, Sensen, Mistgabeln und Dreschflegeln. Sie bezogen bei der Mauer ihre Stellungen. Vor der Mauer rann ein Bächlein vom Berge herab, das das Mausbächlein genannt wird.

Als die Verteidiger gegen Lilienfeld lugten, konnten sie eine Staubwolke bemerken, die immer größer wurde, und der Ruf: »Die Türken kommen!« ging von Mund zu Mund. Schon setzten die Heransprengenden über die Traisen und stürmten den ersten Bauernhof. Die Taverne stand bald in Flammen, aber was mit den Bewohnern des Hauses geschah, wußte niemand. Und kurze Zeit darauf standen die ersten Türken vor der Mauer und forderten die Verteidiger auf, sie abzubrechen und freien Weg zu machen. Doch dieser Aufforderung kam niemand nach, und jeder Ansturm der Türken wurde von den tapferen Bauern zurückgeworfen.

Da wollten die Türken nun graben, doch die Bauern verschlossen den Durchfluß der Traisen, und es entstand hinter der Mauer ein großer See, der sich weit ausdehnte, so daß viele Bauernhäuser im Tale im Wasser standen. Der Tod hielt in den Reihen der Türken reiche Ernte und verschonte auch so manchen Bauern nicht. Das Blut floß so stark, daß das Bächlein vom Berge her – vom Blute übervoll – aus seinen Ufern trat; damals nannten sie das Mausbächlein Blutbächlein. Während des Kampfes stand der Priester mit hocherhobenem Kreuze dort und forderte sie mit den Worten »Nicht nachlassen!« zum Aushalten auf.

Die letzten zwei Türken schwangen sich auf ihre Rosse und jagten davon. Die Bauern entblößten ihre Häupter und beteten für die Gefallenen, dann rissen sie einen Teil der Mauer auf, und das Wasser rann noch eine Weile rot. – Auf dem Felsen aber neben der Kampfstätte wurde ein großes Holzkreuz aufgerichtet.

Stücke der »Türkenmauer« zwischen Lilienfeld und Freiland noch erhalten. Auch ein Rondell mit Schießscharten. Ansätze einer Talsperre noch zu erkennen. – Die Mauer wurde unter Abt Matthäus Kohlweiß von Lilienfeld errichtet. Er nahm die Bevölkerung im Stift auf, ließ es in Verteidigungszustand setzen und übernahm selbst das Kommando. Abt Matthäus unternahm mehrere Ausfälle. So wurden am 29. Juli bei Kleinzell eine türkische Streifschar überfallen, 18 Türkenköpfe »eingebracht« und 200 Christen aus der Gewalt der Tataren befreit. Anfang August wurde das Kloster Lilienfeld vergeblich von Türken gestürmt. – Von 1229 der Herrschaft Lilienfeld untertänigen Häusern waren 1683 402 ganz zerstört und die Bewohner tot, 243 abgebrannt und 351 ausgeplündert. Über 360 Personen waren in den Ämtern Türnitz, Lilienfeld und Hainfeld ermordet worden, an die 1000 waren in Gefangenschaft geschleppt worden.

Der Schmied von Hohenberg

Der Schmied Georg Scheinhardt, der Weber Hans Mayer und der Gerber Michael Clär von Hohenberg fuhren im Jahre 1683 mit Roß und Wagen ins Gölsental, wo sie verschiedenes zu besorgen hatten. Angstvoll wartete man auf ihre Rückkehr. Besonders die junge Frau des Schmiedemeisters, Sabine, hatte schon schlaflose Nächte, weil die Kunde nach Hohenberg gedrungen war, die Türken hätten in der Nähe von Hainfeld eine Gruppe von Bauern erwischt, beraubt und alle, die sich zur Wehr setzten, niedergesäbelt, die übrigen aber gefangengenommen.

Die Scheinhardtin beschwor und überredete den Schmiedsknecht Geörgen Sommer, mit einigen beherzten Burschen nach Hainfeld zu gehen, um nach den Verschollenen zu forschen. Nach Tagen kamen sie zurück und brachten die schreckliche Nachricht, sie hätten einen Leichnam gefunden, bis zur Unkenntlichkeit zerhauen. An der Größe aber und an den lichten Haaren haben sie deutlich erkannt, daß es niemand anderer sein konnte als der lange, starke, mutige Schmied Georg Scheinhardt.

Die Türken in Eschenau

Die Türken äscherten alle Häuser und auch die Kirche ein. Nur der Hof des Hausbauers blieb verschont. Über seiner Tür war eine halbmondförmige Verzierung angebracht, deshalb verschonten sie dieses Haus.

Beim »Hausbauer«, heute Schulgasse 2, ist ein altes, steingemauertes Bauernhaus, das leider bald weggerissen werden soll. Die Besitzer kennen die Sage. Halbmond keiner mehr vorhanden, lediglich über einem Fenster zwei Halbbögen und dazwischen ein Herz. Halbmond soll sich über der heute vermauerten Kellertür befunden haben (ein Gewölbebogen).
Am 19. August 1683 lockten 200 Mann aus dem Kloster Lilienfeld eine Türkenschar bei Eschenau in den Hinterhalt. Pater Karl Seitz wirkte als geübter Trompeter an dieser Kriegslist aktiv mit. 150 Türken sollen getötet, an die 100 gefangene Christen befreit worden sein. Ein Türke wurde gefangen, soll sich später taufen lassen haben.

Die Türken in der Loich

Als die türkischen Senger und Brenner die Bauernhäuser im Gebirge durchstreiften, schlachteten einige schlaue Bewohner von der Brent (Loich) ein Schaf und beschmierten mit dem Blute die Türen, damit die nachkommenden Türken meinten, es seien bereits Türken hier gewesen und hätten die Bewohner getötet. So sollte jedes weitere Suchen verhindert werden.

Kriegslistsage.

Der Markt Kirchstetten

Kirchstetten an der Westbahn war einstens ein bedeutender Markt. Es wurde dort jährlich zweimal Jahrmarkt abgehalten, und zwar einer am St.-Vitus-Tage (15. Juni) und der zweite am St.-Matthäus-Tage (21. September). Der Markt am Vitus-Tag wurde noch Burgunderpflanzenmarkt genannt, da an diesem Tage Burgunderpflanzen zum Verkaufe gelangten. Durch die großen Verwüstungen durch die Türken im Jahre 1683 sank der Markt Kirchstetten zu einem unbedeutenden Dorfe herab.

Die damalige Pfarre Kirchstetten ist nach 1683 eingegangen. Heute gehört der Ort zur Pfarre Ollersbach, das damals auch von den Türken zerstört wurde. Während früher in Ollersbach eine Filialkirche von Kirchstetten war, ist es seit der Türkenzeit umgekehrt. Auch ein Schloß stand früher auf dem Schulberg in Kirchstetten, welches gleichfalls von den Türken bis auf den Grund zerstört wurde. Das Schloß wurde nicht mehr aufgebaut, sondern an seiner Stelle das Schloß Baumgarten bei Ollersbach. Die Herrschaftsbesitzerin, eine Gräfin Palffy, kaufte auf der Anhöhe, auf welcher das Schloß steht, vier Bauernhöfe und erbaute dort das Schloß.

Die tapferen Murstettnerinnen

Die Frauen von Murstetten dürfen seit dem Türkenjahr 1683 in der Kirche auf der rechten Seite – der »Männerseite« – sitzen. Das kam so: Die Murstettner hatten sich vor den Türken in den Haspelwald geflüchtet und dort verschanzt. Der Dorfrichter Schopf leitete Verteidigungsmaßnahmen ein. Er stellte Wachen auf und schärfte den Männern vor allem ein, den geretteten Wein zu schonen und den Durst mit Wasser zu stillen. Als er aber einen Kontrollgang zu den weiter abseits liegenden Spähposten unternahm, schlugen einige Murstettner doch ein Faß an. Einer von ihnen, der schließlich schon etwas zuviel getrunken hatte, mußte schließlich auf Wache. Da stach ihn der Hafer, und der Mann krähte wie ein Hahn. Das hörten die Tataren. Sie überfielen das Lager und metzelten die weinschweren Murstettner nieder. Die Frauen aber, die sich beim Vieh an den Hängen des

Dieses Bild in der Pfarrkirche von Michelbach erinnert an den Widerstand, den die
Bauern den „Rennern und Brennern‟ geleistet haben sollen.

Haspelwaldes befanden, ließen unter Leitung der Dorfrichterstochter Brigitta Schopf Holzstämme auf die Türken und griffen wohl auch zu den Waffen. Daß nicht alle Murstettner ausgerottet wurden, ist ihnen zu verdanken.

Schloß und Kirche von Murstetten gingen 1683 in Flammen auf. Die Heldentat der Dorfrichterstochter Brigitta Schopf ist historisch.

Türkengräber bei Michelbach

An den Einfall der grausamen Türken in unsere Heimat und an die tapfere Gegenwehr unserer Vorfahren erinnert die »Türkenkapelle« in Michelbach. Dort sollen erschlagene Türken begraben worden sein.

Gar ein Türkenoffiziersgrab soll im heutigen Kloster Hochstraß gewesen sein.

Die Michelbacher »Türkenkapelle« stand beim Sägewerk Bühler, Michelbach Markt 1/B, auf dem »Spitzacker« und wurde 1921 am 1. 6. von einem Hochwasser fortgerissen. Ein Votivbild, das den Kampf der Michelbacher gegen die anstürmenden Türken zeigt, wurde gerettet und hängt in der Kirche von Michelbach. – Auf dem »Spitzacker« beim Bühler – zwischen Hang, Mühlbach und Bach – sollen die Michelbacher 1683 die Türken erwartet haben. Die im Gefecht gefallenen Michelbacher wurden um die Kirche herum begraben – erzählt man, die gefallenen Türken an Ort und Stelle. Tatsächlich sollen beim Anlegen einer Rübenmiete in den dreißiger Jahren Menschengebeine und Metallgegenstände sowie der Rest eines Türkensäbels zutage gekommen sein. Heute steht anstelle der Miete eine Abgabestelle der landwirtschaftlichen Genossenschaft.

Historisch belegbar: 1529 werden von 59 Höfen der Siedlung Michelbach nur sieben verschont. 1532 kamen die Türken nicht nach Michelbach. 1683 ergriff man zwar Abwehrmaßnahmen, doch nach dem Einfall waren 292 Menschenleben zu beklagen, 48 Häuser waren niedergebrannt, und die Pfarrkirche blieb bis 1705 »verödet«, berichtet Pfarrer Karl Vogl. – Von einem Türkenoffiziersgrab weiß man im Kloster Hochstraß nichts mehr.

Die Türken in Hochgschaid

Die Bewohner von Hochgschaid bei Stössing sollen im Jahre 1683 teils getötet, teils in die Gefangenschaft geschleppt worden sein, so daß eine Zeitlang der gänzlich verwüstete Ort unbewohnt war. Die kleine Betkapelle in Hochgschaid ist zur Erinnerung an die Türkenbefreiung errichtet worden.

Aufschrift auf der Kapelle: »Gelobt sei Jesus Christus, erbaut in der Türkenzeit 1683, renoviert 1978.«

Der Türkenkopf von Steinbach

Am Wege nach Steinbach befindet sich eine Stelle, die der Türkenkopf heißt. Während der Türkenkriege wurde der Kopf eines erschlagenen Türken in den Zwiesel (die Verzweigung) einer jungen Buche gesteckt. Der Kopf wurde von der wachsenden Rinde überwuchert und war später nicht mehr sichtbar.

Von den Türken fortgeschleppt

Ein Bauer in Oberzwischenbrunn, der zur Zeit der Türkennot Besitzer des Hauses Nr. 14 war, mußte den Türken mit seinem schönen Gespann Vorspann leisten. Da gab es kein Zaudern und Entfliehen. Er mußte, so schwer es ihm auch ankam, seinen Besitz und seine Heimat verlassen.

Die Reise dauerte dem Bauern lange und war für ihn trostlos. Endlich kamen sie in die Türkei.

Wenn er bei Tage traurig und in Gedanken versunken neben seinen lieben Pferden einherschritt, sann er nach, ob nicht doch noch Hoffnung vorhanden sei, die liebe Heimat wiederzusehen. Hie und da tauchte als Hoffnungsschimmer ein Fluchtplan auf. Vierzehn Tage lang blieb er nach dem Fassen des Fluchtplanes noch bei den Türken.

In einer stockfinsteren Nacht ging er in den Pferdestall und wickelte den Pferden Lumpen um die Hufe. Ganz geräuschlos schlich er mit seinen Pferden davon. Den schönen Wagen und die Geschirre ließ er zurück. Schnell und vorsichtig ging es der Grenze zu. Als er die türkische Grenze erreicht hatte, atmete er aus seiner Not auf. Nun ging es rasch der Heimat zu. Zu Hause war man über sein Kommen sehr erstaunt und freute sich mit ihm.

Die heutigen Besitzer des Hofes Oberzwischenbrunn 14 – eines sehr schön renovierten Vierkanters – wissen nichts mehr von der Sage.

Deix

Seit 1745 ist in den Grundbüchern der Name Deix (Taix, Teix) auf dem Hause Nr. 10 in Unterzwischenbrunn nachweisbar, aber in den Kirchenbüchern kommt der Name bereits zu Beginn der Bücher (1738) vor. Die Leute erzählten sich, daß der Name türkisch sein soll.

Auf Unterzwischenbrunn 10 geht noch die Überlieferung: Der Bauer, der in der Türkenzeit hier gesessen ist, wurde nach Konstantinopel mitgeschleppt und kam erst nach zwei Jahren wieder zurück. Seine Frau hatte sich mit einem Kind unter dem Stadel eingegraben. Als sie nach Abzug der Feinde wieder das Versteck verließ, soll sie weiße Haare gehabt haben. Die letzten Deix haben den Hof Ende der fünfziger Jahre verkauft.

Pirabe

Als die Türken bei uns waren, raubte ein türkischer Offizier ein Bauernmädchen aus Zwischenbrunn. In der Heimat des türkischen Offiziers heiratete er die Geraubte, die inzwischen Mohammedanerin werden mußte. Doch nach gar nicht zu langer Zeit floh die Geraubte und kehrte in die Heimat zurück. Zu Hause gebar sie einen Knaben. Als man sie um den Namen des türkischen Vaters fragte, gab sie den Namen »PIR – A – BE« an. Von diesem Knaben, dessen Vater ein Türke war, stammen die vielen Pirabe (Birabe, Birawe, Pyrabe u. a. Schreibungen) ab, die einst in Zwischenbrunn und anderen Orten wohnten.

Der Name Pirabe kam – so Leute in Zwischenbrunn – zuletzt in Stattersdorf und Heuberg vor. Der Name ist also bekannt, von der Sage weiß man nichts mehr.

Die Türken in Kasten

Die Türken zerstörten in Kasten die reichen Fruchtscheunen des Stiftes St. Pölten. Der Aufbau des Schlosses Kasten, das auch zerstört wurde, kostete das Kloster St. Pölten viel Geld.

Die mächtige Linde neben dem Postgebäude in Kasten soll angeblich zur Erinnerung an die Türkenzeit gepflanzt worden sein. An der alten Straße, die von Böheimkirchen nach Kasten führt, wurden in der Nähe des Kreuzstockes einige menschliche Gerippe in sitzender Stellung ausgegraben. Nach dem Volksmunde sollen dort Türken begraben worden sein.

Ältere Bewohner von Kasten können sich noch an die riesige »Türkenlinde« erinnern. Sie wurde, da sie hohl und ausgemorscht war, gefällt. Das Postamt wurde verlegt. Der Stamm der »Türkenlinde« ist heute als Naturdenkmal im Stadtwald von St. Pölten ausgestellt.

Rache an den Türken

Zwischen den Orten Wieden und Schauching steht an der Wegkreuzung Zuleithen – Schauching ein Kreuz. An dieser Stelle wurden einige türkische Krieger, die des Weges kamen, von einer Schar Bauern überfallen, erschlagen und gleich an Ort und Stelle begraben. Zur Erinnerung setzte man ein Kreuz. – Auch die beiden Wegkreuze von Zuleithen nach Ochsenburg sollen an erschlagene Türken erinnern.

Vor der Ortschaft Zuleithen steht ein Holzkreuz, Grund seiner Setzung nicht mehr bekannt. In der Nähe von Zuleithen ein steinernes Kreuz, das an die Franzosenzeit erinnert. Auf dem Weg von Schauching nach Pyhra zwei Holzkreuze ohne Hinweis auf die Türken.

Das Türkenkreuz von Stainingsdorf

In der Nähe von Stainingsdorf, dort, wo die Straße nach Loipersdorf
vorbeiführt, steht das Türkenkreuz. Es ist aus Granit und ziert einen kleinen Hügel.

Die Sage erzählt: Zur Zeit der Türkenkriege kamen auch in diese Gegend die »Senger und Brenner« und schleppten die Bewohner von Stainingsdorf in die Sklaverei fort. Ein Ehepaar namens Sieder entrann ihnen
und kehrte glücklich nach Hause zurück. Zum Dank für die Errettung
wurde die Bildsäule errichtet.

Eine viereckige Sandsteinsäule mit Granitaufsatz. In den Bildnischen drei moderne,
geschmackvolle keramische Tafelbilder mit Szenen aus den Türkenkriegen: Er-
mordung von Kindern; Wegführung von Gefesselten; türkischer Reiter. Der Hü-
gel, auf dem die Säule steht, ist fast schon eingeebnet. Die Leute erzählen: Als die
Bildsäule renoviert wurde, hat man unter dem Hügel die Skelette von zwei Män-
nern und einer Frau gefunden . . .

Die Türken in Karlstetten und Umgebung

Im Keller des unteren Wirtes in Karlstetten sollen neun Türken erschlagen worden sein, deren Köpfe man auf die Gartenzäune steckte. Das
Schloß ging in Flammen auf, und viele, die dort und im Keller des Pfarr-
hofes Schutz gesucht hatten, wurden schonungslos niedergemetzelt.

In Oberwölbling verteidigte man sich hinter der Friedhofsmauer. Manche Familien gossen Blut vor die Türen, damit die Türken glauben sollten,
es seien ohnehin in diesen Häusern alle ermordet worden.

Obritzberg und Doppel mußten unmenschliche Grausamkeiten erdulden.
In Hausenbach kam es auf der Türkenschanze zu einem blutigen Kampfe.
Die Schanze war vom Blute der Gefallenen und Verwundeten rot, und der
Durchgang zur Schanze wurde dann das »Rote Tor« genannt.

Im Walde nächst Hausenbach versteckten sich zwei Männer im Geäste
einer mächtigen Föhre und retteten damit ihr Leben. Aus Dankbarkeit
brachten sie dort ein Marienbild an. Die »Bildföhre« ist heute noch ein gern
besuchter Wallfahrtsort.

Streifscharen waren vermutlich schon 1529 hier. 1683 brannten sie die Kirche nie-
der (1742–1755 von den Zinzendorfern wiedererbaut). Die Pfarrmatriken verzeich-
nen 1683 dreimal so viele Begräbnisse wie in Friedensjahren. Das »Untere Wirts-
haus«, heute Göttweiger Straße 2, ein Kaufhaus, bis 1961 Gasthaus. Sehr alter
Baubestand. Alter Keller noch vorhanden. Anknüpfend an die Sage bestand sogar
die Überlegung, ins Marktwappen einen aufgespießten Türkenkopf aufzunehmen.
Auf dem Weg von Hausenbach zur »Bildföhre« passiert man einen rund acht Meter
hohen Wall, »Türkenschanze« genannt. Dürfte eine vermutlich frühmittelalterliche
Wehranlage sein (heißt noch »Burgstall«).
»Bildföhre«: Stamm der Föhre noch erhalten, daran in versperrbarem Schrein hinter
Glas Muttergottesbild vom Typus »Maria Hilf«. Darüber altes Kruzifix, am Stamm

ein kleiner Altar. Im Gitter vor dem Altar Jahreszahl 1683. Inschrift: »An Stelle einer hölzernen Kapelle aus Stein erbaut von Josef und Aloisia Stingl in Griechenberg 1930.« Auf dem Dachfirst ein Kreuz und ein Halbmond.

Der Türkenhügel von Poppendorf

Östlich von Poppendorf erhebt sich ein Erdhügel, der von den Leuten als Türkenhügel bezeichnet wird. In Wahrheit handelt es sich um einen Befestigungsrest aus der Awarenzeit. Von diesem Hügel erzählt die Sage:

1683, als die Türken unser Heimatland durchstreiften, wurde dieser Hügel errichtet. Man wollte das Herannahen der Türken von diesem Hügel aus beobachten, um noch rechtzeitig die Flucht ergreifen zu können.

Eine andere Variante der Sage weiß zu berichten:

Im Türkenkrieg seien so viele Türken gekommen, daß jeder von ihnen eine Kappe voll Erde genommen habe, um sie auf einen Haufen aufzuschütten. Vielleicht 100 Schritte vom »Türkenkogel« entfernt befindet sich der »Türkengraben«. Von dort sollen die Türken die Erde genommen und sie zu dem Haufen zusammengetragen haben. Manche Leute erzählten, daß die Türken unter dem Kogel einen König begraben hätten.

Den »Türkenhügel« oder »Türkenkogel« gibt es nicht mehr. Er war an die sechs Meter hoch, mit einem Durchmesser von ca. 20 Metern (berichten alte Poppendorfer) und von einem Graben umgeben. Der »Kogel« wurde im Zug der Kommassierung eingeebnet, der ohnehin schon sehr seichte Graben zugefüllt. Vermutlich war der »Kogel« Rest einer hochmittelalterlichen Wehranlage.

Die Erlebnisse eines Stattersdorfer Mädchens

Aus unserer Heimat schleppten die Türken ein Mädchen aus Stattersdorf mit, das bei den Türken alle Arbeiten verrichten mußte. Wenn es nun Brot backen mußte, so machte es beim »Dampfisetzen« ein Kreuz in den Teig hinein, wie sie es als fromme Christin daheim lernte, um dabei den Segen Gottes herabzurufen. Die Türken konnten als Anhänger des Islams das Kreuz nicht sehen und drohten dem Mädchen strenge Strafen an, wenn es noch einmal ein Kreuz mache. Da nahm das schlaue Mädchen nächstes Mal zum Brotbacken kein »Ura« (Sauerteig) dazu. Der Teig blieb sitzen, und das Brot wurde ungenießbar. Das Mädchen erklärte nun den Türken, daß das Brot nicht gut werden könne, wenn es kein Kreuz mache. Nun sagten die Türken, wenn sie wieder Brot backe, soll sie nur wieder ein Kreuz machen. Das Mädchen flüchtete bei Nacht aus der Gefangenschaft und kam, immer nur bei Nacht eilend, über die türkische Grenze und nach vielen Wochen unsagbarer Entbehrungen in ihre liebe Heimat.

Die Türken bei Pyhra

Als die Türken im Jahre 1683 bis Pyhra gedrungen waren und einem Brautzuge, der eben zur Trauung nach dem nahen Zeilern hineilte und von dem heranziehenden Feinde keine Ahnung hatte, begegneten, wurde derselbe von ihnen ungesäumt überfallen, überwältigt und sämtliche Dazugehörige in die Sklaverei abgeführt.

Der Pfarrer von Pyhra

Als im Jahre 1683 die Türken sengend und brennend und wie Heuschreckenschwärme alles verheerend und verzehrend Niederösterreich überschwemmten, wurden ihre Horden auch in das Tal der Perschling verschlagen. Hinter dem Dorfe Wald steht an der Straße die Figur des hl. Johann von Nepomuk mit der Inschrift: Dieses Denkmal wurde zum frommen Andenken an Pater Edmund Wagner, Pfarrer zu Pyhra, errichtet, welcher während des Türkensturmes 1683 von der Barbaren gefangengenommen wurde und an dieser Stelle das Leben für seine Pfarrkinder lassen mußte.

Kooperator Marian Aufschläger, der von 1746 bis 1749 in Pyhra tätig war, erzählt nach dem Berichte des zu seiner Zeit neunzigjährigen Meydel, Pfarrer Wagner und die Seinen hätten sich »am fünften Tage nach Peter und Paul« vor den anrückenden Heiden auf dem Turm der Kirche zu »salvieren« versucht. Als dann das Kirchendach, der Turm, der Pfarrhof und das Spital des Marktes in Brand geraten waren, sei Pfarrer Wagner mit hundert anderen Personen am 15. Juli über das Dorf Wald nach Perschenegg geflüchtet, wo sich die Unglücklichen in dem »Binderholz« nächst dem Hagram »verhauet« hätten. Erst acht Tage später wurde das Häuflein Menschen von den Heiden aufgestöbert und aus seinem Verhau gezogen, worauf die Männer »jämmerlich zerhaut«, die Weiber und Kinder aber in die Gefangenschaft abgeführt wurden. Von den drei Schwestern, welche im Pfarrhofe bedienstet waren, entkam nur die jüngste, welche später einen Bürger von Pyhra heiratete.

Wie die Sage erzählt, wagten sich die Leute aus ihrem sicheren Versteck im Binderwald zu früh, weil sie glaubten, die Türken seien bereits abgezogen. Ausgerechnet der Hund des Pfarrers lockte durch sein Bellen eine Nachhut der Feinde an. Die Männer wurden niedergemetzelt. Pfarrer Wagner wurde an den Schweif eines Pferdes gebunden und zu Tode geschleift. Die jungen Frauen und Mädchen wurden in türkische Gefangenschaft geschleppt. Dabei war auch die Schwester und Haushälterin des Pfarrers Wagner. Nach Jahren schrieb sie nach Pyhra, man möge ihr aus einem Versteck, in dem sie Geld aufbewahrt hatte, das Lösegeld schicken. Man fand das Geld, schickte es in die Türkei, aber die Haushälterin kam nie mehr in die Heimat.

1529 wurde die Kirche von den Türken zerstört. Etwa die Hälfte der Bewohner der ganzen Umgebung dürfte umgekommen oder verschleppt worden sein (aus den Urbaren zu erschließen). – An die Ermordung von Pfarrer Wagner (1683) erinnert ein Ölbild im Pfarrhof. Das »Binderhölzel« liegt hinter den letzten Höfen von Perschenegg, etwa acht Kilometer von Pyhra entfernt. Pfarrer Wagner soll an ein Pferd gebunden und zu Tode geschleift worden sein. Am Sockel der Nepomukstatue bei den ersten Häusern von Wald ist die Inschrift zu lesen: »Haec statua piam memoriam P. Edmund Wagner, parochi in Pyhra, erecta est qui in procella turcica 1683 a barbaris captus hic animam posuit.«

Reichenhag bei Pyhra

Nach dem Volksmunde soll nach dem Türkeneinfall im Jahre 1683 ein reicher Bauer namens Haag, dem alle Gründe von Reichenhag gehörten, seinen großen Besitz an seine neun Söhne zu gleichen Teilen verteilt haben. Dieser Bauer wurde wegen seines Reichtums nur der »reiche Haag« genannt. Der Ort mit den neun Bauernwirtschaften wurde dann »Reichenhag« genannt.

Die Türken in Kreisbach

Am 3. August 1683 versuchten 650 Türken das dem Kloster Lilienfeld gehörige Schloß Kreisbach zu stürmen. Sie stellten sich auf die Rücken der Pferde und versuchten die Mauer zu erklettern, holten sich aber blutige Köpfe und mußten fliehen. Die Besatzung des Schlosses war nur sehr schwach. Die Sage weiß zu erzählen, daß nur ein einziger Schuß aus den Mauern des Schlosses Kreisbach die feigen Türken in die Flucht trieb, da diese der Meinung waren, im Schlosse läge eine starke Besatzung.

Belagert wurde das Schloß Kreisbach, das 1683 schon zum Stift Lilienfeld gehörte, nicht. Der »rettende Schuß« ist Motiv vieler Wandersagen.

Die Stadt Pummersdorf

Vor mehreren Jahrhunderten war Pummersdorf auch eine große Stadt. Durch den »Türkenkrieg« wurde diese Stadt zerstört. In einem Garten, wo jetzt die Kapelle steht, stand ein Haus, manche sagen, es wäre ein Kloster gewesen, das versunken ist. Auf der Wiese der Frau Ratzinger war eine Schule, und zehn Minuten vom Dorfe, bei der Bildsäule, war eine Kirche, die ebenfalls versunken ist.

Eine Urgroßmutter erzählte, daß auf dem Felde gegen die Landstraße ein großer Sumpf war, wo sich die Wildenten aufhielten. Heute noch heißt dieses Feld das Seefeld. Bei dem Weg, der nach Schwadorf führt, steht ein Kreuz, da soll der Friedhof gewesen sein. Man erkennt heute noch die Hügel. Es sollen dort viele Krieger begraben liegen. Bei Feldarbeiten wird heute noch für sie gebetet.

Dörfling bei Kuffern

Die Türken haben den Ort Kuffern bei Statzendorf vollständig niedergebrannt. Es wurden aber nicht alle Häuser aufgebaut. Das in der Nähe von Kuffern befindliche Dörfchen »Dörfling« ist seit dieser Zeit vollständig verschwunden, da die Bewohner teils erschlagen, teils in die Gefangenschaft geschleppt wurden. Das Feld, auf dem dieser Ort stand, führt heute noch den Namen Brandstatt.

Östlich von Kuffern (heute zu Kuffern gehörig) ist noch der Flurname »Brandstatt« gebräuchlich. Die Leute berichten, daß dort eine große Stadt »aus der Römerzeit« versunken sein soll. Zwischen Kuffern und Statzendorf wurde ein »Rittergrab« gefunden. Dieses ist ein awarisches (?) Reitergrab, die »römische Stadt« dürfte auf die urgeschichtlichen (Hallstattzeit) Funde rund um Kuffern (berühmte Situla!) zurückzuführen sein. Von den Türken weiß man hier nichts mehr.

Der den Türken entkommene Zwetzbacher

Zwischen der Zwetzbacher-Mühle und der Papierfabrik Salzer bei St. Pölten steht ein altes Steinmarterl, das aus Dankbarkeit ein Ahne der Familie Zwetzbacher errichten ließ. Die Türken hatten einen Ahnen der Familie Zwetzbacher gefangengenommen. An der Stelle, wo heute das Steinmarterl steht, konnte er noch rechtzeitig aus den Händen der Türken befreit werden. (1679 heiratete Lorenz Zwetzbacher die Witwe Maria Regina Pachmann, Besitzerin der Stegmühle – so geheißen, weil in der Nähe der Traisensteg neben der Furt über die Traisen führte.)

Das Marterl – eine viereckige Steinsäule auf Sockel, gekrönt von einem wunderschönen, seltenen barocken Aufsatz mit eisernem Kreuz – steht auf einem noch unbebauten Grundstück an der Stattersdorfer Straße in St. Pölten. Es ist von der Straße aus nicht sichtbar (Privatgrundstück!). In eine Nische ist eine glasierte Keramiktafel eingelassen, die den Flüchtenden, verfolgt von einem Türken zu Pferd mit gezogenem Säbel, darstellt. Eine Inschrift: »Die Sage berichtet: An dieser Stelle konnte ein Ahne der Familie Zwetzbacher rechtzeitig aus den Händen der Türken befreit werden. 300 Jahre Familie Zwetzbacher. 1679–1979.«

Die verschleppten Oberndorfer

Unfern dem Hof Edlach Nr. 1, Gemeinde Oberndorf a. d. Melk, steht ein Tabernakelbildstock. Er wurde 1967 anstelle einer älteren Kapelle errichtet. Von ihm erzählt die Sage:

Zur Zeit der Türkeneinfälle wurden der damalige Besitzer des besagten Hofes und der Bauer vom Khoasberg vom Feind mitgeschleppt. Der Bauer von Edlach war gerade mit seinem Wagen unterwegs zur Mühle, zufällig hatte er den Khoasberger getroffen. Da wurden beide von den Türken überfallen und gezwungen, mit ihnen zu fahren.

Die beiden sind mit den Türken bis zum Plattensee nach Ungarn gekommen. Erst dort ist es ihnen gelungen, dem Feind mitsamt dem Fuhrwerk zu entfliehen. Auf ihrer Flucht haben sie versprochen, sollten sie glücklich in die Heimat gelangen, wollten sie eine Kapelle erbauen. Tatsächlich haben sie nach ihrer Heimkehr genau an der Stelle, wo sie der Feind zum Mitfahren gezwungen hatte, eine Kapelle erbauen lassen.

Interessanterweise wissen die Gützer auf Edlach 1 die Geschichte vom Koasbauern, nichts aber mehr von der Verschleppung des Edlachbauern. Im Marterl eine Hl. Dreifaltigkeit.

Die Stadt Berndorf

Wo sich heute der Markt Oberndorf a. d. Melk ausbreitet, stand einst eine große Stadt namens Berndorf. Sie dehnte sich über das ganze Melktal von der Pfoisau bis hinab nach Schachau aus. Der Schloßkogel in der Pfoisau mit der ehemaligen Kirche war ihr westlichster Punkt.

Eines Tages aber fiel der Türke ins Land und hat die Stadt in Trümmer gelegt, ihre Bewohner aber wurden niedergemetzelt. Als bald darauf ein Wanderbursch ins Melktal kam, der die Stadt gekannt hatte, rang er entsetzt die Hände und rief aus: »O Berndorf, wie siehst du aus!«

Davon erhielt der neue Markt seinen Namen.

Die verschleppte Gräfin

Das Haus Oberschweinz Nr. 3 in der Gemeinde Oberndorf a. d. Melk soll – so erzählt man sich – einst eine Burg gewesen sein. Den Grund für diese Annahme liefern vermutlich die Mauerstärken, die man bei keinem anderen Bauernhaus in der Umgebung findet. Außerdem soll von diesem Haus aus ein unterirdischer Gang zum »Alten Kloster« (der alten Mühle in der Rotte Gstetten Nr. 6) und zum Schenkhaus in Lehen geführt haben.

Der Sage nach gehörte die Burg dereinst einer Gräfin. Sie wurde von den Türken gefangengenommen und in die Türkei verschleppt. Obwohl sie in ihrer Sklaverei ständig zwischen zwei Türken schlafen mußte, dachte die Gefangene Tag und Nacht nur an die Flucht. Endlich konnte sie ihren Peinigern entkommen. Zu Fuß machte sie sich auf den weiten Heimweg. Wegen ihrer Verfolger konnte sie nur nachts wandern und sich dabei an den Sternen orientieren. Endlich, nach vielen Wochen, ist sie glücklich wieder in Oberndorf angekommen. Aber die ausgestandenen Strapazen hatten ihre Kräfte aufgezehrt. Sie verstarb bald.

1954 wurde bei einem Hausumbau der Eingang zum Geheimgang gefunden. Der Gang führte von einem etwa 1,70 m hohen Raum, in dem sich Nischen mit Spitzbögen befanden (»wie gotische Fenster«, erzählte der Altbauer), so weiter, daß man gebückt gehen konnte. In diesem Gang wurde auch ein Türkensäbel gefunden, der aber nicht mehr beim Haus ist. Darauf, daß der Hof zumindest ein Ansitz gewesen sein könnte, deutet auch die schöne Hofeinfahrt hin. Im sogenannten »Kreuzstöckl« (heute niedergerissen) soll sich in einem »Zimmerl« ein Stuckplafond befunden haben: In einem Kreis befand sich eine Art Monogramm.
Das »Alte Kloster«, die Leithenmühle – heute Sägewerk Postl –, weist noch einen Turmstumpf mit übertünchten Sgraffitiresten auf. Ältere Oberndorfer wollen noch die Eisentür zum unterirdischen Gang gesehen haben. Das »Alte Kloster« gehörte zum Frauenkloster St. Jakob in Wien und diente als eine Art Erholungskloster.
Beim Türkeneinfall 1683 wurden in Oberndorf (der Ort wurde gebrandschatzt und geplündert) laut Chronik 447 Menschen »totgehauet« oder verschleppt, 76 Pferde wurden geraubt, 25 Häuser niedergebrannt.

Der Spiegelberg-Hof

Der Hof Spiegelberg, Gemeinde Oberndorf a. d. Melk, Oberschweinz Nr. 5, war, wie schon sein Name Spiegel = speculum = Warte verrät, ein Hof, der Ausschau zu halten und Zeichen zu geben hatte. Er liegt an der alten Katastralgemeindegrenze und war, wie deutliche Spuren noch erkennen lassen, ein befestigter Hof an einer alten Grenze. Dies bekräftigen auch die um den Hof rankenden Sagen.

Dieses Haus soll, wie die Alten immer erzählt haben, vor vielen hundert Jahren in einem Kriege als einziges der Umgebung vom Feinde verschont worden sein. Damals hat nämlich ein fremder Knecht auf dem Hofe gedient, welcher dem Volke des Feindes angehört hat. Dieser Knecht ist dem Feind entgegengegangen und hat gesagt, daß in dem Hause nur gute Menschen wohnen. Der Feind hat daher den Hof nicht betreten. Weil es aber in dem Hofe als einzigem sicher gewesen ist, haben sich auch viele Leute der Umgebung dahin geflüchtet.

Der Hof war seit 1626 Besitz der Familie Haas (heutige Besitzer erbten vom letzten Haas). Beim Haus erklärt man den Hausnamen so: Als einmal Oberndorf gebrannt hat, hat sich das Feuer am Hügel gespiegelt. Der in der Sage erwähnte Knecht könnte auch ein Franzose gewesen sein. Der Hof ist heute ein voller Neubau. Die Besitzer berichten, daß der alte Hof aus Lehmmauern (Lehm, vermischt mit »Gersten-Graden«) gebaut war. 1962 noch Strohdach auf dem alten Wohngebäude.

Das »Türkenbrückl«

In der Gemeinde Oberndorf a. d. Melk, in der Rotte Steg, führt bei den sogenannten Steghäusern ein Brücklein über den Ganzbach. Die kleine Brücke wird »Türkenbrückl« genannt.

Die Alten haben davon immer wieder erzählt, daß bei der kleinen Brücke bei den Steghäusern einmal Türken von den Steghofbauern aufgehalten wurden. Dabei sollen drei Türken erschlagen worden sein. Seither wird die Brücke »Türkenbrückl« genannt.

Die »Steghäuser« gibt es noch. Von diesen aus Richtung Wald in einem Gebüsch der Flurname »Türkensteg« erhalten. Hier fließen zwei Bäche zusammen. Vor ca. 40 Jahren war hier noch ein richtiger Steg – heute nur noch Betonrohre, durch die die Bäche fließen.

Das Türkengrab bei Plankenstein

Am alten Weg von St. Georgen a. d. Leys nach Plankenstein steht im Wald ein gemauerter Bildstock mit einem Dreifaltigkeitsbild, die Engelbauern-Kapelle. Sie gehört zum Hof Kandelsberg Nr. 1, St. Georgen a. d. Leys.

Der Kapelle gegenüber soll ein Massengrab aus der Türkenzeit liegen. Als einmal nachts ein früherer Besitzer des Hofes Kandelsberg Nr. 1 durch den Wald ging, mußte er die ganze Nacht umherirren. Erst am Morgen fand er aus dem Wald heraus. Er war der Meinung, die armen Seelen der im Massengrab Bestatteten hätten ihn nicht aus dem Wald gelassen und ihn gemahnt, für sie etwas zu tun. Er ließ darum die Engelbauern-Kapelle errichten. Daraufhin war jeder Spuk in dem Wäldchen für immer vorbei.

Der Bildstock, allerdings ohne Bild, steht noch an der alten Straße nach Plankenstein. Die Leute in der Umgebung kennen auch noch seinen Namen und wissen, daß es früher hier gegeistert haben soll. – Schloß Plankenstein war 1683 Zufluchtsort und wurde auch von einer türkischen Streifschar, die »im Tale gegen Scheibbs« (so ein Augenzeuge in der Chronik von Purgstall) ihr Lager hatte, belagert. Die Türken brachten sogar zwei kleinere und zwei schwere Geschütze vor der Burg in Stellung. Das Eingreifen – vermutlich – kaiserlicher Soldaten verhinderte ein Sturmreif-Schießen der Burg.
Wie die Leute erzählen, haben die Türken vor Plankenstein eine Kanone stehen gelassen. Tatsächlich wurde mit einer alten Kanone bis nach dem Zweiten Weltkrieg Böller geschossen. Die Kanone wurde, nachdem beim Böllerschießen ein Bauer die Hand verloren hatte, weggeschafft. Sie könnte auf der Schallaburg sein, oder auf einer Burg im Waldviertel. – Die Kanone trug die Inschrift: »Georgius Szelepcheni, Episcopus Nitrensis et per regnum Hungariae cancellarius«, nebst bischöflichem Wappen. Szelepcheny war von 1648 bis 1660 Bischof von Neutra in Ungarn. Die Kanone dürfte dort von den Türken erbeutet worden sein.

Stadt Frankenfels

Frankenfels soll früher eine Stadt gewesen sein. Durch die Türken soll sie zerstört worden sein, daß nur ein Markt verblieben ist. Wenn man auf der Rosenbichlwiese tiefer hineingräbt, so findet man noch Mauerreste.

Türkenkapelle in Geisberg

Nahe dem Hof Geisberg Nr. 1, Gemeinde Purgstall, steht eine 1960 erbaute Kapelle. Sie ersetzt eine ältere Kapelle, die einige Hundert Schritte südlich des Hofes in einer großen Wiese gestanden ist.

Diese Kapelle erinnert an den Türkeneinfall in Geisberg. Sie haben damals alle Bauernhöfe in Brand gesteckt. Nach ihrem Abzug wurde zum Gedenken an diese schreckliche Zeit die erste Kapelle errichtet. Bei ihr sollen immer nachts Lichter erschienen sein. Sie wanderten um die Kapelle und verschwanden wieder. Besonders gut sichtbar waren diese Lichter von den auf dem Nordhang des Pöllaberges gelegenen Höfen.

In der früheren Kapelle gab es ein altes Marienbild. »Sonst hat sich nichts abg'spielt«, versichern die Bauern auf dem Gaisberg, wenn man sie nach dem Spuk fragt. Sage nicht mehr bekannt. Auch keine Hinweise auf die Türkenzeit.

Gedächtniskapelle auf dem Steinfeldberg

Auf dem Platze der heutigen Kriegergedächtnis-Kapelle auf dem Steinfeldberg bei Purgstall stand bis 1968 wohl die schönste Barockkapelle des Bezirkes. Über ihre Erbauung belehrt ein Votivbild, das aus der alten Kapelle in die neue übertragen wurde. Das Bild zeigt folgende Inschrift:

»Zu Sonderbahrer Lob und Ehr der Allerheyligsten Dreyfaltigkeit hab ich Johann Georg Sturmlechner und Maria meine Ehewirdin dieses Creutz allhier setzen lassen wege – Gefährlicher Kriegszeit und unterschiedliche – Krankheit gnädiglich sein gehalten worden. Geschehen den 1. Januarii 1694.«

Warum aber gerade an dieser Stelle die Kapelle gebaut wurde, weiß nur die Sage zu berichten:

Als die türkischen Streifscharen am 17. Juli 1683 ins Gebiet der Herrschaft Purgstall eingefallen waren und rings alle Höfe plünderten und viele von ihnen in Brand steckten, zahlreiche Menschen ermordeten und Hunderte in die Gefangenschaft abführten, haben sich die Bewohner des Hofes Groß-Pittersberg in dem damals noch viel dichteren Wald unterhalb ihres Hofes versteckt. Wie sie nun aus ihrem Versteck die Feuer der brennenden Höfe durch das Geäst leuchten sahen, haben sie versprochen, sollten sie von den Türken selber nicht entdeckt und ihr Hof nicht angezündet werden, an der Stelle ihres Versteckes eine Kapelle zu bauen. Sie wurden von den Türken tatsächlich nicht gefunden, und als sie nach vielen Stunden bangen Wartens sich wieder hinauf zu ihrem Hofe getrauten, haben sie wohl alles ausgeplündert und verwüstet angetroffen, den Hof selber aber heil und unversehrt. Sie haben daher einige Jahre später, nachdem sie sich wirtschaftlich erholt hatten, die versprochene Kapelle am Ort ihrer Zuflucht errichtet.

Der alte Hof Großpittersberg steht noch, wird aber nicht mehr bewohnt, da daneben ein Neubau errichtet wurde. Die heutigen Besitzer wissen nichts mehr von der Türkensage und der Kapelle. – Auf dem Weg vom Hof zur Kapelle soll der Überlieferung nach schon vorher eine kleine Kirche gestanden sein. Tatsächlich sieht man heute neben dem Gehweg noch eine Mulde, als wäre hier ein Bauwerk gestanden. Von hier aus jedenfalls wäre für die Versteckten der Hof noch zu sehen gewesen. – Votivbild in der Stalingradkapelle noch vorhanden. Abgebildet die Kapelle, davor kniende Beter. – Von der heutigen Kapelle aus sieht man hinunter nach Purgstall und rechts hinüber zum »Türkensturz« auf der Hochrieß.

Tote Türken in der »Aschelberg-Locka«

Im Gebiete der Kat.-Gemeinde Zehnbach bei Purgstall, in der Rotte Erb, liegt am Rande einer großen Wiese der Hof Aschelberg (Nr. 6). In der Wiese befindet sich eine sumpfige Stelle, die Aschelberg-Locka.

In der Aschelberg-Locka liegen Türken begraben. Bei dieser Locka hat es früher in der Nacht alleweil gegeistert. Die Leute sind daher nach Einbruch der Dunkelheit nur ungern an dieser Stelle vorbeigegangen.

Zwei Höfe in der Nähe der Locka verwahren türkische Andenken: einen schön ziselierten Zinnkrug, einen Säbel und zwei Dolche, die wahrscheinlich den gefallenen Türken abgenommen worden sind.

Der Wirt vom Aschelberg-Gasthaus (Aschelberg 5) erzählt: Vor 40–50 Jahren war im sogenannten Kleinfeld vor dem »Zeilergraben« eine Abstufung im Gelände. Dort sollen Türken begraben sein, hieß es immer. Heute wächst ein Wald auf den angeblichen Türkengräbern. – Auf Aschelberg/Nottendorf 6 erzählt man, daß genau bei der früheren Aschelberg-Locka die Gründe zweier Erbhöfe (Aschelberger, Zehetner) zusammengestoßen sind. Heute zeugen von der einstigen »Locka« nur noch sumpfige Stellen in einem Erlengebüsch. Aber die Sage ist noch bekannt, auch daß es dort »enterisch« war.
Von Türkenwaffen oder dem ziselierten Zinnkrug weiß man nichts. Aber in der Nachbarschaft der einstigen »Locka« erzählt man, daß im heutigen Aschelberg-Gasthaus in der Nacht französische Soldaten umgebracht und in der »Locka« verscharrt worden sein sollen. Auf dem Hof lag lange ein Fluch . . . Auf dem Hof Schönersberg (Nachbar vom Aschelberg-Wirt) erzählt man, daß bis 1929 auf dem Durchzugsbaum in der Stube eine alte Waffe gehangen ist. Soldaten, die auf Manöver einquartiert waren, haben sie mitgenommen . . . Was es für eine Waffe war, weiß man nicht mehr.

Türken in Merkenstetten

In Merkenstetten, Gemeinde Purgstall, steht nahe dem Sägewerk Merkenstetten eine Kapelle, die nach einer Inschrift in der Kapelle im Jahre 1690 von Rupert und Sara Ambiller »wegen Verwahrung vor Pestilenz, Krieg und Feuersbrunst« erbaut worden ist. Der Name soll richtig Amhütter lauten, denn so hieß die Familie, die im 16. und 17. Jahrhundert die Mühle, heute Sägewerk, in Merkenstetten besessen hat. Die Kapelle wird allgemein »Kohlstatt-Kapelle« genannt, vermutlich deshalb, weil sie auf einer alten Kohlstatt errichtet worden ist. Über sie wird erzählt:

Als sich 1683 die Türken der Ortschaft Merkenstetten näherten, haben die Bauern, sobald sie deren Annähern erblickten, rasch ein paar Heu- und Strohhaufen angezündet. Wie nun die Türken die Feuer von weitem erblickt, haben sie geglaubt, das seien brennende Bauernhäuser, die bereits von einer anderen Türkenschar ausgeplündert und in Brand gesteckt worden sind, und haben wieder kehrt gemacht. Die Höfe von Merkenstetten aber waren gerettet. Zum Dank dafür haben die Bauern dann die Kapelle erbaut.

Früher sollen in der Nacht rund um die Kapelle immer wieder Flammen aufgelodert sein. Am nächsten Morgen aber konnte man keine Spur des Feuers entdecken. Auch von einer anderen »Kriegslist« der Bewohner von Merkenstetten wird erzählt. Und zwar soll der Wirt des Gasthauses neben dem Sägewerk eine herannahende Türkenhorde gesehen haben. Sofort häufte er auf dem Lehmboden der Gaststube Heu und Stroh auf und entzündete den Haufen. Als die Türken schon von weitem Flammen und Rauch sahen, waren sie überzeugt, in dem Hause befinde sich bereits eine Schar der »Renner und Brenner«, und sie zogen weiter.

An oder in der neuen Kapelle erinnert nichts mehr an die Türkennot. Die heutige Kapelle ist eine Hubertuskapelle, sie steht fast neben der Durchzugsstraße (hinter dem ÖAMTC-Stützpunkt). Das Sägewerk existiert noch.

Die verschleppte Ahnin

In der Familie Resl, die nachweislich schon über 400 Jahre auf dem Hof Oed, Weigstatt Nr. 5, Gemeinde Purgstall a. d. Erlauf, wirtschaftet, wird folgende Sage erzählt:

Eine der Ur-Ahninnen der Familie soll eine uneheliche Tochter eines Fürsten gewesen sein. Gleich nach ihrer Geburt war sie – mit entsprechenden Mitteln ausgestattet – einem Bauern zur Erziehung übergeben worden. Herangewachsen, heiratete sie dann den damaligen Hoferben des Oed-Hofes, wurde so Oed-Hofbäuerin.

Als die Türken einfielen, nahmen sie die Oed-Hofbäuerin mit, verschleppten sie bis in die Türkei. Obwohl sie dort streng bewacht wurde, hat sie doch eines Tages fliehen können, und sie wanderte zu Fuß bis in ihre Heimat. Hier kam sie gerade an, als ihr Mann zum zweiten Mal heiraten wollte.

Von der Sage ist in der Familie nichts mehr bekannt.

»Türkensturz« bei der Hochrieß

Es war an einem Spätsommerabend des Jahres 1683, da klopfte jemand ganz stürmisch an die Haustür eines der Weinberghäuser auf der Hochrieß. Ein Mädchen öffnete und sah eine Gruppe türkischer Soldaten vor sich. Bleich vor Schrecken, lief das Mädchen durch den Hof in den Stall und zur Stalltür hinaus auf die Hochrieß. Dort lag dichter Nebel. Ein Türke hatte das fliehende Mädchen erspäht und hetzte auf seinem Pferde hinter ihm her. Fast hatte er es erreicht. Da schlüpfte das Mädchen in seiner Todesangst in ein Gebüsch nahe dem Steilabhang bei der Hochrieß und war dem türkischen Reiter entschwunden. Der sprengte auf seinem Pferd im Nebel weiter und stürzte über den Steilhang in die Tiefe. Seither heißt diese Stelle »Türkensturz«.

Der eigentliche »Türkensturz« ist ein ca. 137 Meter hoher Schlierabbruch in die Erlauf, bewachsen. Die drei ältesten Häuser der Rotte »Weinberghäuser«, an die sich die Sage knüpft, stehen noch. In der Nähe der Hochrieß – des unbewaldeten Schlierabbruches – gibt es heute das Gasthaus Distelberger, »Zum Türkensturz«.

Türkenkreuz in Scheibbs

In der Steghofsiedlung von Scheibbs steht an der Friedhofstraße, dort, wo der Weg in die Brandstatt abzweigt, eine alte Steinsäule, das sogenannte Türkenkreuz. Es zeigt in dem würfelförmigen Kapitäl über dem runden Säulenschaft die üblichen drei Bilder der Hl. Dreifaltigkeit auf dem Sonntagberg, der Muttergottes von Mariazell und der Schmerzhaften Muttergottes von Maria Taferl. Vorne aber sieht man einen von seinem Pferde stürzenden türkischen Reiter sowie einen Mönch mit gespannter Armbrust, beide durch einen Fluß getrennt. Auf dem Säulenschaft aber ist in Farbe die Jahreszahl 1683 angebracht. Die Darstellung auf dem Bilde geht auf folgende Sage zurück:

Als im Jahre 1683 die Türken ins Land gefallen waren, wollte eines Tages eine Reiterschar auch einen Angriff auf Scheibbs unternehmen. Damals wurde gerade am Kapuzinerkloster gebaut, und die Brüder, die bereits zur Leitung des Baues eingetroffen waren, hatten von den Stadtvätern das »Untere Spital« als vorläufige Wohnung zugewiesen erhalten. Als sich nun die feindliche Reiterschar auf dem westlichen Erlaufufer von Norden her der Stadt näherte, hat ein Kapuziner aus dem am anderen Ufer gelegenen

Garten des vorläufigen Klösterleins den Anführer der Reiterschar mit einer Armbrust vom Pferde geschossen. Darüber waren die Türken so entsetzt, daß sie schleunigst wieder das Weite suchten. An der Stelle aber, an welcher der Türke den Tod gefunden, wurde später das Türkenkreuz errichtet. Dieses stand ursprünglich dem heutigen Standort genau gegenüber an der anderen Seite des Brandstattweges. Dort wurde es eines Tages von einem Bauernfuhrwerk umgestoßen und daher an der Friedhofstraße näher dem Steghof neu aufgestellt. Erst nach Vollendung der Steghofsiedlung kam es an den heutigen Standort.

Franziskaner und Kapuziner dürften damals überhaupt über mehrere recht kampferprobte Mönche verfügt haben. Der Abt des Stiftes Melk, Prälat Gregorius Müller, der entschlossen war, Stift und Markt Melk 1683 gegen die Türken zu verteidigen, schrieb am 13. Juli 1683 an den Pater Quardian zu Waidhofen, er möge P. Canisius als kriegskundigen Mann nach Melk schicken. Der Pater war früher Soldat gewesen. Er konnte aber, krankheitshalber verhindert, dem Ruf nicht folgen.

Türkenkreuz bei Heuberg

Nördlich, an der Grenze des Ortsteiles Heuberg zu Scheibbs, steht eine uralte, steinerne Brücke und an derselben eine Denksäule zur Erinnerung an eine rühmliche Verteidigung des Marktes gegen eine Türkenabteilung anno 1529, wobei sich ein Kapuziner besonders hervorgetan haben soll.

Eine Steinsäule zwischen den heutigen Umfahrungsstraßen. Bis hierher sollen, der Überlieferung nach, die Türken gekommen sein. Daß sich auch 1529 ein Kapuziner bei der Verteidigung von Scheibbs bewährt haben soll, ist unwahrscheinlich. Der Ordenszweig der Kapuziner wurde erst um 1525 in Italien gegründet.

Der Türkensattel

Das Haus Heuberg Nr. 16 nördlich von Scheibbs an der Erlauftal-Bundesstraße, an dem einst schön geschmiedete Fensterkörbe auffielen, hatte früher den Namen Ramasattel. Heute ist dieser Name kaum mehr bekannt. In späteren Schriften wurde der Name zu »Römersattel« verballhornt. Das Haus, heute ein Bauernhaus, soll eigentlich als Mauthaus an der Straße erbaut worden sein. Den Namen Ramasattel erklärt folgende Sage:
Im Jahre 1683 gehörte das Haus, das damals noch keinen Namen führte, einem Schuster. Als im Sommer dieses Jahres die Türken rings das Land verheerten, erschien eines Tages eine Reiterschar auch vor Scheibbs und begann die Stadt zu belagern. Während der Nacht nahmen die Reiter ihren Pferden die Sättel ab, legten sie auf einen Haufen zusammen und ließen die Pferde auf den Wiesen um die Stadt weiden. Das hatte der Schuster von Heuberg bemerkt. Er schlich heimlich an den Sattelhaufen heran, nahm ei-

nen Sattel und verschwand mit ihm. Dafür hat er später von den Leuten den Spitznamen »Ram a(n) Sottl«, d. i. räum einen Sattel (beiseite), erhalten. Von dem Schuster aber ist der Name auf das Haus übergegangen.

Der »Nursch« am verwüsteten Friedhof

Ungefähr 70–80 Schritte südwestlich von der an der Straße Steinakirchen–Blindenmarkt befindlichen Zehetbauern-Kapelle liegt auf einem schmalen Anger ein Granitblock von 220 cm Länge, der auf seiner Oberseite einen viereckigen, scharf herausgemeißelten Trog von 70 cm Länge, 40 cm Breite und 25 cm Tiefe aufweist. Dieser Granitblock ist weiterhum unter dem Namen »Steinnursch« bekannt. Nach ihm führen die Höfe Zehethof Nr. 5 und Nr. 4 die Namen Groß- und Klein-Steinnursch.

Wo heute die Kapelle steht, ist früher eine Kirche gestanden, die von Türken zerstört worden ist. Der Acker aber, der sich von der Kapelle weg ausdehnt, war der Friedhof der Kirche. In dem Graben, der hinter der Kapelle hinab nach Knolling verläuft, hat früher in der Nacht der Teufel Holz gekloben, daß die Scheiteln nur so geflogen sind. In dem Graben ist früher auch ein Schimmel nachts dahingestürmt. Der Steinnursch aber ist der Taufstein der Kirche gewesen. Das Wasser in dem Trog trocknet niemals aus, auch wenn es noch so lange nicht regnet. Der Stein darf nicht verrückt werden, ja den Stein kann man gar nicht bewegen. Öfters schon haben einige versucht, den Stein wegzuschleppen; man hat drei, ja sogar vier Paar Ochsen eingespannt, man hat aber den Stein nicht einmal »rogeln« können. Nur einmal ist es gelungen, den Stein auf einen Schlitten zu laden. Als man aber wegfahren wollte, ist der Stein von allein wieder vom Schlitten geglitten und genau in sein Loch zurückgefallen. Alle aber, die sich bisher freventlich an den Stein herangewagt, hat später irgendein Unglück getroffen.

Daß sich hier eine Kirche befunden hat, ist nur eine Annahme. Es wurden nämlich beim Ackern Mauerreste ausgepflügt. Der Nursch dürfte ein Schalenstein, somit ein alter Kultstein sein.

Am Pranger von Steinakirchen

Auf dem Marktplatz von Steinakirchen steht noch der Pranger als Wahrzeichen der alten Gerichtsbarkeit. Er ist aus Stein gemeißelt und trägt eine männliche Figur. Sie ist das Zeichen der Marktgerechtsamkeit und wird vom Volke das Prangermandl genannt. Im Jahre 1683 belagerten die Türken die Stadt Wien. Sie drangen auch in unsere Gegend vor und verheerten das Land. Die Leute flüchteten mit ihren Habseligkeiten in die Berge und Wälder. Die Bewohner Steinakirchens flohen, mit Nahrungsmitteln versehen, auf den nahen Haberg. Bald konnten sie von ihren Verstecken aus Rauch und Feuer aufsteigen sehen. Wolfpassing war von den türkischen Horden in Brand gesteckt. Dasselbe geschah bald mit Steinakirchen. Nach kurzer Zeit lagen ihre Häuser in Asche. Lange wagte sich niemand ins Dorf. Als nun die Not an Wasser immer größer wurde, stiegen zwei beherzte Burschen in der Nacht ins Dorf hinab, um frisches Wasser zu holen. Nachdem die beiden keine Gefahr wahrgenommen hatten, schlossen sich ihnen in nächster Zeit schon mehrere an. Das dritte Mal aber zog ein ganzer Trupp aus, und als sie sich in der Gegend sicher fühlten, begannen sie am Morgen das Dorf zu erforschen. Zu ihrer Freude fanden sie ihre Keller noch nicht erbrochen.

Ein junger Bursch aber hatte seine Waghalsigkeit zu weit getrieben und war über die Erlauf vorgedrungen. Da hörten die übrigen plötzlich Lärm. Erschrocken wandten sie ihre Blicke nach dem Pranger. Dorthin eilte ihr junger Kamerad und hinter ihm türkische Reiter. Schon hatten sie ihn eingeholt und gefangengenommen. Die Türken wollten nun gerne wissen, woher ihr Gefangener gekommen war. Dieser aber verstand die türkische Sprache nicht. Ein baumlanger Janitschar drohte dem Burschen mit dem Säbel und deutete auf die Figur auf dem Pranger. Wahrscheinlich wollte er wissen, ob sich in der Nähe Soldaten befänden, da die steinerne Figur Helm und Panzer trug. Der Bursch aber meinte, die Türken wollten die Figur haben. Er gab ihnen zu verstehen, sie sollten ihm die Hände freimachen, was sie auch taten. Der junge Mann kletterte auf die Säule, um die Figur herunterzuholen. Als ihm dies nicht gelingen wollte, wurden die Türken ungeduldig. Sie zerrten den Zitternden von der Säule, und schon blinkten über ihm die Säbel. Da stürzten die anderen Männer aus ihren Verstecken hervor. Mit Hacken und Steinen überfielen sie die Fremdlinge, die ihre Aufmerksamkeit nur auf ihr Opfer gerichtet hatten. Nach kurzem Kampf waren die Türken überwältigt. Die Erschlagenen wurden in Schutthaufen begraben. Durchziehende Horden sollten durch die Spuren des Kampfes nicht argwöhnisch gemacht werden. Mit den Pferden und Waffen der Türken gingen sie wieder in ihre Verstecke zurück. Der kleine Ort Steinakirchen war ganz ausgebrannt. Dabei sind viele Dokumente vernichtet worden, die Freiheit und Privilegien (Vorrechte) des Marktes verbürgten. Mehr als zehn Jahre vergingen, bis sich der Ort von der Verheerung der Türken erholt hatte.

Beim Zug Kasim Begs durch Niederösterreich 1532 wurde auch die Gegend von Steinakirchen verwüstet. Der Grestener Marktrichter Jeronimus Freisleben richtet im Namen der Bürger von Gresten und von Steinakirchen an das Kloster Mondsee (dorthin war man zinspflichtig) eine Petition um Nachsicht bei der Ablieferung des Zehentgetreides, da die Felder »durch den greulichen tirannen und wueterichen den Turckhen, das gott erbarmen mecht, verderbt worden.«
Am Sonntag, dem 18. Juli 1683, überfiel eine Schar Tataren, die am Vortag Neumarkt a. d. Ybbs geplündert hatte, Steinakirchen. Wie ahnungslos man war, bezeugt eine Eintragung in den Matriken, wonach am Vormittag des 18. Juli noch eine Trauung stattgefunden hatte. Am Nachmittag brannten Kirche und Ort. Bei einer Restaurierung vor einigen Jahren fanden sich bei den großen Chorfenstern der Kirche eingemauerte angebrannte Balken. Sie könnten darauf hinweisen, daß man versucht hatte, die Kirche zu befestigen, oder nach dem ersten Brand notdürf-

tig instandzusetzen. Denn am 22. August kam wieder ein Trupp Tataren, der wieder alles in Brand steckte und Menschen verschleppte. An die 1000 Personen sollen aus dem Pfarrgebiet verschleppt worden sein, in Steinakirchen selbst waren nur die Schule und drei Kleinhäuser nicht den Flammen zum Opfer gefallen. Die Kirche war schwer beschädigt, im Pfarrhof bis auf zwei alle Gewölbe eingestürzt. Die Decke der Pfarrkanzlei trägt das Datum 1684, ebenso der Grafenstuhl der Herrschaft Ernegg in der Kirche.

Türkenlager in Zehndorf

In Nottendorf, Gemeinde Zehndorf, wird folgendes erzählt:

Nachdem die Türken in unsere Gegend eingefallen waren, haben sie auf der Weide bei den Nottendorf-Häusern ihr Lager aufgeschlagen. Sie haben dort ihre Lagerfeuer unterhalten, und rings um das Lager haben ihre Pferde geweidet. Von diesem Lager aus sind sie in der ganzen Gegend plündernd umhergestreift und haben alle Bauernhäuser ringsherum angezündet und niedergebrannt.

Obwohl nun die drei Nottendorf-Häuser nur wenige Schritte vom Türkenlager entfernt gestanden sind, ist doch keinem von ihnen das geringste geschehen. Es hat sich nämlich über die drei Höfe ein so dichter Nebel gelagert, daß die Türken nichts von den drei Häusern bemerkt haben. Aus Dankbarkeit für diese glückliche Errettung wurde nach Abzug der Türken an dem Wege, der an der Weide vorübergeführt hat, ein Holzkreuz aufgestellt und an diesem ein auf Blech gemaltes Dreifaltigkeitsbild angebracht. Nachdem aber der alte Weg vorbei an der Weide nicht mehr begangen wird, hat man das Kreuz an den Weg vorbei an den Nottendorf-Häusern übertragen. Vor etlichen Jahren ist das Kreuz zusammengebrochen, das Bild wurde daher an einer Linde am Wege aufgehängt.

Der gerettete Graf

Nahe dem Hof Weg, Ernegg Nr. 8, Gemeinde Steinakirchen am Forst, steht ein gemauerter Bildstock. Von ihm geht die Sage:

Als die Türken nach Ernegg kamen, haben sich der Graf und sein Diener in einen kleinen Schachen geflüchtet, der sich dort ausbreitete, wo später der Bildstock errichtet wurde. In dem Schachen ist auch eine große Eiche gestanden. Der Diener kletterte auf die Eiche, um Ausschau zu halten, wurde dabei von den Türken gesehen und heruntergeschossen. Der Graf aber blieb unentdeckt. Aus Dankbarkeit ließ er nach dem Abzug der Feinde den Bildstock errichten.

Im Schloßhof ist in einem Turm (Wendelstiege) eine steinerne Kanonenkugel eingemauert. Schloß Ernegg diente als Zufluchtsort. Es wurde allerdings aus der Herrschaft Ernegg der Verlust von 126 Personen aus 62 Häusern gemeldet.

Die gemarterte Bäuerin

In der Familie Weigl, welche seit 1480 auf dem Hofe Unterstampfing Nr. 4, Gemeinde Steinakirchen am Forst, haust, wird als alte Überlieferung berichtet:

Als die Türken kamen, flüchteten alle Bewohner des Hofes in das Hochholz, sie vergaßen aber, den Hund mitzunehmen. Die Bäuerin, Barbara Weigl, hatte zu lange im Hause verweilt (vermutlich wollte sie nach Art der Frauen noch möglichst viel mitnehmen) und hat daher nicht mehr den Wald erreicht, sondern hat sich im Stockwiesengraben hinter einem Reisighaufen versteckt. Die Türken haben aber den Hund von der Kette gelassen, und dieser lief schnurstracks zu der Bäuerin hin, und so wurde diese von den Türken gefunden. Die wollten nun von ihr erfahren, wo sich die anderen Bewohner versteckt hielten. Aber obwohl sie die Frau marterten, verriet sie ihre Angehörigen nicht und starb lieber. Die Leute vom Hofe haben vom Walde zugeschaut.

Die Marter und der Tod der Bäuerin sind überliefert, auch daß zwei Nachbarpfarrer von Steinakirchen »niedergehauet« wurden. Einem wurden erst die Augen ausgestochen, bevor man ihm den Schädel spaltete, der andere wurde nackt ausgezogen und dann mit Pfeilen beschossen. Nach einem Brief des Kaplan Hutter von Steinakirchen an den Prior des Klosters Mondsee (24. August 1683), dem Steinakirchen inkorporiert war.

Die »Soldateneichen«

Beim Hof Schönberg, Zehethof Nr. 3, gibt es den Flurnamen »Bei der Soldateneiche« oder »Die Soldateneiche«.

Die alten Bauern haben oft erzählt, daß dort einmal zwei Türken erschlagen worden sind. Sie sind an Ort und Stelle begraben worden, und über ihrem Grabe sind drei Eichen gesetzt worden, eine zu Häupten, die zwei anderen zu beiden Seiten der darunter liegenden Toten. Nur zwei der Eichen sind aber davongekommen und sind allgemein »die Soldateneichen« genannt worden. Schließlich ist nur mehr eine riesige Eiche übriggeblieben, die erst vor wenigen Jahren ebenfalls gefällt worden ist. Aber noch immer heißt die Stelle »Bei den Soldateneichen«.

Die letzte der Eichen wurde 1970 gefällt. Sie habe schon an die 300 Jahre alt sein können, erzählt der Besitzer vom Hof Schönberg. Beim Ausgraben der Wurzelstöcke wurden keine Knochen gefunden.

Türkengräber bei Schaitten

Im Tonnschocha (Tannenschachen), einem Walde oberhalb des Bauernhauses Tonnlecha, Reinsberg, Schaitten Nr. 14, sind, so wird allgemein erzählt, Türken begraben. Dort soll es alleweil gegeistert haben und unheimlich gewesen sein.

Der Türke im Sumpf

Unterhalb des Hofes Sperröd, Zehetgrub Nr. 7, gibt es beim Amesbach eine sumpfige Stelle.

Da hat einmal ein türkischer Reiter den damaligen Bauern vom Hofe verfolgt. Der Bauer, der die sumpfige Stelle gut gekannt hat, ist im großen Bogen um sie herumgerannt. Da hat der Reiter geglaubt, ihm den Weg abschneiden zu können, ist in den Sumpf hineingesprengt und dort mitsamt seinem Roß versunken. Der Bauer aber ist gerettet gewesen. – Das haben die Alten alleweil so erzählt.

Die heutigen Besitzer deuten den Namen des Hofes von »ausgespert«, d. i. ausgetrocknet, her. Die sumpfige Stelle, die sich mit dem Türken in der Erinnerung noch verbindet, wurde inzwischen drainagiert (vor rund 30 Jahren), eine Senke, die damit zusammenhing, eingeebnet. Früher habe man – wenn feuchteres Wetter herrschte – mit keinem Fahrzeug diese Stelle passieren können, erzählt die Bäuerin.

Türkengräber bei der »Schronga«

Bei der »Schronga« in Reinsberg (d. i. die Paßhöhe der Straße Kienberg-Reinsberg) steht ein kleiner Bildstock. Von ihm weg fällt das Gelände ziemlich steil gegen Norden zu einem Stadel ab, welcher ungefähr die Lage des abgekommenen Hofes »Graben«, ehem. Buchberg Nr. 25, anzeigt. Auf den Feldern um diesen ehemaligen Hof, die heute zum Hofe Schrankenlehen, Buchberg Nr. 20, gehören, sollen immer wieder Menschenknochen ausgeackert werden. Der Sage nach sollen dort Franzosen, andere meinen Türken, begraben liegen. Immer wieder hört man: Beim Grabenbauer sind Franzosengräber oder Türkengräber.

Der »Freithof« am Hochkar

Auf dem Hochkar bei Göstling an der Ybbs wird ein Steinfeld der »Freithof« genannt. Wegen ihrer merkwürdigen Form werden die Hügel, Steinhaufen und Karrenfelder am »Freithof« als Türkengräber bezeichnet. Der Sage nach sollen hier Türken begraben sein.

Unsere Liebe Frau von Lunz

Die Pfarrkirche Lunz am See hat zwei Schiffe mit je einem Hochaltar. Der Altar des rechten Schiffes ist den Hl. Drei Königen geweiht, die auch die Patrone der Kirche sind. Einst war die Kirche eine Wallfahrtskirche zu Unserer Lieben Frau im Goldenen Sessel. Das Gnadenbild, eine spätgotische sitzende Madonna mit Kind, ist heute noch auf dem linken Hochaltar zu sehen. Die Statue weist einige Kerben auf.

Die Sage weiß nun zu berichten: Als die Türken 1529 oder 1532 auch die Kirche von Lunz verwüsteten, haben sie die Statue mit ihren Säbeln übel zugerichtet. Wie dann später die Statue renoviert wurde, hat man wohl die meisten Kerben geschlossen, einige jedoch zur Erinnerung belassen.

Am 9. und 10. September 1532 – nach ihrer Niederlage vor Waidhofen/Ybbs – dringen Akindschi auch über Lunz nach Gaming vor. Lunz war vor der Reformationszeit ein vielbesuchter Wallfahrtsort. 1580 bis 1618 hatte Lunz lutherische Prädikanten.

Die Türken von Gaming

In der Türkennot im Jahre 1529 flüchteten sich die Bewohner der Umgebung von Gaming scharenweise mit Hab und Gut in das Karthäuserkloster. Die Türken kamen und umringten zum großen Schreck der Bewohner das Kloster. Da alle menschliche Hilfe vergeblich schien, half Gott; denn als der Anführer durch einen Schuß aus dem Kloster tot zur Erde stürzte, ergriffen die übrigen die Flucht.

Von dem wunderbaren Schuß berichten alle Chroniken. Trotzdem dürfte es sich um eine Wandersage handeln, die den Widerstandswillen der Gaminger zum Ausdruck bringen soll. Akindschi dürften aber 1529 vor Gaming gewesen sein. – 1532 kamen die Truppen des Kasim Beg von Hollenstein her vor Gaming. Die Bewohner und die Untertanen der Umgebung flüchteten in die Kartause, die von den Akindschi angeblich dreimal gestürmt wurde. Bei den Kämpfen an der Türkenmauer in der Pledichen fand der Pfarrvikar Nikolaus von Gaming den Heldentod. 300 »behauste Güter« der Kartause wurden damals verheert, die meisten Untertanen verschleppt. – 1683 wurde die Kartause nicht unmittelbar bedroht, wohl aber die meisten ihrer Herrschaft unterstehenden Einzelhöfe verwüstet, die Bewohner umgebracht oder fortgeführt.

Das Hollensteiner Kreuzstöckl

Vor mehr als tausend Jahren soll der erste Mönch das schöne Gebirgspanorama von Hollenstein erblickt haben. Der ebene Platz bei der Mündung des Hammerbaches in die Ybbs schien ihm für eine Ansiedlung vorzüglich geeignet. Das erste Haus, das errichtet wurde, war das Stiftshaus.

Der Mönch, welcher der Gründer Hollensteins gewesen sein soll, fand an einem von ihm errichteten Kreuzstöckl seine letzte Ruhestätte. Im Laufe der Jahrhunderte wurde aus der kleinen Ansiedlung ein ansehnliches Dorf, das sich friedlich entwickelte. Doch da bedrohte eines Tages eine furchtbare Gefahr das liebliche Tal. Die Türken, die im Jahre 1532 bei Waidhofen durch die Sensenschmiede und Bürger eine schwere Niederlage erlitten hatten, zogen sengend und plündernd nach Weyer und von dort nach Hollenstein. Beim Kreuzstöckl erwartete sie der damalige Pfarrer von Hollenstein und bat den türkischen Befehlshaber um Schonung des Ortes. Die wilden Horden hörten aber nicht auf die bittenden und mahnenden Worte des Priesters. Sie verwüsteten Hollenstein und schleppten sogar den Pfarrer mit sich fort. Aber in Gaming ereilte sie die gerechte Strafe. Sie wurden überfallen und gänzlich aufgerieben. Die Gefangenen wurden nun befreit, und der tapfere und opfermütige Seelsorger kam unversehrt wieder nach Hollenstein zurück. Zum Dank für seine wunderbare Rettung ließ er ein schönes gotisches Sakramentshäuschen in der Kirche errichten, das im Jahre 1740 an die Stelle des alten Bildstöckls gesetzt wurde, wo es heute noch zu sehen ist.

Die historische Wahrheit kennt leider kein Happy-End. Ebenso wie Ybbsitz wurde auch Hollenstein von den Truppen Kasim Begs 1532 überfallen und schwerstens zerstört. Viele Bewohner wurden mitgeschleppt, darunter auch der Pfarrer, den die Akindschi nach der erfolglosen Bestürmung von Gaming ermordeten. – Das »Kreuzstöckl«, das ehemalige gotische Sakramentshäuschen aus der Pfarrkirche, wurde 1797 neben dem Ortsfriedhof aufgerichtet. Das Schmiedeeisengitter des »Kreuzstöckels« trägt die Jahreszahl 1502.

Konradsheim

Auf dem höchsten Punkt des Haussteines sieht man noch kümmerliche Reste der Burg von Konradsheim. Nach dem Volksmunde sollen die Türken im Jahre 1532 die schon damals zerfallene Burg mit Kanonen beschossen haben.

Die Sensenschmiede von Waidhofen/Ybbs

Das stolzeste Erinnerungszeichen an die Türkenzeit ist wohl der mächtige Stadtturm von Waidhofen a. d. Ybbs mit dem zwiebelförmigen Haupt, der zierlichen Laterne und den vier kleinen runden Ecktürmchen. Bekanntlich schlugen die Waidhofner Bürger und Schmiede vom 8. September, Schlag dreiviertel auf zwölf, bis zum 10. September 1532 die Türken in mehreren Gefechten auf der Kreilhofer Wiese beinahe vollständig und erbauten zur Erinnerung an diesen Sieg den stolzen Stadtturm, auf dessen Spitze sich noch heute der Stern über dem liegenden Halbmond erhebt.

Aus jenen Tagen stammt auch noch der Brauch der Waidhofner Schmiede, an ihrem Jahrtag mit Trommeln und Pfeifen zur Kirche zu ziehen. Bei der 400-Jahr-Feier im Jahre 1932 versah man den Waidhofner Stadtturm für die kommenden Geschlechter mit folgender Inschrift: »Im Jahre 1532 schlugen Bürger, Schmiede und Bauern die Türken in die Flucht und erbauten zur Erinnerung diesen Turm.« Noch immer zeigt das westliche Zifferblatt des Waidhofner Stadtturms dreiviertel zwölf, also auf die Zeit des Aufrufes zur Türkenabwehr.

Hammerschmiede und Bauern verteidigten die Brücken nahe dem Zusammenfluß der Kleinen Ybbs mit der Ybbs. Die Akindschi mußten ausweichen und die Ybbs bei der nahen Furt überqueren. Auf einer Wiese bei Kreilhof schlugen sie ihr Lager auf. Kundschafter der Akindschi wurden von der wohlbefestigten Stadt Waidhofen aus unter Feuer genommen. Als 50 mit Handfeuerwaffen und Geschützen ausgerüstete Waidhofner begannen, die Vorstadt Leithen gegen die Feinde abzuriegeln, brachen diese überstürzt ihr Lager auf der Kreilwiese ab. Vor dem Aufbruch ermordeten sie noch 224 Gefangene. Seither heißt dieser Ort »Schwarze Wiese«. Den eigentlichen Sieg errangen etwa 100 Waidhofner unter Führung des Stadtrichters Erhard Wild über die türkische Nachhut, die eben das Gehöft Hartbichl in Brand setzte. Es gelang den Verfolgern, den Akindschi zahlreiche Gefangene, Waffen und Pferde abzunehmen. – Der Umzug der Sensenschmiede ist vermutlich ein alter Zunftumzug, der sich dann an die Türkentradition heftete.

Die Türken am Sonntagberg

Im Jahre 1529 beschützte Gott in wundervoller Weise die Wallfahrtskirche am Sonntagberg vor den Türken. Die Pracht seines Gotteshauses verhieß reiche Beute; zudem waren viele aus der Umgebung, auf den Schutz des dreieinigen Gottes vertrauend, hieher geflohen. In tödlicher Angst harrten sie ihres Schicksals, als die Rotte auf flüchtigen Rossen den Berg hinanzog. An Verteidigung war nicht zu denken, im Drang des Augenblicks fehlten dazu die Waffen, fehlte der Mut. Aber siehe, Gott wachte über seinen Berg und ließ das Vertrauen der zu ihm Flüchtenden nicht zuschande werden. Als die Türken beinahe am Gipfel des Berges angelangt sind, stehen ihre Pferde plötzlich still und fallen zitternd in die Knie. Kein Sporn vermag sie vorwärts zu bringen, nur rückwärts können und wollen sie. Die Reiter erfaßt ein Grauen, und in wilder Flucht, wie verfolgt von einem unsichtbaren Heere, jagen sie den Berg herab gegen Waidhofen und Ybbsitz hin, wo sie unter den Streichen wackerer Schmiede den Frevel büßen, der an Gottes Heiligtum verübt werden sollte.

Den Vorfall berichtet auch der Lutheraner Valentin Prevenhuber, sicher kein Freund der Wallfahrtsorte. – 1683 blieb der Superior Benedikt Abeltshauser auf dem Sonntagberg. Er ließ – die Gnadenkirche war wieder Zufluchtsort – fürsorglich alle Wege „verhacken" (verrammeln, ungangbar machen). Die Vorsicht hatte sich gelohnt. Während kein Türke auf den Sonntagberg kam, wurden St. Leonhard (am Walde), Neuhofen, Randegg und Euratsfeld heimgesucht. Der Pfarrer von Eu-

ratsfeld hatte sich in einem Gebüsch verborgen, er wurde von seinem Hund verraten und schonungslos abgeschlachtet.
In der Gnadenkirche vom Sonntagberg sind einige Votivbilder. Eines schildert die Bedrohung des Marktes Purgstall, ein anderes das „Roßwunder" (siehe Sage). Ein Prospekt in der Sakristei schafft einen Überblick über das Wüten der Türken in der Umgebung. In der Schatzkammer ist ein Türkenpfeil aufbewahrt. Am Fuß des Sonntagberges, in Rosenau, gerade bei der Abzweigung auf den Berg, nennt sich heute ein Gasthaus »Türkenwirtshaus«. Es ist keine Erinnerung an die Zeit der Türkenstürme, es wird von einer türkischen Gastarbeiterfamilie geführt.

Der Mühlstein in der Kirchmauer von Biberbach

In Biberbach (Bez. Amstetten) ist an der alten Pfarrkirche eine Tafel mit folgender Inschrift angebracht: »Hier liegen begraben 43 Personen, so von den Türken sind erschlagen worden aus dieser Pfarre . . . Anno christ 1529.« Daneben ist ein Mühlstein eingemauert, der angeblich aus der nahen Kumpfmühle herrühren soll, wo das Gemetzel stattgefunden hätte. Eine Sage erzählt es aber anders:

Ein Bauer und ein Müller saßen in einem Gasthause zu Biberbach beisammen. Mitten im Gespräch wies der Bauer auf den großen Platz des Ortes hin und meinte, daß dort in der Mitte eine Kirche sich sehr gut ausnehmen würde. Der Müller aber entgegnete: »So wenig mein Mühlstein hierher kommt, so wenig wird hier je eine Kirche stehen!«

Am folgenden Morgen soll der Mühlstein des Müllers mitten auf dem Platze von Biberbach gelegen sein. Als Sühne ließ der Müller die Kirche erbauen, und der Mühlstein wurde als Wahrzeichen in die Mauer gefügt.

Die Inschrift auf dem Stein heißt genau: »Hie ligen begrabenn 43 person so vom Türken seind erschlagen worden. Im 33 Jahr den got ewigklich durch das leide IhU christi genadt Anno cr 1.5.29.« Der Stein wurde 1533 gesetzt. 1762 wird in der Chronik berichtet, daß sich unter diesem Denkmal das gewölbte Grab der Erschlagenen befindet.
In der Kumpfmühle, etwa zwei Kilometer außerhalb des Ortes, weiß man noch um die Überlieferung (heute keine Mühle mehr). Man berichtet dort auch von einem Türkengrab, das sich hinter dem heutigen Wagenschuppen am Mühlbach befinden soll. Sieben oder 14 Türken sollen dort begraben liegen. Im Nachbarhof, beim Thalbauern, wurde 1887 ein Gangsystem aufgedeckt, erreichbar durch einen zwei bis drei Meter tiefen senkrechten Schacht. Es finden sich enge Schlupfe, Nebengänge und Nebenkammern, in denen einige Leute Zuflucht finden könnten. Historiker nehmen an, daß dieses Versteck erst nach der Katastrophe von 1529 gegraben wurde. Vielleicht handelt es sich aber auch um einen Erdstall, dessen Zweck wäre dann nicht eindeutig geklärt.

Die Türken von Ulmerfeld

In der Türkenzeit 1683 blieben der Markt, der damals noch mit einer festen Mauer und mit ordentlichen Toren versehen war, sowie die gut verwehrte Pfarrkirche samt dem verteidigungsmäßigen Schlosse verschont, weil die Türken wegen der tagsüber im Markte öfters gerührten Trommel Ulmerfeld für eine mit Besatzung versehene Festung ansahen, mit der sie sich, als bloße Streifpartie, nicht in Berennung einlassen konnten.

Der gut befestigte Ort blieb verschont, auch 1532, obwohl damals am 6. September an die 4000 Akindschi vor Ulmerfeld lagerten.

Der wilde Graben bei Ulmerfeld

Zwischen Ulmerfeld und Winklarn zieht sich gegen die Ybbs ein Graben hin. Auf seinem Grunde fließt ein Bächlein. Früher soll dasselbe unterirdisch geflossen sein. Um diesen Graben rankt sich folgende Sage:

Im Türkenjahre 1683 wurde die Frau des Ulmerfelder Turmwarts auf dem Turme bei der Fabiansleite als Hexe angeklagt, weil sie mehrere neugeborene Kinder in »Wechselbälge« verwandelt haben sollte. Viele Leute wollten sie auch, auf einem Besen reitend, aus dem Rauchfang herausfliegen gesehen haben. Die Angeklagte wurde zum Tode verurteilt und sollte tags darauf verbrannt werden. Als außerhalb der Ulmerfelder Ringmauer schon der Scheiterhaufen bereitstand und die angebliche Hexe an den Pfahl gebunden war, kamen einige keuchende Boten aus Winklarn dahergerannt, drängten sich durch die gaffende Menge und berichteten, daß viele, ganz schrecklich viele Türken von Winklarn her gegen Ulmerfeld im Anzuge seien! Auf diese Hiobsbotschaft entstand ein furchtbarer Wirbel! Die Hexe hatte man ihrem Schicksal überlassen. Doch rief sie vom Scheiterhaufen herunter, wenn sie freigelassen werde, könne sie die Türken verhexen. Sie wurde ihrer Fesseln entledigt und lief sogleich in die Richtung, wo der heutige wilde Graben steht. Bald hörte man ein wildes Schreien, das den Türken zugeschrieben wurde. Jetzt reute es den Richter, die Hexe freigelassen zu haben, denn er meinte, sie habe aus Rache den Türken alles verraten. Doch vernahm man auf einmal ein fürchterliches Getöse und Lärmen, das nach einigen Minuten plötzlich wieder verstummte. Als man in die Gegend, von wo der Lärm herangekommen war, ging, sah man, daß der vorher ebene Boden tief eingesunken war. Auf dem Grunde des neuen Grabens lagen viele Türkenleichen umher. Dieses soll das Werk der Hexe gewesen sein. Die Hexe aber wurde nie mehr gesehen. Seit jener Zeit wurde der unheimliche Ort von allen Leuten gemieden. Auch wurden seither viele unheimliche Geschichten erzählt, die sich im wilden Graben zugetragen haben sollten. So z. B. soll an der Stelle des heutigen Bildstockes beim Blorker-Häusl, also in nächster Nähe des wilden Grabens, oft und oft ein Mann

ohne Kopf gesehen worden sein, bei dem aus dem Halse Feuer heraus-
brannte. Der Turm, in dem die Hexe gewohnt haben soll, wird heute noch
das »Hexenloch« genannt.

Beim Ludwigsdorfer Türkenkreuz

Vor mehr als 400 Jahren lebte in der an der lieblichen Url gelegenen Öhlinger Mühle ein junges Ehepaar glücklich und zufrieden. Doch nur kurze
Zeit währten die schönen Tage, denn es brach die schreckliche Türkennot
über das Mostviertel herein. Es war im Mai des Jahres 1529, als Sultan Soliman mit einem riesigen Heere vom Osten her unsere Heimat bedrohte. Was
nützte es den Männern von Öhling, wenn sie die Urlbrücke abrissen und
sich hinter Steinmauern verschanzten? Am selben Tage wie in Amstetten
traf auch im freundlichen Orte Öhling eine wilde Türkenhorde ein. Diese
überritten johlend die Türkensperren, die Häuser wurden in Schutt und
Asche gelegt, die Männer getötet, viele Frauen gerieten aber in die türkische Gefangenschaft. Auch die junge Müllersfrau fiel in die Hände der
Muselmänner, nachdem ihr Mann niedergeschlagen worden war. Unter
den gefangenen Frauen entdeckte die Müllerin zu ihrem Trost zwei Ju-
gendgespielinnen aus Reintal und Empfing. Nun wurden die drei Frauen
gemeinsam als Gefangene in die Türkei geschleppt.

Fast acht unendlich lange Jahre gingen so dahin, nur das feste Band der
Kameradschaft, ein tiefes Gottvertrauen und die Hoffnung auf eine Flucht-
gelegenheit hielten die drei Frauen aufrecht. Da schlug auch ihnen die
Stunde der Befreiung. In einer Nacht schreckte sie ein unterirdisches Grol-
len aus dem Schlafe. Die Erde wankte und bebte, krachend stürzten zahllo-
se Häuser der Türkenstadt in sich zusammen. Auch das Haus des Paschas,
in dem unsere drei Frauen gefangen waren, wurde vernichtet und begrub
seine Bewohner unter den Trümmern. Wie durch ein Wunder blieben die
drei Freundinnen am Leben. Das gewaltige Erdbeben hatte ihre Kerker-
mauern gesprengt, und sie enteilten rasch der Stätte des Schreckens.

Nun hieß es aber, das Feindesland zu durchwandern. Tagsüber versteckten sie sich an einsamen Plätzen, und nur in der Nacht eilten sie mit klop-
fenden Herzen der Heimat zu. Nach langen und bangen Wochen erblickten
sie das Silberband der Donau, die nun ihr Wegweiser wurde. Tränen der
Freude vergossen die drei Schicksalsgefährtinnen, als endlich, endlich wieder deutsche Worte an ihre Ohren klangen! Mit ihren letzten Kräften
durcheilten sie Wien, das Tullnerfeld, die Wachau, den Nibelungen- und
den Strudengau. Auf der alten Römerstraße wanderten sie von Ardagger bis
Amstetten und von hier aus nach Ludwigsdorf. Und dort, an der Stelle des
heutigen Türkenkreuzes, nahmen sie Abschied voneinander und eilten
ihren Heimstätten in Öhling, Reintal und Empfing zu.

Doch nicht lange erfreuten sich die Heimgekehrten ihrer Rückkunft.
Geschwächt von all den Aufregungen und Anstrengungen, starben sie alle

fast zur gleichen Zeit, und ihr Glück war, daß sie in der Heimaterde ruhen konnten.

Eine bearbeitete Holzsäule, ca. 1,80 m hoch, mit einem schindelüberzogenen, von einem Eisengitter versperrten Kästchen. Unter dem Bild der Dreifaltigkeit vom Sonntagberg sieht man die drei Frauen (mit Bündeln) voneinander Abschied nehmen. Die Inschrift, kaum mehr leserlich, berichtet von der Verschleppung und dem Erdbeben. Tatsächlich zweigen in der Nähe der »Kreuzes« Straßen nach Ardagger und Öhling ab.
Hinter dem Musikheim in Öhling steht die »Öhlinger Mühlkapelle«. Ein Bildstock, gemauert, in der von schönem Eisengitter verschlossenen Nische ein unbedeutendes Marienbild. Über der Nische Fresko mit Umschrift: »Gefangennahme der Mühlbesitzerin durch die Türken im Jahre 1529.« Zwei Türken ergreifen die sich wehrende Frau, ein Pferd steht dabei. Diesen Bildstock soll die Müllerin nach ihrer Heimkehr errichten haben lassen.

Die Donaunixe vom Hößang

Der Hößgang ist bekanntlich der Donauarm zwischen der Insel Wörth und dem Neustadtler Steilufer. Hier befindet sich auch die kleine, zu Neustadtl gehörige Rotte Hößgang. Im Jahre 1529, als vor den Toren Wiens der Türke lag, wohnte in Hößgang ein armer Überführer, auch Ferge geheißen, namens Kilian. Kilian verdiente für sich und seine kranke Mutter den kargen Lebensunterhalt, indem er die Fahrgäste von Neustadtl und Kollmitzberg über den gefährlichen Strudel mit seinem kleinen Boot an das gegenüberliegende Ufer brachte. Es war in einer stürmischen und stockdunklen Nacht, als an das Schifferhäuschen heftig gepocht wurde. Kilian sah hinaus und sah eine Frau mit drei Kindern stehen, die ihn inständigst bat, er möge sie sofort überführen, da sie von einem Türkenschwarm verfolgt werde. Jetzt zögerte Kilian, ob er nicht zuerst seine kranke Mutter retten sollte. Aber das Zureden der Mutter sowie das Flehen der Kinder bewog ihn, zuerst die Fremden überzuführen. In der Mitte des Stromes angelangt, löschte der Orkan die Laterne und warf das Boot wie eine Nußschale hin und her. Der Ruderer verlor in der fürchterlichen Finsternis die Orientierung und war bereits in höchster Gefahr, als er am drüberen Ufer eine Stimme hörte, die seinen Namen rief. Kilian fuhr in die Richtung der Stimme und landete seine Schützlinge wohlbehalten am rettenden Ufer. Die Frau gab sich als Gräfin zu erkennen und versprach Kilian eine hohe Belohnung, sobald sie in friedlichen Zeiten wieder auf ihr Schloß zurückkehren könne. Trotz des immer heftiger werdenden Sturmes ruderte Kilian zurück, denn er wollte seine Mutter nicht allein lassen. Wieder befand er sich im hohen Wellengang des Strudels in höchster Lebensgefahr, als plötzlich mitten im Boot im strahlenden Glanze die Donaunixe stand, dem bereits erschöpften Kilian das Ruder aus der Hand nahm und mit sicheren Schlägen das Boot bis zum Hößganger Ufer ruderte. Bevor noch Kilian der Donaunixe danken konnte, war diese in den Wellen verschwunden. Die Gräfin hielt ihr Versprechen. Nach der Vertreibung der Türken kehrte sie auf ihr Schloß zurück und belohnte Kilian derart reichlich, daß die Not aus dem kleinen Schifferhäuschen in Hößgang entwich.

Daß die Türken vermutlich an mehreren Stellen die Donau zu überqueren versuchten, davon erzählt vielleicht jener Türkensäbel, der beim Bau des Donaukraftwerkes Ybbs gefunden wurde. 1683 gelang es einem Trupp ins Marchfeld zu übersetzen. Die kaiserliche Reiterei vernichtete ihn sofort.

Die Türken vor Strengberg

Im Jahre 1529 kamen die Türken auch nach Strengberg und machten durch Aushauen eines Mittelstückes an der Hauptkirchentüre eine Öffnung, welche Beschädigung noch heutzutage sichtbar ist, wodurch sie in die Kirche drangen. Allein, ein außerordentlicher Zufall wollte es, daß in diesem Augenblicke die Turmuhr von selbst ablief, welches starke Getöse die Türken dermaßen erschreckte, da sie, eine versteckte Gegenwehr befürchtend, eiligst durch die gemachte Öffnung davonflohen und in ihrer Flucht sogar Kirche und Ort ungeplündert ließen.

1529 richteten die Türken in Strengberg schwere Schäden an. An der Kirche wird ein steinerner Kopf gezeigt, den die Bevölkerung »Mohren«- oder »Türkenkopf« nennt. Er hat mit den Türken nichts zu tun.

Die Türken vor Amstetten

In Amstetten wurde im Jahre 1683 eine Horde Tataren dadurch verjagt, daß man zugleich an mehreren Orten Trompetenklang erschallen ließ.

1529 erlitt Amstetten schwere Kriegsschäden. Es wird von einem Großbrand berichtet. Die in der Sage geschilderten »Abwehrmaßnahmen« von 1683 überliefert das Chronicon Mellicense (1702). Es werden allerdings auch aus dem Jahr 1683 Kriegsschäden aus Amstetten gemeldet.

Die Sandgrube bei Seisenegg

An einem Baume auf dem Wege vom Schloß Seisenegg zu den Seisenegger Sandgruben hängt ein Bild, das an folgende Begebenheit erinnert: Als die Türken in der Gegend von Seisenegg umherschweiften, hörte der Torwächter des Schlosses in der nächsten Nähe ein furchtbares Getöse und sah schon eine größere Reiterschar sich dem Schloß nähern. Der sofort verständigte Schloßherr machte mit seinen Leuten einen kühnen Ausfall und vertrieb die Türken. Einige von diesen flohen in die nächst dem Schlosse Seisenegg in einer romantischen, engen Waldschlucht gelegenen

Als man zelt 1529 Jahr
die Haupstatt wien von Turkenbelagert war,
und bey derselben nicht mehr gewinen.

Alle kirchen und klöster blindert aus,
darzü gefiel ihm St Quirini gotteshauß,
Zur kirchenthier herein hauen
thet

Aus gottes vorsche die uhr thet ablaufen,
schröct den Turken samt sein haufsen
da er sich gibt in schnelle flucht,
bleibt alles bey dem gotteshauß unverr...

Als die Akindschi die Pfarrkirche von Strengberg plündern wollten, setzte sich das
Uhrwerk im Turm in Bewegung, vertrieb die Räuber. Das Bild in der Pfarrkirche
soll an diese Begebenheit erinnern.

Sandhöhlen. Die Frau des Torwächters fühlte sich in ihrer Wohnung trotz des geglückten Handstreiches nicht sicher und wollte sich in den Sandgruben verstecken. Dort wurde sie aber von den versprengten Türken überfallen und erschlagen.

Die Türken in Allersdorf

Im Jahre 1683 überfiel eine türkische Streifschar den Gstadtmeierhof in Allersdorf bei St. Georgen am Ybbsfeld. Als sich die Bäuerin vor der Gefangennahme wehren wollte, wurde sie von den Türken enthauptet. Der alte Bildstock, der diese schauerliche Tat überliefert, war im Laufe der Zeit schon ganz verwittert, er wurde im Jahre 1951 mit Bewilligung des Bundesdenkmalamtes erneuert und auf dem Kirchenplatz von St. Georgen am Ybbsfeld in die Friedhofsmauer unter einem kleinen Dach neu eingemauert.

Der Bildstock steht heute an einer Hausmauer gegenüber dem Friedhof. Es ist ein wundervoller alter Eichenholzstock, in Form eines Tabernakelbildstockes gehackt, mit einer Nische. Votivbild: Ein Türke enthauptet eine zur (über der Szene schwebenden) Sonntagberger Dreifaltigkeit betende Frau, die er an einem Strick hält.
Spätere Sagenvariante: Das Kreuz wurde zur Erinnerung an die Errettung einer Frau gesetzt, die durch das Gebet zur Dreifaltigkeit der Tötung durch die Türken entging.
Die Sage berichtet diesmal leider die Wahrheit. St. Georgen und Umgebung wurden 1529 und 1683 von den Türken heimgesucht. Auch die Kirche ist 1683 ausgebrannt, denn 1688 wurden zwei Glocken neu geweiht. 1684 war in einer heute noch in Leutzmannsdorf ansässigen Familie eine Kindstaufe. Der Vater – so berichten die Matrikeln – konnte nicht dabei sein, weil er von den Türken gefangengenommen worden war. – Die heutigen Besitzer des Gstattmeierhofes traf ein ähnliches Schicksal: Der Altbauer wurde 1945 von den Russen erschossen.

Wieselburg

In der Türkeninvasion im Jahre 1683 war im Schlosse Wieselburg nur ein Weib zurückgeblieben, welches das Schloß dadurch rettete, daß sie bald aus diesem, bald aus jenem Fenster eine Flinte losbrannte und die Tataren glaubten, das Schloß wäre gut verteidigt, und abzogen.

Überliefert im Chronicon Mellicense (1702). Vermutlich aber eine Wandersage. Auch vom Schloß Weinzierl bei Wieselburg wird sie erzählt.

Die Schimmelkirche in Holzern

Oberhalb von Krummnußbaum liegt der kleine Ort Holzern, früher Wallfahrtsort der Donauschiffer, die in der alten ehrwürdigen Kirche St. Nikolaus verehrten.

Der Legende nach soll sich in der Türkenzeit in diese Kirche ein Schimmel geflüchtet haben. Weil alle Bewohner von Holzern in die Wälder geflohen waren, wo sie sich tagelang vor den Feinden verborgen hielten, mußte der Schimmel, hinter dem die Kirchentür zugefallen war, jämmerlich verhungern.

Nach einer anderen Version soll der Schimmel sich im Glockenseil verfangen haben, und die Glocke der Kirche soll deshalb tagelang Sturm geläutet haben. Die Bewohner flüchteten auf dieses Warnsignal hin in die Wälder, und auch die Türken wagten sich nicht in den Ort. Der Schimmel aber mußte ohne Hilfe in der Kirche verhungern.

Seither heißt die St.-Nikolaus-Kirche in Holzern auch Schimmel- oder Roßkirche.

Die Türken vor Albrechtsberg

Als die Türken im Jahre 1683 vor Albrechtsberg kamen und am 20. August ein Schwarm Tataren gegen das Schloß anstürmte, welches in guten Verteidigungsstand gesetzt worden war, so wurden plötzlich alle Leute einberufen und die Zugbrücke aufgezogen, wobei sich ein Gärtnerjunge verspätete, der, während die Barbaren schon zwischen den Weingärten und dem Dorfe herzogen, vergebens um Einlaß flehte. Nun, obgleich in der größten Angst, hatte dieser doch so viel Beherztheit, sich mit dem ungeladenen Gewehre, das er bei sich hatte, vor den Schloßgraben zu stellen, indem er, als die Feinde heransprengten, einen mächtigen Lärm und drohende Gebärde machte, wodurch die Vordersten, wahrscheinlich eine im Hinterhalt dräuende List fürchtend, den Nachziehenden den guten Verteidigungszustand des Schlosses berichteten und somit wieder alle abzogen.

Überliefert im Cronicon Mellicense, verfaßt von P. Anselm Schramb. Vermutlich Ausdruck der Wehrbereitschaft.

Die Bauernherberge

Auf dem Sträßlein, das von Spitz über das Rote Tor nach Wolfenreith führt, befindet sich an einer Wegbiegung eine kleine Unterstandstelle, welche allgemein die Bauernherberge heißt. An sie knüpft sich ein Geschichtlein aus der Zeit der Türkenkriege, wo auch im Waldviertel vereinzelte Scharen jenes wilden Volkes umhergestreift sein sollen. Damals wurde ein gegen Spitz herab wandernder Bauer von einem Türken angefallen. Er entwischte aber und lief rasch davon. Hinter ihm eilte der Feind mit drohend geschwungenem Säbel nach. Ersterer sah plötzlich nach einer starken Wegbiegung eine Unterstandstelle und versteckte sich geschwind darin. Der Türke übersah sie in seinem wütenden Laufen und stürmte blindlings vorwärts. So verdankte der Bauer jenem Unterschlupf seine Rettung, und dieser bekam davon den Namen »Bauernherberg«.

In Spitz ist der Name nicht mehr bekannt. Selbstverständlich kamen die Türken nie ins Waldviertel. Es dürfte sich um eine »Kunstsage« – eine literarische Erfindung der Romantik – handeln. Daß einzelnen Türken das Übersetzen der Donau gelang, kann nicht ausgeschlossen werden.

Der Polackenkopf

Zur Zeit der zweiten Türkenbelagerung Wiens flohen die Leute mit ihrem Hab und Gut in die undurchdringlichen Wälder des 577 m hohen Polackenkopfes, der die Gansbacher Bergplatte beherrscht. Nachzügler des polnischen Entsatzheeres, insgemein Polacken genannt, die gelegentlichen Räubereien nicht abhold waren, spürten die Verborgenen auf, wurden aber von den erbitterten Männern überwältigt und erschlagen. Die abgehauenen Schädel der Polacken steckte man ins dürre Geäst eines Baumes. So kam der Berg zu seinem Namen.

Der historische Hintergrund ist vermutlich die Plünderung des Gurhofes am 29. 8. 1683 und die Verwüstung der umliegenden Besitzungen des Stiftes Göttweig durch polnische Soldaten. Dem Verwalter des Gurhofes wurden 99 Dukaten genommen, Öfen, Fenster und Türen zerschlagen. Die Serviten von Maria Langegg flohen auf die Nachricht von der Plünderung, weil sie glaubten, die Tataren wären im Anzug. – Polen plünderten am 23. 8. 1683 den Pfarrhof von Hürm, am 20. August Spielberg und Pielach bei Melk, wobei was sie nicht mitnehmen konnten vernichtet und unbrauchbar gemacht wurde. Am 26. August erschossen Polacken in Hohenegg einen Bauern, verwundeten zwei.

Die Türkenlucka in Reidling

Viele Bewohner von Hasendorf, Reidling und Umgebung hatten sich im Schlosse Hasendorf, das mit starken Mauern umgeben war, verschanzt. Ein türkischer Dolmetsch versprach ihnen nach Übergabe des Schlosses das Leben und die Freiheit. Als die Mutlosen und Leichtgläubigen das Schloß Hasendorf den Türken öffneten, verlangten diese von allen, in den Hof des Meierhofes zu gehen. Dort mußten sie niederknien. Es gab jetzt kein Bitten und Wehklagen! Es ging ihnen so wie den Perchtoldsdorfern: die wortbrüchigen Türken haben sie alle geköpft. Nur wenige Bewohner, die andere Verstecke aufgesucht hatten, überlebten diese schwere Zeit; zu ihnen gehörte auch Balthasar Figl in Reidling Nr. 1. Auf dem Hause Reidling Nr. 1 sitzen heute noch die Figl, und fast alle Tullnerfelder Figl stammen von ihm ab. Unter dem Fußboden in der Stube war ein Versteck, ein Erdstall, der allen das Leben rettete und später die »Türkenlucka« genannt wurde. In dieser Türkenlucka war Balthasar Figl mit seiner Familie versteckt, als die Türken im Jahre 1683 in der Heimat so schrecklich hausten.

In der Familie Figl wird noch überliefert, daß das Anwesen kurz vor dem Türkeneinfall geteilt wurde. Überlebt aber hat nur Balthasar, in dessen Teil die Türkenlukka war. Es handelte sich bei der Türkenlucka um einen Erdgang, vom Keller aus zugänglich, der schräg unter dem Anwesen durch Richtung Schwarzengraben führte. Bei einem Umbau des Hauses in den zwanziger Jahren stürzte ein Teil des Ganges ein und wurde dann zugeschüttet. In sehr trockenen Jahren soll der Gang noch durch die dort früher vertrocknenden Pflanzen angezeigt werden.
Schloß Hasendorf wurde tatsächlich von den Türken zerstört und um 1800 völlig abgetragen. Nur noch der alte große Schloßkeller ist zum Teil vorhanden (beim Hof Nr. 29, mit Wappen). Über die Niedermetzelung der Flüchtlinge berichtet der Chorherr Gregor Nast.

Das Marienbild von Tulbing

Während der zweiten Türkenbelagerung Wiens hausten vor allem im Wienerwald und in der näheren Umgebung Wiens die türkischen Mordbrenner besonders arg. Auch der Ort Tulbing und seine Kirche sanken in Schutt und Asche.

Als aber die Türken besiegt worden waren und abziehen mußten, fand man in den Brandtrümmern der Kirche von Tulbing ein Marienbild, die Gottesmutter und den Jesusknaben darstellend, welches der Kastner der Passauer Herrschaft dereinst der Kirche geschenkt hatte, völlig unversehrt vor. Es fand ob dieses Wunders großen Zulauf der Gläubigen.

An den Türkeneinfall erinnert auch noch das »Jammertal«, südlich von Tulbing. Hierher sollen 1529 die Tulbinger geflohen sein. Ein Hahn habe sie – der Sage nach – durch sein Krähen verraten. Sie wurden alle niedergemacht. Daran erinnert ein Bildstock an der Straße zwischen Passauerhof und Berghotel.

Das Paradies vom Riederberge

Wenn man von Purkersdorf nach Sieghartskirchen fährt, so passiert man den sogenannten Riederberg. Unten, am Fuße des Berges, liegt der Ort Ried. In der Nähe erblickt man noch einige Mauerreste des Klosters »Zu Unserer Lieben Frau und St. Lorenz im Paradies«, welches 1529 von den Türken zerstört wurde. Das Volk sagt: Hier stand ein Kloster der Templer, in welchem seinerzeit Geistliche mit roten Kappen wohnten.

1529 wurde das Franziskanerkloster niedergebrannt, 18 Mönche erschlagen. Vier entkamen.

Marcellus Ortner

Wie sich Wien während der Türkenbelagerung in fürchterlichen Nöten befand, so erging es auch allen Orten seiner Umgebung; insbesondere hatte Klosterneuburg zu leiden. Auch dahin kamen die türkischen Horden, und es schien ihnen ein leichtes, dasselbe zu erobern. Schrecken und Entsetzen erfaßte die Bewohner, als die türkischen Scharen herangezogen kamen. Propst Sebastian, der in dieser schweren Zeit dem Kloster vorstand, sammelte rasch die Mönche und die Bewohner des Städtchens, um mit ihnen zu entfliehen. Denn nur in eiligster Flucht konnten sie wenigstens ihr Leben retten. Da trat ein Mann vor den Propst; Marcellus Ortner war sein Name. »Herr«, sprach er, »flieht mit den Euren, aber erlaubt, daß ich mit meinen treuen Gefährten bleibe und dieses Kloster gegen die Türken verteidige. Gott wird uns nicht verlassen. Schon so oft hat sein heiliger Wille auch durch die Hand der Schwachen Wunder gewirkt. Wir wollen das Kloster verteidigen und unser Herzblut für dasselbe opfern!«

Vergebens hielt ihm der Propst vor, welch schweres Werk er beginne, er wollte nicht schuld sein an dem Tode so braver Männer. Doch diese ließen nicht ab von ihrem Vorhaben und blieben allein in der Burg, felsenfest auf Gottes Hilfe bauend und auf ihren Löwenmut. Schon in der nächsten Stunde rasten die Türken heran und fingen an, die Wälle zu ersteigen. Sie glaubten, es werde ihnen ein leichtes sein, das von aller Hilfe verlassene Kloster zu erobern und Herren einer unermeßlichen Beute zu werden. Aber Marcellus Ortner und seine Helden warfen die Leitern der Türken von den Wällen herab, gossen siedendes Öl und Blei auf die Nachstürmenden, warfen Felsenstücke auf sie hinunter und schlugen jeden, der doch den Wall erklomm, mit dem Schwerte nieder. Die Türken, die da meinten, sie könnten das Kloster widerstandslos erobern, hatten keine Ahnung, daß es nur ein Häuflein allerdings todesmutiger Helden war, das sie in ihrem Siegeszuge aufhielt. Sie glaubten, in demselben befände sich eine große Besatzung. Immer wieder stürmten sie heran, aber immer wieder wurden sie zurückgeschlagen.

Lange aber konnte dieser ungleiche Kampf nicht währen, und die todesmutigen Verteidiger mußten gar bald erliegen. Wenn aber die Not am größten ist, ist Gottes Hilfe am nächsten.

Was bedeutet die furchtbare Bewegung in dem ganzen türkischen Heere? In wilder Flucht eilen die Türken von Klosterneuburg zu dem türkischen Heere vor Wien, um sich da mit den übrigen zur Schlachtordnung zu versammeln. Vom Kahlenberg kommt das deutsche und polnische Entsatzheer, mächtig schmettern die Trompeten, im Sonnenglanz flattern die Fahnen, und die Waffen des christlichen Heeres blinken. Kurz ist die Entscheidungsschlacht, und in wildester Flucht eilen die Türken, verfolgt von Deutschen und Polen, dahin. Gerettet ist Wien, die alte Kaiserstadt, ihre Tore öffnen sich den siegreichen Befreiern. Aber auch Klosterneuburg ist gerettet, und die Siegesfahnen flattern von den Türmen des Klosters. Marcellus

Ortner und seine kleine Heldenschar, sie haben nicht umsonst gekämpft; unversehrt blieb das Kloster, und gerettet waren seine reichen Schätze. So hat der Heldenmut eines braven Mannes das schier Unglaubliche glücklich vollendet, und sein Name soll unvergessen bleiben.

1529 flohen die Klosterneuburger Chorherren mit dem Kirchenschatz nach Passau. Die Verteidigung des Klosters bereiteten mit 120 angeworbenen Söldnern der Stiftshofmeister Hans Stolbrokh und der königliche Regimentsmeister Melchior von Lamberg vor. Am 27. September begannen die Türken die Belagerung von Klosterneuburg. Sie plünderten und brandschatzten die Untere Stadt, wobei auch die Pfarrkirche St. Martin und die Franziskanerkirche St. Jakob in Flammen aufgingen. Die Obere Stadt konnte gehalten werden. Am 16. 10. zogen die Türken ab. Lamberg wollte aber die zurückkehrenden Chorherren nicht ins Stift lassen, um so von ihnen den Sold für die Soldaten zu erpressen. Der Kaiser mußte schlichtend eingreifen. An seinen Besitzungen wurde das Stift schwer geschädigt. Ebenso 1532 – damals vor allem durch das bei Wien zusammengezogene Reichsheer.
1683 flohen die Chorherren wieder teils nach St. Nikola bei Passau, teils ins Chorherrenstift Ranshofen. Die Verteidigung von Kloster und Oberer Stadt übernahm diesmal der Laienbruder Marcellin Ortner, die seelsorgliche Betreuung der Priester Wilhelm Lebsaft. Wieder wurde die Untere Stadt von den Türken mehrmals geplündert, die Obere Stadt und das Stift konnten – mit Verstärkung durch eine kleine Kompanie des Herzog von Lothringen und durch mehrmaliges Eingreifen der Dragoner des General Heißler (auch polnische Soldaten kamen zur Verstärkung in die Stadt) – gehalten werden. Der Hauptsturm – 13.000 Türken – wurde am 24. August abgewehrt. – Wilhelm Lebsaft und der Stiftshauptmann Bartholomäus Widmann starben bald nach der Befreiung. Marcellin Ortner wurde in Anerkennung seiner Tapferkeit zum Kücheninspektor des Stiftes ernannt.

Der große und kleine Staatzerberg

Als die Türken durch Niederösterreich gegen Oberösterreich zogen, ließ ihr Anführer bei Staatz (U. M. B.) von jedem seiner zahllosen Leute einen Turban voll Erde auf einen Platz schütten. Dadurch entstand der große Staatzerberg. Auf ihrem weiteren Zuge erlitten sie aber so arge Verluste, daß sie, als sie bei ihrer Rückkehr wieder je einen Turban voll Erde zusammentrugen, nur mehr einen unbedeutenden Hügel zustande brachten. So entstand der kleine Staatzerberg.

Eine Wandersage, die das Entstehen der Berge erklären soll – siehe auch Hüttelberg bei Deutsch Altenburg, Türkenkogel bei Poppendorf. Ins Weinviertel drangen höchstens mit den Kuruzzen verbündete Türken.

Graf Salm und sein Geisterheer

Graf Niklas Salms mutigem Einsatz und seinem umsichtigen Kommando war es zu verdanken, daß Wien im Jahre 1529 gegen die Übermacht des Türkenheeres erfolgreich verteidigt werden konnte. Leider erlitt der Graf eine Verwundung am Oberschenkel, von der er sich nie mehr richtig erholen konnte. Beim Vergeltungsfeldzug gegen die Türken erlag der Verteidiger Wiens dann den Folgen dieser Verletzung in Ungarn.

Niklas Salm hatte in der Nähe von Marchegg einen Ansitz erworben, der nach ihm »Salmhof« genannt wurde. Von ihm erzählte das Volk, daß in der Nacht zu jedem Jahrestag, an dem die Türken 1529 vor Wien auftauchten, das Gemäuer in sonderbarem Licht erglühte. Auf dem Dach des Hofes sollen sich dann blaue Flämmchen gezeigt haben. Aus dem verschlossenen Tor des Ansitzes aber sah man in diesen Nächten den Geist des alten Grafen heraustreten. Gebieterisch stieß er sein Schwert in den Himmel, deutete Richtung Wien, und aus allen alten Festen des Weinviertels sammelten sich die Geister der Recken, die mit Niklas Salm auf den Mauern von Wien gestanden waren. Dann formiert sich ein langer Reiterzug von Gewappneten und zieht Richtung Wien davon.

Diese Erscheinung soll sich auch immer dann gezeigt haben, wenn dem Land unter der Enns eine neue Gefahr aus dem Osten drohte.

Graf Niklas Salm wurde schon im 18. Jahrhundert von Mythen und »Legenden« umwoben. So soll er bei der Belagerung von Wien den Heldentod gestorben sein. Ein Gemälde von Karl Ruß (vervielfältigt in Stichen) hat Caroline Pichler zu einer Ballade inspiriert, und der Wiener Historiker Joseph von Hormayr läßt Salm ebenfalls auf den Mauern der belagerten Stadt sterben (wer hat wen beeinflußt?). – Tatsächlich erlag Niklas Graf von Salm den Folgen dieser schweren Verwundung. Doch er starb erst am 4. Juni 1530 auf dem Salmhof bei Marchegg.

Wien

Von der ersten Türkenbelagerung Wiens 1529

Im Juli 1529 betrat das türkische Heer unter Sultan S o l i m a n s des Prächtigen Anführung wieder den ungarischen Boden. Das Ziel des Kriegszuges war diesmal Wien. Ohne erheblichen Widerstand zu finden, überschritten die Türken bei Hainburg die Grenze Österreichs, mordend und brennend in gewohnter Weise. Am 17. September 1529 ergriffen Leute aus allen Ständen die Flucht; der Blutdurst der Türken hatte allgemeines Entsetzen erweckt. Wien hatte sehr zu fürchten, denn es war in einem schlechten Verteidigungszustande.

In größter Eile wurden die schwächsten Stellen der Stadtmauern und die Ufer der Donau mit Verschanzungen gedeckt, die hölzernen Dächer abgenommen, das Pflaster der Straßen wurde aufgerissen, die Vorstädte, welche ganz nahe an die Stadtmauern reichten, wurden niedergebrannt. Auch beeilte man sich, hinreichend Lebensmittel in die Stadt zu schaffen und die Besatzung soviel wie möglich zu verstärken.

Der tapfere Graf Niklas S a l m , ein 71jähriger Greis voll Jugendfeuer und kriegerischer Einsicht, leitete die Verteidigung der Stadt; treu zur Seite standen ihm der Pfalzgraf P h i l i p p und die Hauptleute Wilhelm v. R o g g e n d o r f , Eck v. R e i s c h a c h , Hans K a t z i a n e r , Leonhard v. B ö l s und Niklas v. T h u r n. Die Besatzung belief sich mit Einschluß der bewaffneten Bürger und Studenten auf 24.000 kampffähige Männer. Alle waren von festem Vertrauen auf Gott und zum Kampfe bis aufs äußerste entschlossen.

Schon am 21. September zeigte sich eine Schar Türken vor Wien, in den zwei nächsten Tagen folgten größere Massen, am 24. die Janitscharen, welche sich sogleich in die Ruinen der Vorstadtgebäude warfen; am 26. September erschien der Rest des Heeres.

Die Türken lagerten sich in einem weiten Bogen rings um die Stadt. S o l i m a n s Zelt breitete sich, einer kleinen Stadt ähnlich, auf jener Ebene bei Simmering aus, wo noch heute das sogenannte »Neugebäude«, ganz nach der Form dieses Zeltes erbaut, steht. 18 Tage dauerte die Belagerung Wiens. Die Besatzung war von dem herrlichsten Mute durchdrungen, und die Bürgerschaft wetteiferte in der Tapferkeit und Ausdauer mit den Kriegern. 19 größere und kleinere Stürme wurden mit Kraft abgeschlagen.

Die Türken hatten wohl viel Geschütz, aber unter ihren Kanonen wenige, welche für die Zerstörung von Mauern und Schanzen taugten. Darum suchten sie der Stadt durch unterirdische Gänge, M i n e n , beizukommen, in denen Pulver angehäuft wurde. Aber die Belagerten waren auf ihrer Hut; überall lauschte man in den Kellerräumen. Wasserbecken und Trommeln wurden aufgestellt, um die geringste Erschütterung des Erdbodens daran wahrzunehmen.

Wiederholt wurden halbvollendete Minen des Feindes gefunden und zerstört, und da, wo die Mauern Schaden gelitten hatten, wurden die Lükken mit größter Schnelligkeit wieder durch Bollwerke verrammelt. S o l i m a n bebte vor Wut, daß Wien, dessen Fall ihm so leicht geschildert worden war, so nachhaltig widerstand. Am 14. Oktober wurde von den Türken ein allgemeiner Sturm unternommen. Es war ein Donnerstag. Tags darauf, Freitag, an dem heiligen Tage der Mohammedaner, sollte die St.-Stephans-Kirche in eine Moschee umgewandelt sein.

Aber der Heldenmut der Wiener machte diese Hoffnung des Feindes zunichte. An der gefährlichsten Stelle, beim Kärntnertor, hatten die Bewohner der Stadt, geistliche und weltliche, Männer und Weiber, Greise und Knaben, in der Nacht vorher einen Wall aus Pflastersteinen und Mauertrümmern aufgerichtet. Der allgemeine Sturm begann mit dem Auffliegen zweier Minen beim Kärntnertor und dauerte zwei Stunden. Die Stürmenden wurden zurückgeschlagen. Als sich der Feind nachmittags zu einem neuen Angriffe anschickte, rief S a l m seine Helden wieder zu den Waffen. Mit freudigem Mut folgten Bürger und Soldaten. Der Angriff war heftiger denn je, aber wieder erfolglos. Da gab der Sultan die Belagerung auf und zog noch an demselben Tage von der Stadt weg; vorher aber ließ er alle Gefangenen, darunter gegen tausend Weiber und Kinder, niederhauen oder in die Flammen des angezündeten Lagergerätes werfen.

W i e n war wie durch ein Wunder gerettet, mit ihm ganz D e u t s c h l a n d , für welches ein weiteres Vordringen der Türken die furchtbarsten Folgen gehabt hätte. Groß war der Jubel Wiens, auf den Wällen wurde das Geschütz losgebrannt, und im Dome zu St. Stephan wurde ein Dankfest begangen. Dem heldenmütigen Grafen Niklas v. S a l m war leider beim letzten Sturme ein Schenkel zerschmettert worden; er starb bald darauf an den Folgen dieser Verletzung.

Am 25. 9. 1529 traf die Hauptmacht der Türken vor Wien ein. Die Belagerung begann also zu einem sehr späten Zeitpunkt im damaligen »Kriegsjahr«, und die Belagerer standen unter Zeitdruck. Vermutlich war auch der frühe Wintereinbruch einer der Hauptgründe für den Rückzug Suleimans. – Niklas Graf Salm wurde übrigens bereits am 9. Oktober verwundet. Der letzte Sturm erfolgte am 14. Oktober.

Zum Heidenschuß

Auf dem Platze, wo vor Zeiten das sogenannte Innere Stadttor am Heidenschuß stand, steht gegenwärtig ein großes Eckhaus. Der Sage nach soll hier bei der ersten türkischen Belagerung im Jahre 1529 eine feindliche Mine entdeckt worden sein. Das Haus bewohnte damals ein Bäcker; ein im untersten Keller zur Nachtzeit arbeitender Bäckerjunge, man nennt ihn Josef Schulz, aus dem Städtchen Bolkenhain in Schlesien gebürtig, entdeckte die unterirdische Arbeit des Feindes durch die hüpfende Bewegung einiger Würfel, die auf einer Trommel lagen, und machte die Anzeige beim Stadtkommandanten, der sogleich die nötigen Gegenarbeiten vornehmen ließ. Die durch den Minengang vordringenden Türken wurden unschädlich gemacht.

Daß durch diese Entdeckung ein großes Unglück vom südwestlichen Teil der Stadt abgewendet worden ist, soll das Privilegium, das Ferdinand I. der Wiener Bäckerinnung erteilte, bezeugen, demzufolge die Altgesellen am zweiten Osterfeiertage mit fliegenden Fahnen, klingendem Spiel einer türkischen Musik und dem Innungsbecher durch die Stadt ziehen durften. Es war dies der sogenannte Bäckeraufzug. Er wurde zum letzten Mal im Jahre 1810 abgehalten.

Es handelt sich um ein altes Hauszeichen, das erst nach 1529 mit der Türkenbelagerung in Verbindung gebracht wurde. Teply, der diese Sage genau untersucht, vertritt die Ansicht, an das Haus habe sich ursprünglich eine andere Türkensage geknüpft – die vom »Türkenloch«. Im Hause, das im 18. Jahrhundert den Paulanern gehörte, gab es eine bürgerliche Weinschank, den »Türkenkeller«. In diesem wurde ein Mauerloch gezeigt, an das sich die Sage von der türkischen Mine knüpfte. Selbstverständlich trieben die Türken bei der ersten Belagerung ihre Minenstollen niemals so weit in die Stadt hinein.

Der Umzug dürfte sich bei näherer Betrachtung als alter Frühlingsbrauch erweisen. Die Sage vom »Heidenschuß«, an die sich gewöhnlich die »Entstehung« des Umzugs knüpft, ist der Erklärungsversuch dieses alten Zunftbrauches. Auch die Grazer Bäcker hatten so einen Umzug. Sie begründeten ihn mit der Tapferkeit der Bäcker bei der Belagerung von Graz 1532. Diese Belagerung fand nie statt . . . Zum letzten Mal gab's den Bäckeraufzug in Wien im Jahr 1810.

Kolschitzkys Botengang

(Von der zweiten Türkenbelagerung Wiens 1683)

Am 17. Juli des unheilvollen Jahres 1683 fiel die Leopoldstadt in die Hände der Türken. Sobald sich diese daselbst festgesetzt hatten, erfuhr diese Vorstadt dasselbe Schicksal, welches die übrigen Vorstädte getroffen hatte. Kirchen und Paläste wurden in Schutthaufen verwandelt; die schönsten Gärten, wie die kaiserliche Favorita (Augarten), wurden vom Grunde aus verheert.

Die kostbarsten Einrichtungen und prächtigsten Hausgeräte gingen in Flammen auf, weil die Einwohner dieselben nicht in die Stadt geborgen hatten, da ihnen versichert worden war, daß diese Vorstadt von der Armee stets besetzt und bedeckt gehalten würde. Nun bildete die Leopoldstadt für die Türken einen sehr geeigneten Punkt, von welchem aus sie die Stadt mit ihren Geschützen auf das wirksamste bestreichen konnten. Sie gruben von der Jägerzeile herauf bis über die Schlagbrücke hinaus neue Laufgräben, errichteten an der Donau und bei der Kirche der Barmherzigen Brüder neue Batterien, von welchen aus sie die Stadt besonders gegen den alten Fleischmarkt und das St.-Lorenz-Kloster durch Bomben in schwere Nöte brachten.

Am 21. Juli beschoß der Feind die Stadt von der Leopoldstadt aus besonders heftig; erst bei Nacht ruhten die Geschütze. Nun brachte ein Reiter des Götzschen Regimentes, von Enzersdorf kommend, die Nachricht, daß man von dem Herzoge von Lothringen baldigst Hilfe zu erwarten habe.

Als am 2. August der Feind zu Nußdorf und Klosterneuburg alle Schiffe und Flöße losmachte und dieselben auf dem kleinen Arm der Donau herabströmen ließ, häuften sie sich vor den Bruchstücken der abgetragenen Schlagbrücke so an, daß man darüber gehen konnte; allein, die aus der Leopoldstadt in die Stadt geflohenen Schiffer bekamen den Befehl, sie zur Nachtzeit hinwegzuräumen, was sie trotz des heftigen Feuers der Türken zur Ausführung brachten.

Einem Bürger, der beim Herannahen des Feindes aus der Leopoldstadt in die Stadt geflohen war, ging diese Tat der wackeren Schiffer so zu Herzen, daß er sich vornahm, der Stadt ebenfalls durch heldenmütige Aufopferung zu dienen.

Da er, obwohl Pole von Geburt, hinlängliche Kenntnis von Sprache und Sitten der Türken hatte – er war ja ehemals Dolmetsch bei der orientalischen Kompagnie gewesen –, bot er sich dem Stadtkommandanten als Kundschafter an. Das Anerbieten wurde bereitwilligst angenommen, und K o l s c h i t z k y , so hieß der wackere und mutige Mann, unternahm in Begleitung seines Dieners M i c h a l o v i t z , der ebenfalls Sprache und Sitten der Türken kannte, am 6. August nachts zwischen 10 und 11 Uhr, in türkische Kleidung gehüllt und mit Briefen an den Herzog von Lothringen versehen, seinen ersten schweren Gang durch das Lager der Feinde.

Dieses Votivbild weihten die Kärntner Landstände der Gnadenstätte von Maria Saal. Es zeigt vor einer Ansicht der Stadt Wien links die Votanten unter Anführung des Kaiserhauses. Rechts werden die Türken gerade vertrieben. Jahreszahl: 1683.

Graf Guido v. S t a r h e m b e r g , der Adjutant des Stadtkommandanten, gab dem mutigen Wiener Bürger durch das Schottentor bis zu den Palisaden hinaus das Geleite und ließ es auf dem Wege dahin an guten Ratschlägen nicht fehlen. Schließlich verabschiedete er sich von K o l s c h i t z k y mit dem Wunsche, daß die wichtige Sendung, welche er zum Wohle der Stadt Wien nun auszuführen bereit war, gelingen möge.

Es erhob sich nun ein greuliches Wetter; es stürmte, blitzte und donnerte fürchterlich; doch K o l s c h i t z k y und sein Gefährte gingen unverdrossen weiter und gelangten bis an das Lazarett in die Währinger Straße, wo sich schon das türkische Lager befand. Weil aber der heftige Regen anhielt, setzten sie sich unter einem Baume nieder und erwarteten den anbrechenden Tag. Sobald es Licht geworden war, gingen sie unerschrocken durch das feindliche Lager, und K o l s c h i t z k y sang ein türkisches Liedchen, um bei den hin und wieder gehenden und reitenden Türken keinen Verdacht zu erregen.

Er kam nun an dem Zelte eines Aga (türkischer Befehlshaber) vorüber, der ihn zu sich rief, ihn seiner nassen Kleidung wegen bedauerte und ihn fragte, woher er käme und wem er diene. K o l s c h i t z k y antwortete ganz unbefangen, daß er ein Belgrader Kaufmann sei, der mit seinem Diener dem türkischen Heere gefolgt wäre und sich damit befasse, den Türken Lebensmittel zu liefern. Der Aga ließ ihm hierauf Kaffee reichen und entließ ihn mit der Warnung, sich nicht zu weit vorzuwagen, um nicht den Christen in die Hände zu fallen. Kolschitzky beurlaubte sich dankend bei dem Aga und nahm seinen Weg, den türkischen Truppen vorsichtig ausweichend, durch den Wald und die Weinberge gegen Klosterneuburg. Weil er aber nicht wußte, ob Freund oder Feind hier hause, so kehrte er nach dem Kahlenbergerdorfe zurück. Auf der gegenüberliegenden Insel gewahrte er Einheimische, denen er winkte. Weil diese aber in ihm und seinem Diener der Kleidung wegen Türken vermuteten, so schickten sie ihnen als Antwort einige Schüsse herüber, die zum Glücke das Ziel verfehlten. K o l s c h i t z k y rief nun in deutscher Sprache, daß sie Christen seien und von Wien kämen.

Sogleich wurden nun beide auf die Insel übergefahren, wohin sich der Richter von Nußdorf und einige seiner Nachbarn vor den Türken geflüchtet, und nachdem sich die beiden vermeintlichen Muselmänner durch einen Paß legitimiert hatten, wurden sie schnellstens auf das linke Donauufer befördert. Von da ging es rasch ins kaiserliche Lager, welches zwischen Angern und Stillfried stand; hier wurden K o l s c h i t z k y und sein Diener sehr freundlich aufgenommen und reichlich bewirtet. Der Herzog von Lothringen nahm huldvoll die Briefschaften entgegen und versprach, dem Überbringer derselben am frühesten Morgen ein Antwortschreiben einhändigen zu wollen.

Im Lager wurde es nach und nach ruhig, alles zog sich in die Zelte zurück, nur die auf- und abgehenden Posten unterbrachen die fast unheimliche Stille.

K o l s c h i t z k y stand noch vor seinem Zelte, seine Blicke in der Richtung gegen Wien gewendet. Von einem Offizier befragt, warum er noch nicht sein Lager aufgesucht habe, antwortete er, daß er noch ein Signal von Wien erwarte, welches um 10 Uhr erfolgen solle. Er habe nämlich die Verabredung getroffen, seine erfolgte glückliche Ankunft im kaiserlichen Lager durch eine Raketengarbe anzuzeigen; eine solche habe er gestern nachts bei Stammersdorf abgebrannt, aber noch sei keine Erwiderung von seiten der Stadt Wien sichtbar geworden.

Da traf der Offizier schnell die Anordnung, daß einige Raketen abgebrannt wurden, und siehe, es dauerte nicht lange, so stieg vom Stephansturme aus über Wien eine mächtige Feuergarbe empor, die man im Lager wohl bemerken konnte. Jetzt war K o l s c h i t z k y zufrieden und begab sich zur Ruhe.

Am frühesten Morgen des 17. August wurde ihm ein Schreiben des Herzogs von Lothringen eingehändigt, welches den Trost erhielt, daß die Hilfstruppen täglich näher anrückten, Preßburg von den Österreichern erobert und ein doppelter Sieg über Tököly erfochten sei. Er und sein Diener traten den Rückweg an, wären aber bald in die Hände der Feinde geraten. In Nußdorf krochen sie teils aus Besorgnis, von den türkischen Posten entdeckt zu werden, teils des heftigen Regenwetters wegen in einen Keller, wo K o l s c h i t z k y großer Ermüdung halber einschlief, während M i c h a l o v i t z Wache hielt.

Bald erwachte der Schlummernde wieder, und Herr und Diener verabredeten miteinander, was nun zu tun sei.

Da kam ein türkischer Soldat die Stiege herunter und, da er reden hörte, so machte er wieder »kehrt um«, damit er nicht etwa von seinesgleichen in einem Weinkeller gesehen werde. Darüber waren die beiden geängstigten Flüchtlinge herzlich froh. Sie brachen wieder auf und gelangten glücklich in Wien an, wo sie mit Freuden empfangen wurden.

Ihre glückliche Ankunft wurde der Armee jenseits der Donau durch Raketen angezeigt.

Kolschitzkys Diener M i c h a l o v i t z gelang es noch zweimal, unverletzt durch das türkische Lager zu kommen. Das letzte Mal bei seiner Rückkehr gesellte sich ihm ein türkischer Reiter bei, mit dem er sich in vertrautes Gespräch einließ; M i c h a l o v i t z war nun in Gefahr, von seinem Gesellschafter in das türkische Lager gebracht zu werden; deshalb hieb er ihn, ehe derselbe es sich versah, nieder, bestieg dessen Pferd, sprengte davon und kam glücklich in die Stadt.

Die Stunde der Rettung sollte nun auch für das belagerte Wien schlagen.

Am 11. September um Mitternacht war das christliche Heer auf dem Saume des Kahlenberges angekommen; mit der Morgenröte des 12. stieg es am östlichen Abhang den Berg hinunter. Die Schlacht begann nun auf dem linken Flügel; bei Nußdorf, bei Dornbach und auf der heute noch kennbaren Türkenschanze bei Weinhaus war der Kampf am hartnäckigsten. Endlich wichen die Türken auf allen Punkten zurück. Gegen 5 Uhr abends drangen die ersten christlichen Truppen bis in die Roßau vor und eine halbe Stunde später auch in das feindliche Lager. Allgemein war die Flucht der Türken; der Großwesir rettete mit knapper Not die Fahne des Propheten. Nun ging es in wilder Flucht bis Raab, wo sich das geschlagene Heer wieder sammelte.

Georg Franz Kolschitzky (Koltschitzky, Goltschitzki in den Traumatrikeln von St. Stephan) ist wohl durch seine eigene Propaganda zum »Türkenhelden« von 1683 schlechthin geworden. Vermutlich war Kolschitzky Pole oder Armenier. Armenier hatten nämlich mit Vorzug Kurier- und Dolmetschposten inne. – An der vorliegenden, mit Sagen reich gespickten Schilderung gilt es einiges richtigzustellen. Kolschitzky war nie Wiener Bürger. Als türkischer Dolmetsch und Kurier zählte er immer jener Gesellschaftsschicht zu, die für die damaligen Wiener eine Art »Halbwelt« war: Griechen, Armenier, getaufte Türken, vielleicht auch Polen. Selbstverständlich war Kolschitzky – ohne sein Verdienst schmälern zu wollen – nicht der einzige, der aus der belagerten Stadt hinauskam und wieder hineinwechselte. Selbst mit schärfsten Strafen konnte Starhemberg das Aus- und Einschleichen, an dem auch Frauen und Kinder teilnahmen (man trieb Handel mit den Türken, und türkische Hilfsvölker trieben Handel mit den Belagerten; auch dingten die Türken immer wieder Saboteure für Brandstiftungen), nicht unterbinden. Kolschitzky machte nur einen Kundschaftergang (13. bis 17. August). Sein Risiko, als ehemaliger Kurier von den Türken erkannt zu werden, war zu groß. Daher übernahm zumindest einen Botengang Kolschitzkys Diener Stephan Serhadly. Georg Thomas Michaelowitz (Michalowitz) war nie Kolschitzkys Diener, sondern dessen »Kollege« als türkischer Kurier. Er übernahm zumindest zweimal Botengänge (27. August, 2. September) zum Herzog von Lothringen. Nach überstandener Belagerung rivalisierten Kolschitzky und Michaelowitz um die Größe ihres Verdienstes (es ging um entsprechende Belohnungen!). Sicher jedenfalls war Kolschitzky nicht der erste Kaffeesieder Wiens. Er selbst gibt mehrmals an, er habe kein anderes Einkommen als das eines Kuriers. Auch seine Witwe klagt über bitterste Not. In die Person Kolschitzkys dürfte sich die Person von Isaak de Luca eingeschmolzen haben. Auch er war ein bedeutender Orient-Kurier, er war Armenier, hat die Genossenschaft der bürgerlichen Wiener Kaffeesieder begründet und selbst das – Kolschitzky zugeschriebene – Kaffeehaus »Zur Blauen Flasche« im Schlossergässel eröffnet. Vielleicht hat auch der Armenier Johannes Diodato, ebenfalls ein Türkenkurier, zur Legendenbildung beigetragen. Auch er soll, der Überlieferung nach, bei der Türkenbelagerung Briefe übermittelt haben. Seine beiden Brüder, Anton und Franz Ignaz, gründeten Kaffeeschenken, und Anton, der die Witwe de Lucas geheiratet hatte, führte eine Zeit hindurch die »Blaue Flasche« . . .

Ein Held aus der Türkenzeit

Historisch verbürgt ist, daß bei einem mißlungenen Ausfall während der Belagerung Wiens von 1529 durch Sultan Suleiman der Kornett Junker Christoph von Zedlitz den Türken in die Hände fiel. Dem Junker geschah nichts. Seine Schilderungen über die Erlebnisse im Türkenlager waren nach seiner Freilassung natürlich Gesprächsstoff Nummer eins.

Aber auch die Sage hat sich des Junkers bemächtigt.

Zedlitz soll Sultan Suleiman persönlich vorgeführt worden sein (das ist auch historisch verbürgt). Dabei soll der junge Kornett beim Verhör durch seiner Arme Kraft die Fesseln gesprengt haben. Der Sultan soll Zedlitz vorgehalten haben, daß die Christen selbst alle Vororte von Wien niedergebrannt hatten. »So schlecht kann euch euer König Ferdinand schützen«, höhnte der Padischah. Da klärte ihn Zedlitz auf, daß die Christen die Vororte Wiens niedergebrannt hätten, um dem Türken keinen Unterschlupf zu bieten. Im übrigen werde der Sultan selbst erleben, daß die christlichen Soldaten seine Janitscharen mit Schmach und Schande zurückweisen würden.

Da ließ Suleiman den Kornetten gegen mehrere türkische Reiter kämpfen, um zu sehen, wessen Soldaten mehr taugen – seine eigenen oder die König Ferdinands. Und obwohl Zedlitz nur ein schlechtes Reittier erhalten hatte, besiegte er gleich mehrere Türken. Auf den Sultan machte das natürlich großen Eindruck. Als er auch Zedlitz' Reitkünste an einem edlen Araberhengst getestet hatte, machte er ihm ein Angebot: »Bleib bei mir, ich will dich zum Führer von Tausenden meiner Krieger machen!«

Doch in Zedlitzs Brust schlug ein treues Soldaten- und ein gläubiges Christenherz. Er schlug das Angebot aus. Soviel Treue wußte auch der Sultan zu schätzen. Er schenkte Zedlitz den Hengst und eine wertvolle Kette und entließ ihn in die Freiheit.

Fähnrich Christoph Zedlitz von Gersdorf geriet mit sieben anderen Reitern beim Erkundungsritt vom 23. September 1529 in Gefangenschaft. 500 gepanzerte Reiter hatten sich von den Akindschi zur ungeordneten Verfolgung hinreißen lassen. Sie wurden direkt in die Masse der Sipahi, der türkischen Panzerreiter, geführt von Mohammed Beg, gelockt, die die Vorhut der türkischen Hauptmacht bildeten. Zedlitz und seine Kameraden mußten auf ihren Lanzen die Köpfe gefallener Reiter und von den Akindschi erschlagener Kranker des Siechenspitals St. Marx aufspießen, als sie vor Suleiman geführt wurden. Der Fähnrich und zwei Kameraden wurden zurückbehalten, während die anderen nach Wien mit Geldgeschenken und einer Aufforderung zur Übergabe zurückgeschickt wurden.

Das letzte Viertel

Auf dem Stephansturme befand sich ein großes Uhrwerk, das jedoch nur Stunden schlug; die Viertelstunden wurden von den Wächtern mittels eines Drahtzuges am Primglöckel angeschlagen, bis auf das letzte Viertel, das schlugen sie nicht an. Als nämlich zum letzten Male Wien von den Türken belagert wurde, da erscholl die Nachricht, der Feind habe beim Barte Mohammeds geschworen, er wolle die Stadt innehaben, bevor noch die Uhr das letzte Viertel töne. Sogleich unterließ man, das letzte Viertel anzuschlagen, und die Stadt blieb unerobert. Solchem Ereignis zum Gedächtnis wurde fortan das Anschlagen des letzten Viertels für immer unterlassen. Das geschah im Jahre 1683.

Zu deuten als Kriegslistsage. In Wahrheit aber war die Uhr nicht aufs Schlagen von Viertelstunden eingerichtet, um die Aufmerksamkeit der Feuerwächter auf dem Turm wach zu halten (Gugitz).

Kara Mustapha und die Sterndeuter

Nachdem Kara M u s t a p h a mit seinem Heere von Konstantinopel nach Wien aufgebrochen war, hielt er seine erste größere Rast in Adrianopel; der Großwesir war, wie Wallenstein, von unersättlichem Ehrgeiz erfüllt und geradeso abergläubisch; er suchte so wie dieser aus der Stellung der Sterne sein Schicksal zu lesen und hatte stets drei arabische Wahrsager und Sterndeuter bei sich.

Als er im Lager bei Adrianopel in seinem Zelte ruhte und von allerlei Zukunftsplänen erfüllt war, brach plötzlich ein furchtbarer Sturm los, der das Zelt umstürzte und dem Großherrn den Turban vom Kopfe riß. K a r a M u s t a p h a erschrak heftig und mit ihm seine ganze Umgebung, welche diesen Unfall zuungunsten der türkischen Waffen deutete. Der Großwesir aber, dem seine Wahrsager schon früher »beständiges Glück bis vor die Pforten Roms« geweissagt hatten, fand in diesem Zeichen, daß das ungeduldig zürnende Siegesglück die osmanischen Waffen mit Windeseile auf den Feindesboden tragen werde.

Fast schien der Ausspruch des Großwesirs in Erfüllung zu gehen, er stand nun vor den Toren Wiens, und seine Scharen lagerten in 25.000 Zelten vor der Stadt, dem Bollwerk der Christenheit, dem Schlüssel zu Deutschland.

Über alle Zelte ragte Kara Mustaphas Zelt, welches bei St. Ulrich stand, hervor. Es prangte in der Farbe des Propheten, Grün, und starrte von Gold. Das Innere war in mehrere Gemächer geteilt, deren Wände und Fußböden mit kostbaren Teppichen geschmückt und die ihren besonderen Zwecken entsprechend eingerichtet waren, je nachdem sie zur Abhaltung des Kriegsrates, zur Erteilung von Audienzen, zum Gebete, zum Bade oder zur Ruhe bestimmt waren. Im innersten Gemache war die grünseidene Fahne des Propheten untergebracht.

Siegesbewußt und stolz, doch mißlaunig, saß der Großherr am Morgen des 15. Juli 1683 in seinem Zelt; ein böser Traum hatte ihn beunruhigt; ihm hatte geträumt, daß sich eine große rote Schlange um seinen Körper gewunden und ihn arg bedrängt habe.

Schnell ließ er seine Wahrsager kommen, damit sie ihm den Traum deuteten. Als er ihnen davon Mitteilung machte, erblaßten alle drei, und keiner öffnete den Mund zur Traumdeutung. K a r a M u s t a p h a wurde unwillig und befahl einem von ihnen, sogleich seine Meinung zu sagen. Dieser kniete nieder, kreuzte die Hände und sprach: »O großmächtigster Herr, verschließe lieber deine Ohren; denn was ich dir künden kann, ist nur Unheil und Unglück.«

Der Großwesir ließ den Wahrsager nicht ausreden, sprang erzürnt auf und ließ demselben durch seine Sklaven eine derbe Züchtigung angedeihen. Die beiden andern, hiedurch erschreckt, deuteten den Traum auf das günstigste und wurden reich beschenkt entlassen.

K a r a M u s t a p h a ging aber nachdenklich in seinem Zelte auf und ab; denn die Worte des ersten Sterndeuters gingen ihm nicht mehr aus dem Sinn.

Die Belagerung der Stadt ließ ihn jedoch seinen bösen Traum bald vergessen, und wenn des Nachts die Waffen ruhten, so blickte er gen Himmel, und sein eingebildeter Glücksstern leuchtete ihm schöner denn je.

Doch die Schlacht am Kahlenberge schreckte den Großwesir aus seinen Siegesträumen; 25.000 seiner Streiter fielen durch das Siegesschwert der Christen, 370 Kanonen, 15.000 Zelte, darunter auch jenes K a r a M u s t a p h a s , dessen Waffen und Streitroß, eine große Summe Geldes, ungeheure Vorräte: 15.000 Büffel, Ochsen, Kamele und Maultiere, 10.000 Schafe, 100.000 Malter Korn, ganze Magazine von Reis und Kaffee; auch eine unglaubliche Menge von Munition fiel den Siegern in die Hände; der übermütige Großwesir rettete mit Not das nackte Leben.

Bei Belgrad ereilte ihn sein Geschick; von dem christlichen Heere verfolgt und geschlagen, zog er sich die Ungnade seines Herrn zu; dieser schickte ihm die »seidene Schnur«, und K a r a M u s t a p h a mußte sich von einem seiner Sklaven damit erdrosseln lassen. Bei seinem Ende gedachte er wohl noch mit Schaudern seines Traumes von der roten Schlange, die seinen Körper umstrickte. So ruhmlos endete ein Mann, vor dem die ganze Christenheit gezittert hatte. Merkwürdig sind Gottes Wege. Dem Bischof Kollonitz ließ Kara Mustapha sagen, Wien werde fallen und der Kopf des Bischofs werde das Siegeszeichen türkischen Glückes werden. Aber es kam anders.

Es wurde der Kopf Kara Mustaphas das schaurige Denkmal des ruhmwürdigen Sieges der Christenheit über den Halbmond. Prinz Eugen hatte auf einem seiner Ruhmeszüge gegen die Türken auch den Kopf Kara Mustaphas erbeutet und ihn mit einem geschichtlich denkwürdigen Briefe an Bischof Kollonitz geschickt, der ihn der Stadt Wien zum ewigen Gedächtnis schenkte.

Lange war der Schädel des unglücklichen Großwesirs im Museum des neuen Wiener Rathauses zu sehen. Heute wird er in den Depots des Historischen Museums der Stadt Wien aufbewahrt.

Mit dem Ende des unglücklichen Feldherrn Kara Mustapha beschäftigten sich Dichter, darstellende Künstler (es kursieren Holzschnitte und Stiche, die seine Hinrichtung zeigen) und Satiriker. Die Sage ist eine literarische Sage, die die Geschehnisse mit Hinweis auf Wallenstein und die Traumdeuter zu dramatisieren versucht.

Kara Mustaphas Geist im Wiener Zeughaus

Eben war die Nachricht von dem Siege bei Zenta über die Türken in Wien eingetroffen, da erging der Befehl an die Bediensteten des bürgerlichen Zeughauses, die nötigen Rüstungen aus demselben ausfolgen zu lassen. Als nun ein alter Aufseher, der nach Hause mußte, an seiner Statt seinen Sohn zurückließ, empfahl er ihm, auf alles sorgsam zu achten. Als der Jüngling sich gerade niedergelassen hatte, um sein Mittagsbrot zu verzehren, kam es ihm plötzlich vor, als höre er ein Geräusch auf der Treppe, und es klang, wie wenn bewaffnete Soldaten auf die Wache zögen. Da er wußte, daß außer ihm kein lebendes Wesen im Zeughaus weilte, so erschrak er gewaltig, und seine Angst vermehrte sich, als bald darauf ein Trupp geharnischter Männer mit geschlossenen Visieren auf ihn zuschritt. Nachdem diese aber an seinem Tischchen vorübergezogen waren, zerflossen sie in leichten Dunst, und er fing an, sich etwas zu erholen. Abermals vernahm er fernes Geräusch von einer gegen den steinernen Fußboden schlagenden metallenen Säbelscheide. Langsam schritt ein prachtvoll gekleideter und gerüsteter Türke mit schwarzem Bart, leichenblaß, die Treppe herab, an ihm vorüber, ohne ihn anzusehen, und verschwand gleich den vorigen.

Der Jüngling, dem alle Lust zum Essen vergangen war, eilte schwankenden Schrittes aus dem Zeughause und setzte sich auf einen Stein vor dem Tor. Als aber die Handlanger wieder zur Arbeit kamen, erschraken sie über sein totenblasses Antlitz; doch der Vater lächelte, wie er von jener Erscheinung hörte, und sprach: »Du bist mir ein schöner Held, aber sei du nur jahrelang Aufseher im Zeughaus hier, so wirst du ganz anders sprechen. Wenn ich mich hätte vor derlei geharnischten Männern ängstigen wollen, die oft in ganzen Regimentern an mir vorüberzogen, so wäre ich wohl längst vor Entsetzen gestorben. Du mußt wissen, daß, als die Türken im Jahre 1683 ihr reiches Lager im Stich ließen, der in schmählicher Flucht entronnene Großwesir die seidene Schnur erhielt und sein Kopf öffentlich aufgesteckt wurde, der nach der Erstürmung Belgrads in das Wiener Zeughaus kam. Aber seit dieser Zeit war es auch in diesem Gebäude sehr unruhig, sooft ein Türkenkrieg entbrannte, und da ein Muselmann vor dem Jüngsten Gericht nicht zur Ruhe eingehen kann, wird es wohl so bleiben, bis alle Türken ein Ende haben.«

Literarisches Erzeugnis.

Gnadenbild Maria Pötsch

Seit 1. Dezember 1697 befindet sich auf dem Hochaltar zu St. Stephan das Gnadenbild Maria Pötsch. Dieses äußerst primitive Gemälde hatte ein ungarischer Bauer namens Cigri herstellen lassen. Da es ihm aber zu teuer war, kaufte es ein gewisser Lorenz Hurter und schenkte es der Kirche in Pötsch. Es ist eine schlechte Nachbildung des Typus Maria Schnee, ein Brustbild der hl. Maria, die das Christuskind auf ihrem linken Arme trägt. In Pötsch (Poecz) hing es zwanzig Jahre unbeachtet, bis am 4. November 1696 ein Bauer Michael Göry wahrnahm, daß aus den Augen der hl. Maria Tränen flossen. Dieses wunderbare Weinen dauerte drei Tage und Nächte hindurch, setzte dann mehrmals aus, wiederholte sich aber. Es entstand nun ein großer Zulauf zu diesem Bildnis, dessen Tränen als heilwirkend aufgefangen wurden. Durch Vermittlung des Generals Grafen von Corbelli, eines Marchese Cusani und des Abtes Emmerich Graf Czaki kam es 1697 nach Wien, wo es zuerst in der Favorita untergebracht war, später bei den Augustinern, von wo es noch im selben Jahr in die Stephanskirche kam, wo es die Kaiserin mit einer diamantenen Rose schmückte und »Rosa mystica« nannte.

Es verbreitete sich bald die Legende, daß die Tränen des Kultgegenstandes einem bevorstehenden Türkenkrieg galten. Während der Wandlung des Meßopfers flossen die Tränen häufiger, die auch in dem strengen Winter 1696, wo selbst der Wein im Kelche fror, nicht zu Eis erstarrten. Auf dem Bild befindet sich ein unauslöschlicher Fleck, der davon herrührt, daß ein protestantischer Unteroffizier, um die Sache zu prüfen, seinen Finger mit diesen Wundertränen benetzte, in der Meinung aber, daß dies von dem Schweiße seines Fingers herrührte, ihn abtrocknete und abermals an die Wangen des weinenden Gemäldes hielt. Da entstand augenblicklich an dem berührten Ort ein schwarzer Fleck, in dem Soldaten aber ein so heiliger Schrecken und ein so heller Glaube, daß er sich zur römisch-katholischen Kirche bekannte.

Das Gnadenbild galt auch als Feuerabwehr für Wien. Bei Tage wurde auf dem Stephansturm als Feuerzeichen eine rote Fahne mit dem Bilde der Maria Pötsch an jener Seite aufgehängt, wo man das Feuer ersehen hatte. Maria Pötsch wurde bei jeder Türkengefahr angerufen, den Sieg bei Zenta schrieb man ihr zu. Auch bei Viehseuchen (Himberg) wandte man sich an das Gnadenbild. Bei hitzigen Krankheiten oder Kopfschmerz band man dem Erkrankten ein an das Gnadenbild angerührtes »Bändlein« um die Stirne. Vielleicht ist es identisch mit jener weißen und roten Flockseide, die Brückmann um 1730 bei der Stephanskirche sah und die bei Erysipel (Rötel) um die davon befallenen Glieder gebunden wurde.

Die Ikone von Maria Pötsch wird heute noch im Stephansdom verehrt, und zwar befindet sich das Bild auf dem Gnadenaltar rechts vom Hauptportal im Dom.

Maria mit der Axt

Im Jahre 1607 wurde in der Franziskanerkirche zu Wien die Gnadenstatue Maria mit der Axt aufgestellt, die bis dahin schon eine reich mit Wundern erfüllte Legende aufzuweisen hatte.

Man sagte, daß dieses Standbild einer hl. Maria mit dem Kinde schon im 14. Jahrhundert in der Zisterze Nepomuk die wunderbare Wirkung besessen hätte, Unfruchtbare fruchtbar zu machen. So soll auch der hl. Johann von Nepomuk seine Geburt dieser Gnadenstatue zu verdanken haben.

Die Protestanten, besonders das Geschlecht derer von Sternberg, suchten die Statue auf jede Weise zu vernichten. Man warf sie ins Feuer, aber sie sprang zum Entsetzen der Ketzer wieder unversehrt aus den Flammen. Wenn man sie entfernte, stand sie tags darauf wieder an ihrem alten Standplatz. Sie wurde durch die Sternberger in den Brauofen geworfen und sprang ohne Makel heraus. Dem Ortsrichter mißlang das Zerhacken mit einem Beil, daher erhielt die Statue den Beinamen Maria mit der Axt. Der Ortsrichter starb nach seiner Verwandlung in eine kohlschwarze Gestalt, und Andreas von Sternberg wurde seiner Sinne beraubt.

Der Kultgegenstand wurde sodann in einen Teich geworfen, aber während der Nacht durch Engelshände herausgezogen. Als er auf eine Brücke gestellt wurde, führten ihn die Protestanten wieder weg und warfen ihn in ein Holzgewölbe. Noch zweimal blieb die Statue im Feuer, in das sie geworfen wurde, unversehrt, und sprang aus demselben. Wieder sperrte man sie in ein Holzgewölbe. Zur Strafe wurde nun gleich seinem älteren Bruder auch Graf Ferdinand Sternberg irrsinnig und ermordete seine Mutter. Vor seiner Hinrichtung erkannte er seinen Frevel und bereute ihn. Der jüngste Bruder, Graf Ladislaus, brachte das Gnadenbild wieder zu Ehren.

Im Türkenfeldzug von 1603 erhielt Ladislaus von Sternberg als Reiteroberst den Befehl, sich nach Ungarn zur Armee zu verfügen. Sofort begab er sich in die Festung Neuhäusel, von dort ins Heerlager von Pest. In seinem Reisegepäck führte er die Marienstatue mit, die er mehr schätzte als Gold und Edelsteine.

Im Heerlager ließ er für sein Marienbild ein eigenes Zelt aufschlagen. Täglich wurde dort die hl. Messe gelesen, und auch Sternbergs Soldaten hielten das Muttergottesbild hoch in Ehren.

Die Legende schreibt den in diesem Kriegszug erfochtenen glanzvollen Sieg über die Türken ebenfalls dem Muttergottesbildnis zu. Es wurde nach dem Sieg im ganzen Heerlager verehrt. Besonders aber faßte Graf Peter von Turnowsky die tiefste Verehrung für dieses Gnadenbild. Als Sternberg in finanzielle Schwierigkeiten geriet, unterstützte ihn Turnowsky mit der Bedingung, daß die Marienstatue in seinen Besitz übergehen müsse.

Sternberg erhielt deshalb übrigens eine Gefängnisstrafe wegen »Schacher mit heiligem Gegenstande«.

Der Käufer der Statue, Graf Turnowsky, brachte sie nach Wien, und als er zum Transport ein lahmes Pferd benützte, wurde dieses dabei gesund. Da die Gräfin Turnowsky, die Protestantin war, die Statue aber verspottete, so schenkte sie der Graf dem Franziskanerkloster in Wien, wo sie im Jahre 1607 in der Kirche aufgestellt wurde. Man brachte später an ihrer Schulter eine Axt an, als Erinnerung an die erlittenen Mißhandlungen, und gab ihr daher den Beinamen Maria mit der Axt. Über ihre Wunderwirkungen liegen verschiedene Mirakelbücher vor, und sie wurde vor allem die Patronin gegen Feuersgefahr für die Stadt Wien. Als im Jahre 1741 viel feuergefährliches Material, wie Pulver, in Wien wegen der Kriegsgefahr angehäuft war, ließ man 10.000 Abbildungen der Statue als Talisman für die

Häuser und Wohnungen austeilen. Doch wurde zur Gnadenstatue auch während der Pestzeiten von 1679 und 1713 starke Zuflucht genommen.

Die Marienstatue befindet sich auf dem Hochaltar der Franziskanerkirche. Das Motiv der Verunehrung durch »Ketzer« (Lutheraner) kommt sehr häufig bei Marien-Gnadenbildern vor. Hier noch unterstrichen durch Hilfe gegen die »Heiden« (Türken).

Die Wegweiserin oder das Gnadenbild der Mutter Gottes aus Kandia

Das gnadenreiche Bildnis der Mutter Gottes aus Kandia, welches sich schon beinahe z w e i Jahrhunderte in der kaiserlichen Hofpfarrkirche zu St. Michael in Wien befindet, ist eigentlich eine wahre, uralte und unverfälschte Abschilderung jenes berühmten Urbildes, das unter den griechischen Kaisern zu Konstantinopel in einer weltbekannten Verehrung gestanden. Dieses Urbild ist anfangs zu Jerusalem von dem heiligen Lukas auf einer Tafel mit Wachs und Farben entworfen, und gleich nach seiner Verfertigung der göttlichen Mutter gewiesen worden, die darüber ein ganz ausnehmendes Wohlgefallen blicken ließ und demselben ihre Gnade mit diesen merkwürdigen griechischen Worten einflößte: »Meine Gnade mit ihr!«

Es ist nicht auszudrücken, wie groß das Ansehen und die Verehrung dieses Gnadenbildes zu Konstantinopel gewesen; der Ruf verbreitete sich nach und nach durch ganz Griechenland und bewog absonderlich die Einwohner des Eilandes Kandia, daß sie zu Konstantinopel um eine ähnliche Abbildung dieses so schätzbaren Urbildes anhielten. Ihre Wünsche wurden auch wirklich erfüllt, und sie überkamen eben jene wahre und unverfälschte Abschilderung desselben, die sich nunmehr zu St. Michael in Wien befindet.

Kaum war das Gnadenbild in dem Eilande Kandia angelangt, so wurde es von den sämtlichen Einwohnern mit der zärtlichsten Andacht empfangen und sogleich in die Hauptstadt dieser Insel, die ebenfalls Kandia heißt, mit vieler Feierlichkeit übertragen. Man setzte es daselbst in der Kirche des heiligen Nikolaus, welche insgemein C i a n g a r i oder die Kirche der Schuhmacher genannt wird, der öffentlichen Verehrung aus, und der Zulauf des eifrigen Volkes wuchs nach und nach in solcher Weise an, daß diese Kirche nicht nur am Tage, sondern auch zur Nachtzeit von einer großen Menge frommer Gläubiger besucht wurde, die ihre Zuflucht in verschiedenen Nöten und Anliegenheiten zu diesem Gnadenbilde nahmen und bei demselben auch Trost und Hilfe fanden.

Kandia befand sich durch viele Jahre unter der Herrschaft des Freistaates Venedig in einem sehr blühenden Zustande, bis endlich im Jahre 1645 die Türken mit einer fürchterlichen Kriegsmacht in dasselbe einfielen und noch im selben Jahre die Festung Kanea eroberten. Dies war der Anfang des berühmten kandianischen Krieges, der sich mit zweifelhaftem Glücke bis 1666 hinauszog, in welchem Jahre die Türken so weit kamen, daß sie die Hauptstadt Kandia selbst zu belagern anfingen. Und da diese weltbekannte Belagerung drei volle Jahre dauerte, hielt indessen der Freistaat von Venedig bei allen christlichen Mächten um einen nachdrücklichen Beistand an. Ein gleiches tat der ruhmvolle Papst K l e m e n s XI., welcher besonders den Kaiser L e o p o l d I. aneiferte, das bedrängte Kandia als eine Vormauer der ganzen Christenheit aus allen Kräften zu unterstützen.

Der kaiserliche Hof schickte auch wirklich im Jahre 1668 den Obersten Heinrich Ulrich Freiherrn von K i e l m a n n s e c k mit 2400 Mann dahin. Nichtsdestoweniger setzten die Türken die angefangene Belagerung mit der äußersten Hartnäckigkeit fort, unter welcher sich mit dem Gnadenbilde, das sich damals noch immer in der Stadt Kandia befand, eine ganz besonders merkwürdige Begebenheit zugetragen.

Als eines Tages auf dem Altare, auf welchem es ausgesetzt war, ein Priester das heilige Meßopfer verrichtete und nun eben zur heiligen Wandlung schreiten wollte, fiel das Bild ganz unversehens und aus freien Stücken von seinem Orte herab. Das Volk erschrak heftig und untersuchte gleich nach geendigter Messe die Ursache dieses unverhofften Zufalls. Da bemerkte man, wie unter der Erde stark gegraben werde, und entdeckte endlich, daß die Türken die ganze Kirche zu untergraben und in die Luft zu sprengen bemüht waren, weil sie ausgekundschaftet hatten, daß sich in derselben das Volk bei dem allverehrten Gnadenbilde sehr häufig einfinde. Hierauf hat man den Feinden allsogleich entgegengegraben und eine große Unzahl derselben durch eine angelegte Gegenmine zugrunde gerichtet.

Indessen kam es doch mit der beängstigten Stadt auf das Äußerste, so daß sich endlich der venezianische Generalkapitän gezwungen sah, den Platz unter gewissen Bedingungen im Jahre 1669 an die Türken zu übergeben. Unter diesen Umständen schickten sich die fremden Hilfsvölker zum Abzug an, und Oberst von K i e l m a n n s e c k war eben mit den kaiserlichen Truppen zur Abfahrt bereit, als sich bei ihm ein Priester melden ließ, der ihn auf das inständigste bat, er möchte ihn doch in sein Schiff, das den Namen der Heiligen Drei Könige führte, aufnehmen und nach Venedig bringen. Als solches der Herr Oberst bewilligte, so übergab ihm dieser Priester das Gnadenbild der Wegweiserin, welches er aus der Kirche des heiligen Nikolaus geflüchtet und den Entehrungen der Türken entzogen hatte. Der Herr Oberst erkannte es sogleich und befahl seinem Adjutanten Balthasar O l i v i c c i a n i, daß er es auf das sorgfältigste einpacken und zugleich einige Zypressenbäume abhauen und mitnehmen solle, indem er gesonnen wäre, in der Pfarrkirche zu St. Michael in Wien einen Altar von Zypressenholz errichten und das Gnadenbild auf demselben der öffentlichen Verehrung aussetzen zu lassen. O l i v i c c i a n i vollzog diesen Befehl auf das genaueste; das Gnadenbild wurde jedoch erst 1672 den Barnabiten zu St. Michael übergeben.

Kaum war es aber der öffentlichen Verehrung ausgesetzt, so fanden sich auch schon viele Gläubige ein, die bei ihm Hilfe und Beistand suchten und erhielten. Dieses war besonders der Fall, als im Jahre 1679 jene große Pestseuche über Wien kam, welche in kurzer Zeit viele Tausende der Einwohner hinwegraffte.

Das Gnadenbild, eine große Ikone, befindet sich noch in einer Seitenkapelle der Michaelerkirche. Kandia war der Name, den die Venezianer Kreta gegeben hatten. Auch die Hauptstadt Heraklion hieß Kandia. Das Gnadenbild ist somit eng verbunden mit der Geschichte des Abwehrkampfes der Christenheit gegen die Osmanen.

Die »Knödel-Muttergottes«

Das Gnadenbild Maria Major, einst im Besitze des hl. Franz Borgias, war das Lieblingsbild der Gründerin des Königsklosters in Wien, der Königin Elisabeth, die es 1595 dem Kloster vermachte, von wo es am 15. Juni 1782 nach St. Augustin in Wien kam und dort 1783 über dem Tabernakel befestigt wurde.

Dieses Bild tröstete einmal die Kaiserin in ihrem schweren Kummer, indem die hl. Maria die Hand auf das Haupt der Königin legte. Das Gnadenbild war besonders dem Hause Österreich zugetan, denn bei einem Todesfall oder Unglück, wenn diese bevorstanden, veränderte es die Gestalt, hatte geschwollene Augen und bekam eine bleiche Gesichtsfarbe. Manchmal wollte man von ihm leise Trostworte vernehmen. Als Maria Antonia, Kurfürstin von Bayern, 1677 für den Kultgegenstand eine Kapelle erbauen wollte, hielt man die Grundmauern im Kloster für zu schwach und wollte den Bau nicht zulassen. Plötzlich gewahrte man auf dem Boden den Grundriß einer Kapelle mit einem Rötel vorgezeichnet, wonach man dann den Bau ausführte.

Die Kapelle blieb dann 1683 bei der Türkenbelagerung ganz unbeschädigt, obwohl sie große Kugeln trafen. Eine Nonne, die sonst keiner der Schwestern nachstand, verstand sich einzig und allein nicht auf das Knödelkochen. Da sie deshalb mehrfach getadelt wurde, wandte sie sich in ihrer Not an das Gnadenbild, und nun gelang ihr die Herstellung der Knödel auf das beste. Zur Erinnerung daran sollte das Gnadenbild abgemalt werden, und man kam auf den barocken Einfall, die hl. Maria mit einer »knödelrunden« Wange darzustellen, wodurch das Bild den Beinamen der Knödelmuttergottes erhielt.

Mit dem »Königskloster« ist wohl das aufgelassene »Königinnenkloster« gemeint – heute lutherische Bischofskirche in der Dorotheergasse, Wien 1. – In St. Augustin befindet sich eine Kopie von Maria Schnee, es ist aber nicht ausgewiesen, daß dieses Bild aus dem Königinnenkloster stammt. Hinter dem Hochaltar, in einem Vorraum der Kirche, gibt es noch eine Kopie der Muttergottes vom guten Rat. Angeblich existiert ein alter Stich, der ein Muttergottesbild über dem Tabernakel der Augustinerkirche zeigt. In der Augustinerkirche wurden übrigens viele Kultgegenstände aufgelassener Klöster zusammengetragen.

Mariahilf in Wien

Aus der Brandstätte der Friedhofskapelle von Mariahilf in Wien wurde 1683 nach dem Abzug der Türken ein Votivbild mit der Darstellung des Passauer Mariahilfbildes geborgen. Wohl war das Bild von den Schüssen der Türken verletzt, doch war es vom Feuer gänzlich unversehrt geblieben. Dieses Bild wurde nun neben dem alten Gnadenbild in der Mariahilfer Kirche verehrt.

Das Mariahilfer Gnadenbild aber hatte sich bei der Anrufung von 14 Personen bewährt, die sich hinter einem Busch bei Klosterneuburg vor den Türkenhorden versteckt hatten. Eine der Versteckten, noch dazu eine Protestantin, hatte Mariahilf angerufen, worauf sie wegen des wunderbaren Beistandes katholisch wurde.

Ursprünglich hier nur ein Friedhof. Das Gnadenbild wird heute in der Pfarrkirche Mariahilf auf dem Hochaltar verehrt.

Maria vom guten Rate

(In der Augustinerkirche auf der Landstraße zu Wien.)

Dieses marianische Gnadenbildnis war ehevor zu Skutari in Albanien auf der bloßen Mauer einer Kirche gemalt; als aber Albanien von den Türken eingenommen und verwüstet worden, diese auch aus der Christenkirche eine Moschee zu machen gesonnen waren, ist das Gnadenbild wunderbar von der Mauer abgeschält worden und alsobald in den Wolken erschienen, gleich einem schönen Regenbogen, der an dem Bildnisse zu sehen, wobei sich noch nachts eine feurige, bei Tage aber eine hellbeleuchtende Wolkensäule hat sehen lassen, um den beiden Geschwistern G i o r g i und S c l a v i s , welche das Wunderbildnis zu begleiten und dieser Übertragung nachzufolgen von Maria erleuchtet worden, den rechten Weg zu zeigen.

Als sie bei dem Adriatischen Meere angekommen, sind sie, gleich als wäre das Wasser in harten Marmorstein verwandelt worden, mit trockenem Fuße hinübergegangen und endlich durch verschiedene Umwege mit ihrem fliegenden Bilde nahe bei Rom angekommen, allwo die geheimnisvolle Säule und das anmutige Bildnis verschwanden.

Eben zur Stunde, als dieses hochschätzbare Kleinod sich ihren Augen, aber nicht auch ihren Herzen entzog, nämlich zur Zeit der Vesper, den 25. Tag des Monats April 1467, ist selbes, in der kurz vorher von der seligen P e t r u c c i a , des dritten Ordens des heiligen A u g u s t i n , mit Verwendung all ihres Vermögens neu erbauten und der Obsorge der Augustiner übergebenen Kirche an der noch rohen Mauer erschienen, wo sich nachfolgende Wunder zugetragen.

Erstens haben bei seiner Erscheinung alle Glocken von selbst geläutet; zweitens ist das Gnadenbild, ohne an der Mauer fest zu sein, frei in der

Luft hängengeblieben, wie noch heutzutage mit Erstaunen zu sehen, und drittens sind die Reisegefährten dieses Heiligtums, innerlich erleuchtet, eilig diesem Orte zugelaufen, wo sie auch ihr Gnadenbild mit Freuden angetroffen, selbes andächtig verehrt, dem versammelten Volk die wundervolle Begebenheit erzählt und zu diesem himmlischen Schatze tausend Glück gewünscht haben.

Die Augustinerkirche »auf der Landstraße« ist die heutige Pfarrkirche St. Rochus. Hierher mußten 1630 die Augustiner-Eremiten übersiedeln und das Kloster an der Hofkirche St. Augustin (Wien 1) den unbeschuhten Augustinern überlassen. Bei dem Gnadenbild handelt es sich um eine noch heute über dem Hochaltar (über Wunsch von Kaiserin M. Theresia seit 1759) angebrachte Kopie des Freskos von Genazzano bei Rom (siehe Legende). Die Kopie wurde 1754 von P. Kaspar Scheurer nach Wien gebracht.

Das unversehrte Marienbild

In der Peterskirche befindet sich ein Mariahilfbild, das 1683 bei der türkischen Belagerung auf einer Brandstätte inmitten der Türken unversehrt aufgefunden wurde. Auch bei den Serviten im 9. Bezirk wird ein hölzernes Brustbild der hl. Maria aufbewahrt, das 1683 in der Roßau unversehrt in einem Kohlenhaufen nach Abzug der Türken aufgefunden wurde. Es scheint nur ein kleines Brandmal als Zeichen der überstandenen Bedrohung durch das Feuer auf.

Das Marienbild dürfte mit dem auf dem Sebastianaltar in der Peterskirche verehrten Bild ident sein. Bei diesem Bild lassen sich Spuren von Übermalungen (auf den Kronen von Maria und dem Jesuskind fehlen die sonst üblichen Kreuze) feststellen. – Zum Bild bei den Serviten siehe unter »Tandel-Muttergottes«.

Die »Tandel-Muttergottes«

Bei den Serviten im 9. Wiener Gemeindebezirk wurde eine hölzerne Marienstatue verehrt. Sie war nach dem Abzug der Türken von Wien 1683 in der Roßau in einem Kohlenhaufen mit einem sichtbaren Brandmale, aber sonst unversehrt aufgefunden worden. Das Gnadenbild wurde alsbald als »Tandel-Muttergottes« die Patronin des im 9. Bezirk früher abgehaltenen Tandelmarktes. Auch wurde sie als Helferin der Dienstboten verehrt.

Von der Servitenkirche berichtet die Legende, daß sie von den Türken verschont geblieben wäre, weil diese in einigen orientalisch kostümierten Heiligenfiguren Landleute zu erkennen glaubten. In Wirklichkeit wurde die Kirche von den Verteidigern selbst angezündet, um dem Feind keinen Unterschlupf zu gewähren. Freilich brannte die Kirche wegen ihrer starken Mauern nicht so total nieder wie andere Gotteshäuser.

Das Bild wird in der Servitenkirche auf einem Seitenaltar gegenüber der Peregrini-Kapelle auch heute noch verehrt.

Die Schwalbenmuttergottes

Unweit der Realschule in der Krottenbachstraße in Döbling stand bis vor wenigen Jahren unter überhängendem Buschwerk an steiler Böschung ein alter verwitterter Bildstock, zu dem die Döblinger ihre Bittgänge unternahmen. Manche nannten das Muttergottesbild die Schwalbenmuttergottes und erzählten dazu folgende Legende:

Zur Türkenzeit war da noch alles wüst und wild, und Buschwerk überwucherte die Türkenschanze. Ein armes Weiblein suchte hier im Hochsommer nach Beeren. Plötzlich vernahm es den Hufschlag herankommender Reiter, und voll Angst versteckte es sich unter einem dichten Gebüsch. Die Reiter – es waren tatsächlich Türken – hielten an, denn sie sahen wohl die Fußspuren und argwöhnten einen Hinterhalt; sie zogen ihre krummen Schwerter und spähten in das Dickicht. Der Frau stockte vor Angst das Herz im Leibe. Da hörte sie den einen sagen: »Da ist kein Mensch, denn die Schwalben fliegen ganz ruhig und vertraut herzu!« Das leuchtete den anderen ein, und sie ritten weiter. Die Frau war gerettet.

Aus Dankbarkeit ließ sie später das Bildstöckl erbauen, das bald die Schwalbenmuttergottes genannt wurde.

Gustav Gugitz weist nach, daß sich die Statue der Schmerzhaften Gottesmutter ursprünglich im Hof des Sperlhauses in Wien 7 befand. Bei der Demolierung des Hauses 1881 erwarb sie der Großfuhrmann Kothbauer und erbaute 1883 für die Statue in Grinzing eine Kapelle, die 1910 demoliert wurde. Kothbauer, der neben der Kapelle eine Heurigenschank betrieb, verstand es, das kleine Heiligtum zur Wallfahrt auszubauen. Die Legende von der »Schwalbenmuttergottes« wurde damals wohl »erfunden«. Ihr historischer Ansatzpunkt: Hier tobte 1683 die Entsatzschlacht. 1910 wurde anstelle der Kapelle die Kaasgrabenkirche »Maria Schmerzen« errichtet, in der die Statue auf einem Seitenaltar verehrt wird.

Der Eselritt in Hernals

Um das Andenken an die glückliche Befreiung Wiens fortwährend zu erhalten, verordnete Kaiser L e o p o l d I., daß jedes Jahr am 12. September eine feierliche Prozession abgehalten werde, welche von der Peterskirche zur Dreifaltigkeitssäule auf dem Graben ihren Weg nehmen sollte, um dort ein öffentliches Dankgebet für die Rettung der Hauptstadt abzuhalten.

Aber auch durch zwei Volksfeste – den »Eselritt« und den »Bäckeraufzug« – suchte man die Erinnerung daran wachzuhalten.

*

So wurde zu Hernals jährlich am Tage des Kirchweihfestes ein sehr possierlicher Aufzug begangen, den man »Eselritt« nannte.

Nach dem Mittagmahle versammelten sich die lustigen Burschen dieses Ortes in dem Gemeindehause, dessen Tor sorgfältig hinter ihnen wieder geschlossen wurde, um dem Gedränge der Neugierigen zu wehren.

Hier verkleideten sie sich nach Verabredung in Masken und ordneten sich zu ihrem Zuge. Waren sie bereit, so gab die wohlbekannte Halter-(Hirten-)Trompete durch dreimaliges Schmettern zur Freude des sehr zahlreich aus der Umgebung zusammengeströmten Volkes das Zeichen zum Anfang.

Das Tor geht auf, und hinaus wallt in Reih' und Glied mit feierlich abgemessenen Schritten eine ansehnliche türkische Bande, die sich in ihrem lärmenden Marsche durch das Gespötte der Städter über den Ersatz der Flöten und Oboen durch ein paar schnarrende Geigen oder allenfalls der Fagotte durch Dudelsack oder Baßgeige nicht irremachen läßt, sondern in schönster Ordnung den Zug durch die Gassen leitet. Wie Leid auf Freude, folgt diesem Zuge eine Anzahl Christensklaven, paarweise, in armseligen Kleidern, mit klirrenden Ketten behangen, umgeben und bewacht von grausamen Janitscharen. Bittend heben sie die Hände empor, und ihr Elend lockt manchen Kreuzer aus den Taschen der Zuschauer in ihre Sammelbüchsen. Wehe aber dem Mädchen, das sich zu nahe hinzuwagt; es wird von den Janitscharen ergriffen, muß das Schicksal der Gefangenen teilen oder sich loskaufen.

Nun folgt wieder ein Zug Janitscharen, und – horch! – abermals ertönen Trompetenstöße – und die Krone des Zuges, ein tüchtiger, wohlbeleibter Pascha im schönsten morgenländischen Schmucke, stolziert unter tausend Neckereien und dem schallenden Gelächter des Volkes auf einem schmukken Esel und läßt sich trotz des Verbotes Mohammeds den ihm häufig gereichten Wein wohl schmecken. Sein auf gleiche Weise berittenes Gefolge und das jauchzende Volk beschließen den Zug, der sich durch alle Gassen windet und dann wieder in das Gemeindehaus zurückkehrt. Hier werfen die Burschen ihre Verkleidung von sich, teilen das Geld aus ihren Sammelbüchsen und eilen in den Wirtshausgarten, wo ein fröhlicher Tanz das Fest beschließt.

Unter der Regierung des Kaisers Joseph II. wurde das Fest aufgehoben.

Der »Eselritt« oder »Türkenritt« dürfte seinen Ursprung in einem uralten Halterumzug haben. Erst nach der Entsatzschlacht, die auch auf Hernalser Gebiet vor sich ging, wurde der Umzug auf die Türken zugeschnitten (ähnlich ja auch der alte Zunftbrauch des Bäckerumzuges in Wien und Graz und der Umzug der Sensenschmiede in Waidhofen/Ybbs – wo allerdings der siegreiche Einsatz der Schmiede historisch nachweisbar ist). Der Umzug wurde über Intervention der »Keuschheitskommission« verboten, da sich dabei allerlei Unfug ereignete (der »Eselritt« zog zwielichtige »Kavaliere« aus der Stadt an). Er wurde gelegentlich wiederholt, zuletzt Anfang der 70er Jahre, artete damals aber in ein finanzielles Debakel aus.

Das Türkenmotiv im Sieveringer Sagenkreis

Da, wo heute Sievering liegt, lebte einst eine Fee namens Agnes. Im Winter hielt sie sich in einem Palaste auf, dessen Eingang bei der steinernen Wand außerhalb Sieverings, am Fuße des »Himmels«, gewesen sein soll. Im Sommer aber schlief sie oft unter freiem Himmel oder hielt sich in hohen Bäumen auf. Einst kam der König von Schweden in diese Gegend, um einer großen Jagd beizuwohnen. Als er ein Reh verfolgte, verirrte er sich bis auf die hoch liegende Jägerwiese. Der Gang hatte ihn ermüdet, und so zog er im Walde seinen Harnisch aus und hängte ihn an einen Baum; dann legte er sich im Gras nieder, um die Nacht hier zuzubringen. Kaum war er eingeschlafen, so hörte er seinen Namen rufen: »Karl, schläfst du?« Erstaunt sah er an seiner Seite eine wunderliebe Frau, und nicht weit davon hörte er eine Quelle hervorsprudeln. Agnes blieb bei dem Jäger und zeigte ihm dann bei Tagesanbruch den Weg zu seinen Gefährten. Seit dieser Zeit ist der König von Schweden nie mehr in jener Gegend gesehen worden; manchmal aber hört man Lärm in den Gebirgen, ein Rollen und Rasseln, und dann sagen die Leute, Karl fahre mit seinen geflügelten Rossen. Die Quelle aber, an der beide saßen, heißt seit jener Zeit das »Agnesbründl«.

Einige Zeit nach dieser Begebenheit gebar die Fee ein Mädchen; sie wußte aber nicht, wo sie das Kind unterbringen sollte. Da fiel ihr ein, daß in der Nähe ein Köhler wohne, der täglich aus einem Brunnen im Walde das Wasser hole. Sie legte deshalb das Kind in einen Korb und wickelte in ein Papier zwanzig Goldstücke. Darauf schrieb sie: »Das Kind heißt Agnes. Nehmt es an und zieht es auf, und alle 14 Tage sollt Ihr an dieser Stelle das nötige Geld finden.« Als der Köhler das Kind so allein da liegen sah, erbarmte er sich und trug es nach Hause. Die Köhlerin wollte anfangs nicht einwilligen, als sie aber den Zettel las und das Gold darin fand, freute sie sich über das Begebnis. Die Köhlersleute hatten einen Knaben, der Karl hieß, und beide Kinder wuchsen nun nebeneinander auf, und mit den Jahren wuchs auch ihre Liebe zueinander.

Die Fee sah dieses Verhältnis gern und wollte den künftigen Gemahl ihrer Tochter zu hohen Ehren bringen. Sie befahl ihm daher, auf die Jägerwiese zu gehen; dort werde er einen Harnisch finden, den der Schwedenkönig an einen Baum gehängt habe. Den Harnisch solle er umlegen und so gerüstet in das Lager der Türken ziehen, deren Vorposten niederhauen und ihren Obersten zum Zweikampfe auffordern. Er solle auch trachten, den Helm des Türkenführers zu bekommen, da darin dessen schriftliche Befehle und Nachrichten aufbewahrt seien.

Karl nahm Abschied von Agnes, begab sich in das Türkenlager und tat alles, wie ihm die Fee geraten hatte. Alsdann eilte er mit guten Nachrichten nach Wien, und der Kaiser verlieh ihm eine hohe Stelle im österreichischen Heere. Unterdessen hatte die Fee ihrer Tochter einen Palast bei Sievering errichtet. Karl hatte aber in Wien eine andere Bekanntschaft (»mit einer Hofdame«) gemacht, und als er einst in den Wald kam, um die Seinigen zu besuchen, leugnete er es. Da öffnete sich die Erde, und mit furchtbarem Getöse sank der Palast in den Abgrund. Agnes und Karl aber sind verwunschen, umherzuwandeln bis zum Jüngsten Tage, und zwar er in Schuld, sie in Unschuld. Täglich erscheint auf der Jägerwiese ein geharnischter schwarzer Mann, der um zwölf Uhr mittags und zwölf Uhr nachts aus einem Baum herabsteigt. Andere haben ihn in anderer Gestalt gesehen.

In der vorliegenden Fassung sicher nur eine literarische Ausgestaltung einer möglicherweise einfacheren Version, die vom Volk rund um das »Agnesbründl« (alter Name »Jungfernbründl«) in Sievering erzählt wurde. Dieses Bründl, ursprünglich ein Heilbründl, galt im 19. Jahrhundert als Orakel, vor allem für Lotterienummern. Hinter den in der Sage erwähnten Gestalten könnten sich die sehr verblaßten Schemen uralten Heidenglaubens verbergen. Das Türkenmotiv dürfte dann erst viel später dazugekommen sein, als man begann, die ruhmreiche Vergangenheit zu glorifizieren.

Maria Hietzing

Als die Türken 1529 Wien belagerten, blieb auch die Hietzinger Wallfahrtskirche nicht von ihrer Wut verschont. Die Kirche wurde ein Raub der Flammen, doch war es gelungen, die Gnadenstatue der hl. Maria auf einem schattigen Baume zu verbergen. Die Mordgier der Türken verfolgte unterdessen die Einwohner dieser Gegend; was nicht durch ihre Säbel fiel, wurde zur Sklaverei verdammt. Dieses Schicksal hatten auch vier Bewohner Hietzings, die gefangen, in Ketten geschlagen und an den Baum gebunden wurden, auf dem die Marienstatue verborgen war.

Vergebens sahen sich die Unglücklichen nach Hilfe um. Sie seufzten, sie riefen, die Gegend rings herum war zur Einöde geworden. Da menschliche Hilfe unmöglich schien, vereinigten sie sich, die göttliche anzurufen. Sie richteten ihr festes Vertrauen zu der seligsten Jungfrau, deren Verehrung ihnen eine teure Gewohnheit war. Da sahen die Gefangenen plötzlich den Baum beleuchtet und die unter den Ästen verborgene Statue mit ungemein hellem Glanz umgeben. Zugleich entfielen ihnen die Ketten, und sie hörten eine Stimme, die ihnen zurief: »Hütt's eng (Hütet euch)!«

Schnell benützten die Geretteten diese Warnung, verbargen sich in der nahen Waldung und gelangten zu ihren Familien. Von diesem Zuruf: »Hütt's eng« wird der Name Hietzing abgeleitet.

Das Gnadenbild – Mutter mit Kind, ähnlich der Mariazeller Muttergottes – befindet sich am Hochaltar.

Andachtsbildchen von »Maria Hietzing«, Wien.
Aus der Sammlung Gugitz, derzeit im Volkskundemuseum, Wien.

Das Moldauerkreuz

Zu den merkwürdigen Dingen, welche man im Lager der Türken 1683 fand, gehörte ein sechs Ellen hohes Kreuz von Eichenholz, welches der Fürst von der Walachei, Servanus Kantakuzenos, beim sogenannten Gatterhölzel an der Höhe gegen Schönbrunn zu und an dem Orte errichten ließ, wo er täglich die Messe zu hören pflegte. Nach dem Entsatze fand es eine Magd, welche nach Holz ausging, in einer Grube wohl verwahrt, von wo man es in den Bischofhof brachte, bald darauf aber an dem Orte, wo man es gefunden hatte, wieder aufrichten ließ. Später wurde darüber eine einfache Kapelle erbaut, welches allgemein im Munde des Volkes das Moldauerkreuz genannt wurde. Das Kreuz soll jedoch 1785 nächtlicherweise gestohlen worden sein.

Bereits 1529 wurden Meidling und das Siedlungsgebiet ums Gatterhölzl von den Türken verheert, die meisten Bewohner erschlagen oder fortgeschleppt.
Am 13. Juli 1683 erschienen die Türken wieder in Meidling, erschlugen viele Bewohner, die nicht geflohen waren, und brachten die als Sklaven Verwendbaren in Gefangenen-Sammellager. Die Weinrieden an den Gatterhölzlhängen wurden vernichtet. Das Gebiet rund ums Gatterhölzl wurde schließlich dem christlichen Walachenfürsten Serban II. Cantacuzeno, der Kara Mustapha mit fast 10.000 Mann Heerfolge leisten mußte, zugewiesen. Cantacuzeno mußte nur Hilfsdienste leisten (Proviant auftreiben, Holz beibringen usw.). Es gelang ihm auch, heimlich mit den Belagerten Verbindung aufzunehmen und sie von manchem Plan der Türken zu informieren. Das Kreuz aus Eichenholz, das er hatte errichten lassen, wurde nach der Belagerung im Gatterhölzl aufgerichtet. Das heutige Kreuz, eine genaue Nachbildung nach einem Stich, wurde 1961 in der Moldauerkapelle (Arnsburggasse, nahe der Busstation »Gatterhölzl« der Linie 63A) von der rumänisch-orthodoxen Gemeinde in Wien errichtet, von der es betreut wird.

Atzgersdorf

Das Fieberkreuz, dieses hölzerne Kruzifix, stand seit undenklichen Zeiten auf dem Lainzer Wege in den Weingärten, in einer kleinen hölzernen Kapelle, wurde aber von den Türken im Jahre 1683 durch Säbelhiebe verstümmelt. Nach Abzug dieser Barbaren wurden die Stücke dieses Kruzifixes von einem Bauern in Atzgersdorf sorgfältig gesammelt und wieder in ein Ganzes zusammengesetzt, dann aufgestellt und auf seine Kosten eine schöne Kapelle auf dem nämlichen Platze, wo es früher stand, erbaut. Diese wurde von Wallfahrern besucht und verehrt. Im Jahre 1761, am Feste der hl. Katharina, ward dieses Kreuz von der Kapelle in die Pfarrkirche auf den Hochaltar mit großer Feierlichkeit übertragen und die Kapelle dann abgebrochen.

Das »Fieberkreuz« hängt in der Atzgersdorfer Pfarrkirche über dem Hochaltar. Auch ein Bild, das die Wallfahrt zum »Fieberkreuz« darstellt, ist vorhanden.

Die Lichtsäule der Penzinger Kirche

Als im Jahre 1683 die türkischen Mordbrenner in der Umgebung Wiens furchtbar hausten, suchte ein Knabe zwischen den Trümmern seines zerstörten Vaterhauses nach noch vorhandenen Habseligkeiten. Da nahten sich plötzlich türkische Reiter. Wie ein gehetztes Wild sprang der Knabe auf und suchte nun ein Versteck. An der zerstörten Kirche kam er vorüber. Keuchend und schwer nach Atem ringend, schleppte er sich noch bis zur Lichtsäule. Er sandte einen hilfesuchenden Blick nach aufwärts, da entdeckte er die rettende Öffnung, die in das Innere des hohlen Säulenschaftes führte. Blitzschnell sprang der Knabe, seinen schlanken Körper durch die Öffnung zwängend, in die Säule . . . er war gerettet! Die Verfolger kamen herangesprengt und suchten vergebens das Trümmerfeld der zerstörten Kirche ab. Fluchend ritten sie nun davon.

Die Lichtsäule steht noch genau gegenüber der Penzinger Pfarrkirche. Bis vor einigen Jahren erinnerte ein Fresko am Haus Penzinger Straße 114 an die Rettung des Buben. Das Haus wurde leider demoliert und durch einen modernen Neubau ersetzt. Das Fresko ging verloren.

Das Weiße Kreuz

Am westlichen Ortsrand von Oberlaa, wo die Oberlaaer Straße und die Grundäckerstraße einen Winkel bilden, steht ein an allen vier Kanten abgefaßter Steinpfeiler, der über reich profiliertem Gesimse ein Steinkreuz mit Corpus trägt. Dieses Kreuz soll von der Ortsbevölkerung nach der Türkenbelagerung von 1683 aufgerichtet worden sein.

Zur mageren Henne

»Zur mageren Henne« wird eine runde Sandsteinsäule in der Laaerbergstraße genannt. Sie stammt aus dem Jahre 1548 und wurde wahrscheinlich von Markus Beck aus Leobersdorf als Grenzsäule errichtet. Über ihren Namen werden zwei Sagen erzählt.

Nämlich: Hier soll Napoleon in einem Gasthaus eine gar magere Henne vorgesetzt worden sein.

Die andere Sage aber geht zurück in die Türkenzeit und berichtet, daß zur Zeit der Türkenbelagerung dem Anführer einer Streifschar, die hier lagerte, ein Huhn, das er verspeisen wollte, vom Teller geschossen wurde.

Ein Wandersagenmotiv, wie es sich in Graz, in Kärnten und im Burgenland auch findet.

Randgebiete
(Oberösterreich, Salzburg, Südtirol)

Oberösterreich

Der Schütze von Losensteinleiten

Als die Türken im Jahre 1532 in Österreich einfielen, drang eine Schar von fünftausend Türken bis über die Enns vor und gelangte zum Schloß Losensteinleiten. Alle Bewohner des Schlosses waren geflohen, nur ein alter Jäger blieb zurück, verschloß die Tore und trotzte allein der Übermacht.

Der stattliche feindliche Heerhaufen lagerte auf dem Leimannsdorfer Feld unweit des Schlosses, das Zelt ihres Paschas stand unter einer mächtigen Linde. Nach kurzer Zeit begannen sie, ihre Vorbereitungen zum Sturm auf die Burg zu treffen, in der sie reiche Beute vermuteten. Bäume wurden gefällt, Sturmböcke und Leitern gezimmert, und der alte Jäger sah bald, daß nur eine List ihn und die Burg vor der Vernichtung retten könne. Er rannte in die Rüstkammer des Schlosses, schleppte Harnische und Helme herbei und stellte in jedes Fenster der Burg einen hohlen eisernen Mann, neben dem er eine Büchse sowie Pulver und Blei zurechtlegte. So täuschte er eine wohlvorbereitete, starke Besatzung der Burg vor.

Am nächsten Morgen gingen die Türken zum Sturm vor; ihr Kampfesmut war, angestachelt durch die Hoffnung auf reichliche Beute, gar nicht gering. Aber auch der wackere Verteidiger der Burg ließ sich nicht spotten. Flink eilte er von Fenster zu Fenster und feuerte überall einen wohlgezielten Schuß auf die heranstürmenden Feinde ab; jeder Schuß fand sein Ziel, und mancher Muselmann mußte damals vor Losensteinleiten seinen letzten Seufzer tun. Als auch der Anführer der Türken, der auf seinem Schimmel anfeuernd bei seinen Leuten umherritt, tödlich getroffen vom Pferde stürzte, ergriff wilde Verwirrung die feindlichen Streiter, schleunig zogen sie sich zurück und gaben die Belagerung auf; sie mochten wohl meinen, die ganze Burg stecke voll geübter, treffsicherer Schützen und jeder weitere Kampf sei zwecklos.

Als die Belagerer abgezogen waren und weit und breit kein Türke mehr zu sehen war, kam der wackere Jäger aus seiner Festung heraus, fing sich den herrenlosen Schimmel und freute sich seiner wohlgelungenen List.

So hat der alte Meisterschütze durch seine listige und entschlossene Tat den raubgierigen Feind vertrieben und seinem Herrn Hab und Gut gerettet.

Typisches Wandersagenmotiv.

Die Kirche von Pucking

Die Entstehungslegende der Kirche von Pucking bei Steyr in Oberösterreich berichtet: Auf einem Kriegszug sind vier Volkersdorfer in türkische Gefangenschaft geraten. Sie gelobten, nach ihrer Befreiung jeder eine Kirche zu bauen. Die Kirche in Pucking ist eines dieser Gotteshäuser.

Salzburger Lungau

Der Speik

Diese Blume war früher eine vielbegehrte Pflanze. Früher wurde sie vor allem im Lungau, wo sie in zwei Arten vorkommt, nämlich als gelber und als blauer Speik, massenhaft gesammelt und in den Orient verschickt. Dort bereitete man aus dem Speik gar köstliche Salben. Auch nach Afrika soll der lungauische Speik gekommen sein. Dort wurde er als Heilmittel und als Räucherwerk verwendet.

Von den türkischen Frauen, bei denen dieses wohlriechende Gebirgskräutlein hoch in Ansehen stand und die eine besondere Vorliebe dafür hatten, wird erzählt, daß sie gar oft fragten, wo denn das Land sei, das dieses überaus kostbare Kräutlein hervorbringe. Als sie erfuhren, daß es das Alpenland sei, wurde bei mancher der Wunsch rege, dorthin zu wandern, um dieses köstliche Gewächs selbst zu pflücken. Da für sie selbst allerdings der Weg zu weit war, überredeten sie ihre Männer, um den Speik Richtung Lungau aufzubrechen.

Vermutlich eine künstliche Sagenbildung.

St. Leonhard und der Vogel Phönix

An der Nordwestseite der Umfassungsmauer von St. Leonhard bei Tamsweg war lange Zeit ein seltsames Bild zu sehen. Es stellte einen buntschillernden fremden Vogel dar, vielleicht einen Papagei, der auf einem »Kloben« (einem dicken Holzstück) saß, als könnte er nicht weiterfliegen.

In einem lungauischen Volkslied heißt es dazu:
»Der Vogel Phenix ist auf dem Kloben gesessen
Und hat daselbsten sein G'wändl vergessen.«

Der Sage nach soll dieses Bild eine Erinnerung an die schreckliche Zeit des Türkensturmes darstellen. Die Muselmanen sind auf ihren Raubzügen sehr weit muraufwärts gekommen. Vielleicht sind sie auch vor der festen Wehrkirche St. Leonhard gelegen und mußten mit blutigen Köpfen wiederum aus diesem Salzburgischen Gau abziehen.

Historisch belegt ist ein Eindringen der Türken im Lungau nicht.

Die Frauenhöhle bei Mauterndorf

Am Fuß des Trogberges, wo der Trogbach wildschäumend von den Hängen des Speierecks durch den tief eingeschnittenen Trogbachgraben herniederrauscht, befindet sich, ungefähr eine halbe Stunde von Mauterndorf entfernt, eine kleine Felshöhle. Sie wirkt beinahe wie mit dem Meißel ausgehauen.

Bei dieser Höhle handelt es sich um die den Einheimischen gut bekannte »Frauenhöhle«. Von ihr geht die alte Sage, daß sich zur Zeit, als die türkischen Horden sengend und brennend in den Lungau eindrangen, die Frauen aus den umliegenden Ortschaften hieher geflüchtet hatten und sich hier so lange verborgen hielten, bis auch der letzte Türke aus dem Lungau verschwunden war.

Der hl. Jakob als Warner

Als die Türken auch das Salzburger Land bedrohten und schon in den Lungau eingedrungen waren, schickten sie einige Streifscharen aus, um auch die schöne und reiche Stadt Salzburg zu erobern. Die Salzburger wußten freilich nichts von der Gefahr. Da ertappte ein Flurwächter von St. Jakob am Thurn einen Fremden, der mitten durch die Wiesen und durch die Saatfelder daherkam. Er hält ihn an und will ihm zur Strafe seinen breitkrempigen Hut abnehmen. Da spricht ihn der Fremde an: »So du mir lässest meinen Hut, nehm ich den Thurn unter meine Hut!« Da erkannte der Flurwächter den hl. Jakob. Er wurde von dem hl. Schutzpatron des Ortes vor den anrückenden Türken gewarnt und alarmierte nun seinerseits die Bewohner von St. Jakob, die sich sofort zur erfolgreichen Abwehr entschlossen und dem Feind den Weg nach Salzburg verlegten.

Die Szene wird jährlich am letzten Julisonntag – dem »Jakobikirtag« – von den Jakobischützen in einem Figurentanz dargestellt. Die Jakobischützen gehen auf eine, 1476 über Befehl von Fürsterzbischof Bernhard von Rohr gegründete Bauernwehr (auch im Lungau entstanden solche Wehren) zur Türkenabwehr zurück. Selbstverständlich kamen die Türken nie nach St. Jakob am Thurn. Auch die lokale Überlieferung, die Schützen hätten sich in einer Schlacht gegen die Türken durch Tapferkeit ausgezeichnet, ist historisch nicht belegbar. Belegbar aber ist, daß Salzburger gegen die Türken gefochten haben. So wurde vor Belgrad eine Helebarde des Schifferschützen-Korps aus Oberndorf an der Salzach gefunden.

Prophezeiung von den Türken

Wenn der Roggen in der »Bräuen« ist, dann kommen die Türken durch die »Struzze« von der Seiseralm herab. Es wird dann auf derselben auf dem »Tschann-Stein« ein Kirschbaum gewachsen sein, geblüht und Früchte getragen haben. In »Gstatsch« wird ein gewölbter Stall sein; in Kastelruth wird die neue Kirche in Bau begriffen, aber noch nicht ausgebaut sein; sie wird von den Türken als Roßstall benützt werden. –

Die Türken kommen so plötzlich und unerwartet, daß man in Kastelruth um fünf Uhr morgens zuerst von ihnen hört, und um neun Uhr sind sie schon im Dorf. Man will ihnen zwar entgegenziehen, aber sie kommen in solcher Übermacht, daß an Abwehr nicht zu denken ist. Sie zerstören im Dorf Kastelruth alles so gründlich, daß die Pfarrkirche später in St. Valentin sein wird. Wer sich retten will, der fliehe, und zwar gen Morgen und ober die Haselstauden hinauf in den Wald; denn nur so weit als die Haselstauden wachsen gehen die Türken. Der Fliehende nehme nur drei Brote mit sich, und wenn ihm eines in der Eile entfällt, bücke er sich nicht darum, sondern fliehe vorwärts, denn er hat auch an den zweien genug. So schnell geht die Zerstörung des Dorfes vor sich und zieht der Feind wieder weiter.

Bei Innsbruck wird dann eine so blutig Schlacht geschlagen werden, daß sich ein halbjähriges Kalb in der Blutlachen würde baden können. Drei Tage lang wird das feindliche Wappen in Innsbruck prangen, aber nicht länger. Das Heer des Kaisers wird so zusammengeschmolzen sein, daß er sich mit ihm unter einem Baum »schattenen« kann; doch bald erhält er Zuzug aus anderen Ländern, schlägt die Türken, verfolgt sie bis ins Morgenland und erobert Jerusalem. (Kastelruth, Südtirol)

Ortsregister

Niederösterreich

Burgenland

Wien

Randgebiete

Verwendete Literatur

Baravalle Robert, Hochalmsagen, Sagen vom Mareiner Boden, aus Seckau, der Graden und der Gaal, Graz, 1936.

Becker M. A., Der Ötscher und sein Gebiet, Wien, 1860, II. Teil.

Bezirksheimatmuseum Lilienfeld (Herausgeber), Heimatkunde des Bezirkes Lilienfeld, St. Pölten, 1. Band 1971², 2. Band 1976, 3. Band 1981².

Braumann Franz, Sagenreise durch Niederösterreich, St. Pölten, 1976.

Brauner Franz (Herausgeber), Was die Heimat erzählt. Steirische Heimathefte 10, 11, 12.

Brunner Walter, Geschichte von Pöls, Leykam, Graz.

Buchinger Josef (Herausgeber), Beiträge zur Volkskunde der St. Pöltner Heimat, St. Pölten, 1962, vervielfältigt.

Calliano Carl (Herausgeber), Niederösterreichischer Sagenschatz, I–XII, Wien, 1924.

Dengg Michael (Herausgeber), Lungauer Volkssagen. Neu bearbeitet von Josef Breitenthaler, Salzburg, 1957.

Dürigl Günter (Redaktion), Wien 1529. Die erste Türkenbelagerung, Wien, 1979.

Eigner August, Poetisches Sagenkränzlein aus dem Burgenlande, Wien, ohne Jahresangabe.

Fielhauer Hannelore und Helmut (Herausgeber), Die Sagen des Bezirkes Scheibbs. Heimatkunde des Bezirkes Scheibbs, Scheibbs, 1978.

Gerhartl Gertrud, Die Niederlage der Türken am Steinfeld 1532, Militärhistorische Schriftenreihe (Herausgeg. vom Heeresgeschichtl. Museum) 26.

Graber Georg, Kärntner Sagen. Eine Auslese, Klagenfurt, 1925.

Graber Georg, Sagen und Märchen aus Kärnten, Graz, 1935.

Graber Georg, Sagen aus Kärnten, Graz, 1941.

Gugitz Gustav, Das Türkenmotiv in den Gnadenstätten der Ostmark, in: Jahrbuch für Landeskunde von Niederdonau (1939–1943), Wien, 1944.

Gugitz Gustav, Die Sagen und Legenden der Stadt Wien, Wien, 1952.

Gugitz Gustav, Kärntens Wallfahrten im Volksglauben und Brauchtum, in Carinthia I, 141/1951, 181ff.

Gumpoltsberger Romuald, Melk in der Türkennoth des Jahres 1683, Separatdruck des Jahresberichtes des k. k. Obergymnasiums zu Melk, 1883, Wien, 1883.

Hartwagner Siegfried, Kärnten, der Bezirk St. Veit an der Glan, Salzburg, 1977.

Hauser Elisabeth, Sagengruppen und Sagengestalten im Burgenland. Ein Beitrag zur burgenländischen Volkskunde. Dissertation, Wien, 1952, nur Manuskript.

Hausmann Franz, Oststeirische Sagen und Schwänke, Graz, 1931.

Hofmann Emil, Alt-Wien, Geschichten und Sagen, Wien, 1919.

Holczabek J. W., Winter A., Sagen und geschichtliche Erzählungen der Stadt Wien, Wien 1978. Unveränderter Nachdruck der Ausgabe von 1900.

Hummelberger Walter, Wiens erste Belagerung durch die Türken 1529. Militärhistorische Schriftenreihe (Herausgeg. v. Heeresgeschichtl. Museum) 33.

Jabornik Viktor, 94 Sagen aus den Bezirken Judenburg, Knittelfeld, Obdach und Oberzeiring, Judenburg, 1931.

Kerschner Franz, Gaming, Eigenverlag, Gaming, 1971.

Kietaibl Hans, Purbach am Neusiedler See, Eisenstadt, 1969.

Klever Ulrich, Das Weltreich der Türken, Bayreuth, 1978.

Krenn Peter, Die Oststeiermark, Salzburg, 1981.

Leeb Willibald Ludwig, Sagen Niederösterreichs gesammelt, erzählt und erläutert. Wien, 1892, Band 1.

Lehrer-Arbeitsgemeinschaft d. Bezirkes Amstetten (Herausgeber), Sagen aus dem Mostviertel, Amstetten, 1951.

Löger Ernst, Heimatkunde des Bezirkes Mattersburg im Burgenland, Wien–Leipzig, 1935.